基于大观念的
高中语文整本书阅读教学的
思考和实践

刘劲凤 / 著

中国文联出版社

图书在版编目（CIP）数据

基于大观念的高中语文整本书阅读教学的思考和实践/
刘劲凤著. — 北京：中国文联出版社，2021.11

ISBN 978-7-5190-4692-7

Ⅰ.①基… Ⅱ.①刘… Ⅲ.①阅读课－教学研究－高
中 Ⅳ.①G633.332

中国版本图书馆CIP数据核字（2021）第214235号

著　　者　刘劲凤
责任编辑　刘　旭
责任校对　张　红
装帧设计　刘贝贝　李　娜

出版发行　中国文联出版社有限公司
社　　址　北京市朝阳区农展馆南里10号　　邮编　100125
电　　话　010-85923025（发行部）　010-85923091（总编室）
经　　销　全国新华书店等
印　　刷　北京米乐印刷有限公司
开　　本　710毫米×1000毫米　　1/16
印　　张　17.5
字　　数　315千字
版　　次　2022年4月第1版第1次印刷
定　　价　45.00元

序 言　做一个纯粹而有趣的语文人

合肥市教育名师工作室中学语文刘劲凤工作室是经合肥市人才办和合肥市教育局批准并授牌成立的，也是合肥市首批教育名师工作室。工作室挂牌于2019年6月，工作室自成立以来，始终把"做个语文人"作为全体成员的发展理念。

有关"语文"一词的来源与解释历来说法不一，但其大致的内涵却是固定的，即语言和文化的统一体。它的综合性很强，包含的内容丰富多样，不一而足，既有促进自身与外界思想交流的工具性的一面，也有提升个体与社会文化水平的人文性的一面。因此可以说，语文与我们每个人都紧密相关，我们每个人都在进行着不同程度的语文学习，但一般来说只有那些长期进行语文学习或从事语文教育与研究的人才能称得上是语文人。

而要想成为一名合格的能够真正实现自我价值和社会价值的语文人，我们应当是纯粹而有趣的。

"纯粹"有专一、纯净之意，语文的主要学习内容就是阅读与写作，所以，成为一个纯粹的语文人就要求我们保持对读书与写作的专一、纯净的兴趣。要想保持对读书与写作的专一、纯净的兴趣，又需要我们持续不断地体会读书思考和写作表达的益处。对我们大部分人来说，如果不是对读书写作在不自觉中产生了兴趣，是很难自发地陡然爱上读书写作的。但是如果逐渐察觉到读书写作可以在潜移默化中丰富我们对生活的感受力，帮助我们与自身以外的事物建立更真切的联系，甚至解决我们思想上的困惑或现实的难题，我们就会慢慢对读书写作产生兴趣，从而形成习惯，进而便会爱上它们。

关于读书的益处，谢冕曾在《读书人是幸福人》一文中比较精练地概括为"具有阅读能力的人，无形间获得了超越有限生命的无限可能性……读书加惠于人们的不仅是知识的增广，而且还在于精神的感化与陶冶"。然而读书的好处要完全展现出来还得靠写作，靠表达。通过不断练习写作表达，也就是把脑子里零散的、分割的直接经验和间接经验加以删选整合，在这样的过程中我们可以更清晰地看清自我与生活的本质，甚至可能产生引导启发他人挖掘内在灵魂的力量。这样阅读的浸润与写作的淘洗不也正是一个语文教育工作者所应该拥有的基本习惯与素养吗？已故著名语文特级教师于永正先生，在晚年回顾反思自己一辈子的语文教育时，在《退休后我终于明白了教育是怎么回事》一文中写道："假如再给我十多年，再带一届学生，我会引导学生在语文实践中养成读书读报和动笔写作的习惯。因为我明白了，教育说到底，是培养人的习惯，学语文是个慢工，是一辈子的事情。人一生以读写为伴，才会有成就。"

如果说"纯粹"侧重强调信念的专一与纯净，是习惯，是不变，那么在我看来"有趣"则侧重强调方式的灵活与恰当，是跳脱，是变通。

现代技术的快速发展对语文教育工作者来说无疑是个挑战，但它同时也可以转化为我们进行语文教学变革，提升语文教学效果的方式与手段。受于永正先生启发影响的素有"小鲁迅"之称的另一位特级教师刘发建认识到引导学生进行自主阅读的重要性，但是课堂的时间毕竟有限。为了解决这一问题，刘老师就利用录音软件在每一次上新课之前把自己的示范朗读上传到家长群里，让学生挑错，之后再让学生自己录音上传作为预习作业，这样最起码可以保证每位学生在上课之前已经把课文内容提前熟悉了一两遍，有了自己独立阅读的感受，不会在上课时只能被动地听老师分析内容与手法，与课文始终"隔"了关键一层。仅仅是一个小小的录音软件和交流群就能产生如此重要的作用，可见有心才能有趣，进而有用。

比起用心调整教学方式，成为一名有趣的语文教育工作者，更重要的是拥有跳脱的心境与欣赏包容的态度，有趣的首要内涵应当是有爱。跳脱的心境与欣赏包容的态度就是这种爱的表现形式，更具体一点来说就是摒弃陈旧的譬如什么样的学生不可教、必须成长为某一类人之类陈旧的教育观念，尊重欣赏学生的个性差异并随学生的个性差异采取灵活恰当的课堂教学方式和课下相处方式。彼得·基·贝得勒在《我为什么要当教师》一文中说到他爱教书的一个原因是他可以感受到自己的爱对那些"特别的学生"所产生的积极影响，在那些"特别的学生"身上，他感到自己有时与他们"呼吸相通，忧乐与共"。这就是我所说的成为一位有趣的语文教育工作者所应具备的跳脱的、包容的爱。

做一个纯粹而有趣的语文人，成为一名专一、纯净，有着赤子之心与灵性的语文教育工作者，我们还需要有一种天然的课堂自律，向课堂四十分钟要效益，向自身的不断成长要效益。

作为一个高中语文名师工作室，既要做到关注当下，与高考一路同行，又要放眼未来，教有生命力的语文。一个高中语文教育名师工作室，如何进行学科定位，如何提升品质，如何打造品牌，合肥市教育名师工作室中学语文刘劲凤工作室用实践给出的答案是，建构基于语文学科特色的课堂研究体系。现行高中语文教材的编排体例，是采用单元编排的。有的单元是由几课组成，一课可以是单篇，也可以是群文。有的单元是整本书阅读，不管怎样，单元内部无论是思想性还是知识性都是有内在联系的。这就要求教师要以单元为基本单位，进行单元包括整本书阅读教学。为了带动工作室的专业发展，使发展方向更明确，发展路径更清晰，合肥市教育名师工作室中学语文刘劲凤工作室承担了省级重点课题"大观念视域下的高中语文大单元教学的实践研究"（项目编号：JKZ20005）的研究工作。

《基于大观念的高中语文整本书阅读教学的思考和实践》就是基于高中语文学段特点的课堂教研的成果，也是课题"大观念视域下的高中语文大单元教学的实践研究"的研究成果之一。

在《普通高中语文课程标准（2017年版2020年修订）》的理念指导下，在高中语文统编本新教材的大单元教学背景下，本书阐述了整本书阅读的理论依据和高中语文整本书阅读教学的内涵，并形成了一套灵活的基于大观念的包括高中语文整本书阅读教学的策略、整本书阅读不可或缺的三堂课及教学案例、整本书阅读教学中文本解读的能力培养及教学案例等在内的规范且可借鉴的实践方法和可引领一线教师教学的理论成果。本书将有助于深化学校的高中语文课程教学改革，聚焦高中语文整本书阅读大单元的课堂教学，促进学生对知识的本质理解，形成学科观念，促进学生发生知识迁移和联结，最终达到运用大观念意识解决具体阅读中的问题，力求将学生语文学科核心素养的培养真正落到实处。

面对新课标、新教材、新高考的新形势和新挑战，合肥市教育名师工作室中学语文刘劲凤工作室始终在积极地探索与实践，走得很坚定，也很扎实。更重要的是，工作室成员的这份勇立潮头的专业钻研的执着与热情感染了各自所在学校的同人，也辐射到周边的语文人共同助力于新课标的实施、新教材的落地生根。

工作室自成立以来一直笃定信念，在语文这方天地里精耕细作，在新课标新教材的实践中勇立潮头，取得了一些进步与成绩。一张张证书、一份份荣誉不是我们努力的目标，但它们证明的是我们努力的态度；一本本著作、一篇篇论文不是我们追求的目的，但它们见证了我们成长的足迹。让每个成员成为流动的风景，用美丽的、向上的姿态优化他们所在领域的语文教研教学生态，是合肥市教育名师工作室中学语文刘劲凤工作室的初心。

在此感谢在我的专业成长之路上给予我帮助和指导的领导和专家们，感谢一直理解和支持我的工作室全体成员。

最后用几句话，表达我作为工作室主持人的心声：

我希望自己是有光的，因为我不知道，谁会因为我的光而走出黑暗；

我希望自己是有信仰的，因为我不知道，谁会因为我的信仰而走出迷茫；

我希望自己是有理想的，因为我不知道，谁会因为我的理想而拥有自己的理想。

刘劲凤

2021年10月27日于南薰门桥边逍遥居

第四章　基于大观念的整本书阅读教学中文本解读的能力培养 \ 145

第五章　基于大观念的文本解读教学案例 \ 153

第一章

高中整本书阅读教学提要

整本书阅读的理论依据

整本书阅读有着强有力的理论支持，是实践证明符合学科认知规律的有效的阅读方式。本书将依据从西方引进的建构主义理论和格式塔理论来指导高中语文整本书阅读教学的思考和实践。

一、建构主义理论

建构主义理论的主要代表人物是维果斯基和皮亚杰。建构主义学习理论认为，阅读理解绝不仅仅在于读者对文本知识信息的获取，更应该是读者在自己原有生活经验和知识积淀的基础上，与文本相互作用并建构意义的过程。建构主义理论十分关注读者的自主权以及他们原有经验的价值。

整本书阅读如何实现"整体化"？首先，学生、教师和整本书之间要平等地交流和对话，实现彼此之间深层次认知的挖掘和融通。其次，教师要引导学生提炼整本书的"大观念"。这个大观念能够从上位对整本书进行重构和统摄，从而避免整本书阅读的零打碎敲，同时又让整本书阅读不致落入空泛和肤浅。再次，因为从建构主义理论的观点出发，学习是在人的原有经验基础上进一步的自我扩展和自我建构，所以整本书阅读一定要尊重学生的理解和体验，真正做到阅读的整个过程以学生为中心，以原生态阅读为基础，循序渐进地提高学生阅读整本书的能力。

二、格式塔理论

格式塔理论的代表人物是卡夫卡、韦特海默、苛勒。格式塔理论认为，整体并不是部分的简单累加，而是以某种概念来联系在一起的整体。整体的意义决定着部分的走向，整体的价值决定着部分的性质。

整本书阅读重在一个"整"字，"整"不是单篇教学中知识的叠加和拼凑，而是在基于学科核心素养基础上提炼出大观念之后，对整本书的内容进行有效的点化和提升。

当然，格式塔理论所强调的整体性并不是排斥部分的有效性，而是强调整体对部分走向的引领，部分对整体意义的承载。在格式塔理论整体性原则的引领下，整本书阅读既要有对整体的阅读提炼，又要有对部分进行的深入阅读和精细研究。部分和整体互为印证，互为补充，相得益彰，真正实现整本书阅读的最大价值。

高中整本书阅读教学的内涵

一、整本书的内涵

整本书的关键就在"整"字，从形式上看，它指装订成完整一本的书，不同于独立的单篇文章；从内容上看，它是指内容相对完整，结构自成一体的内容的集合体；从价值上看，它对人的思维发展、语言建构、审美鉴赏等方面的提升效果明显。

二、整本书阅读的内涵

整本书阅读的对象，是完整的一本书，包括前言及后记。这里的整本书可以是文学作品，也可以是学术著作与科学著作等。

整本书阅读的内容，可以去关注情节的发展，可以品析人物形象，可以赏鉴写作语言表达，可以聚焦艺术手法，可以提炼整本书的主旨内蕴。可以说"横看成岭侧成峰，远近高低各不同"。正因为整本书内容的多元性和多样性，才会产生"一千个读者有一千个哈姆雷特"的阅读效果，也才会有"一部《红楼梦》，经学家看见《易》，道学家看见淫，才子看见缠绵……流言家看见宫闱秘事"的阅读景象。

整本书阅读的方式，可以是精读、泛读，也可以是美读、朗读等，学生可以针对不同的作品采取不同的阅读方式，也可以采用自己喜欢的个性化阅读方式去阅读整本书。

三、高中整本书阅读教学的内涵

整本书阅读教学是以整本书阅读为依托的动态的活动过程，是在教师有目的、有计划、有评价的整体设计下，在学生原生态的阅读体验中，由学生和老师共同完成的一项活动。整本书阅读教学最终指向的是学生学科素养的提升。

"高中整本书阅读教学"既规定了阅读教学的时间范围，又对阅读能力的要求和阅读需要的高阶思维有明确的定位。在教学中，教师对教学目标和教学重难点的定位要依据高中生和高考的标准来制定。大观念的提出无疑是和高中整本书阅读能力相匹配的教学途径。从每本书中提炼出相应的大观念，从而整合整本书阅读的内容，引领阅读的全过程，同时大观念的迁移性特点又可以使学生从读一本书到读一类书的能力推进。学生在教师的整本书阅读教学中，在建构大观念的思维训练中，真正提高思维水平，提升阅读能力。

大观念视角下的

第二章

基于大观念的整本书
阅读教学的策略

大观念的研究现状

在课程与教学领域，大观念有着特定的内涵，较早可追溯至六十多年前布鲁纳倡导的学科结构运动。这场举世瞩目的运动源于一种假定：任何学科都拥有一个基本结构。在布鲁纳看来，掌握学科的结构就是，以允许许多事物有意义且相互关联的方式来理解该学科，习得结构就是学习理解事物如何相互关联。据此，我们不难理解布鲁纳的螺旋式课程的设计思想——围绕某些核心概念展开课程设计，在不同年段一再重现这些概念，因为这有助于设计连续聚焦一致的课程，同时也有助于发生学习迁移。

不久之后，菲尼克斯也指出学科"代表性概念"对设计课程的重要性，认为这些概念在减少学习付出方面能使学习既有效能又有效率。这是因为，如果一门学科有某些特色概念可以代表它，那么彻底地理解这些概念就等于获得整个学科的知识；如果一门学科的知识是按照某些模式而组织，那么完全理解这些模式，足以使得许多符合学科设计的特定要素变得清晰。这种观点也得到近年来许多学习研究者的支持，如专家面临问题时会先寻求问题的理解，而这涉及核心概念或大观念的思考。新手的知识不大可能依据大观念得以组织，他们通常通过搜寻正确公式，以及符合其日常直觉的恰当答案来处理问题。

1998年，埃里克森明确指出大观念是一种抽象概括，它们是在事实基础上产生的深层次的、可迁移的观念；是对概念之间关系的表述；具有概括性、抽象性、永恒性、普遍性的特征。

2004年，威金斯和麦克泰对大观念做出更为系统的论述。他们认为，大观念是对个别的事实和技能赋予意义和联结之概念、主题、问题。大观念不是我们平常所说的基本概念，是居于学科"核心"的观念，而基本概念只是此术语所暗示的意义——进一步学习的"基础"。威金斯和麦克泰认为，大观念表现形式可以多种多样：一个词或两个词（如平等）、主题（如善良战胜邪恶）、持续的论辩和观点（如保守对自由）、自相矛盾之说（如离家以找寻自我）、理论（如进化论）、背后的假定（如市场机制是理性的）、理解或原理（如形式随功能而定），一再出现的问题（如我们能进行有效证明吗？）。显然，威金斯和麦克泰的大观念指向思想或看法，可以是概念，也可以不是概念，已超越前述学者的观点。在他们看来，大观念是理解的基础素材，可以被想成是有意义的概念工具，这些概念工具使学生将若不联结就会与分散的点状知识联结起来。这样的观念超越了个别的知识，可应用到学科之内或以外的新情境。简要地说，大观念可归纳为：是一种有焦点的观念"透镜"，透视任何要学习的内容；通过联结及组织许多事实信息、技能、经验，来提供意义的广度，以作为理解之关键；需要"超越内容"的教学，因为单纯的内容教学对学习者而言其意义或价值极不明显；有很大的学习迁移价值；在一段时间之内，可应用到许多其他探究主题或问题上。

2010年，哈伦等人编著了《科学教育的原则与大观念》，着重从概念的层面探讨大观念，明确提出14项科学教育的大观念。在该书中，大观念被视为适用于一定范围内物体与现象的概念，例如，生物体需要经过很长时间的进化才能形成在特定条件下的功能。与此相对应，小观念只能应用于特定观察与实验，例如，蚯蚓能很好地适应在泥土中的生活。然而，概念大小是不同的，中等程度大小的概念可连接到较大的概念，而较大的概念可连接到更大一些的概念。照此类推，只要能分解出更小概念的概念，都可称作为大观念，因此大观念只是一个相对的概念。一个概念之所以成为大观念，它需要满足：普遍能被运用；能通过不同内容来展开，可以依据关联度、兴趣和意愿来选择内容；可以运用于新的情境，能够使学习者理解他们一生中可能会遇到的情况和事件，即使是学习者目前尚不知道的。在此必须指出，哈伦等人的大观念与维金斯等人的大观念有所不同：哈伦等人主要探讨中观层面的课程问题，用大观念作为课程目标的思路重构新的科学教育体系，而威金斯等人的探讨主要是在微观层面，即在基于课程标准的前提下，用大观念的方法探讨单元或主题教学的设计。就大观念本身而言，前者比较严密，后者相对松散；前者的贡献在课程领域，后者的贡献在教学领域。限于论题与篇幅，下文将聚焦于微观层面的大观念。

这些代表性观点启示我们，在地位上，大观念居于学科的中心位置，集中体现学科课程特质的思想或看法；在功能上，大观念有助于设计连续聚焦一致的课程，有助于发生学习迁移；在性质上，大观念具有概括性、永恒性、普遍性、抽象性；在范围上，大观念意指适用较大范围的概念；在表达方式上，大观念有多种表现形式。

当前，整本书阅读教学的难点在于如何将素养落实到实践中，以何作为统合整本书阅读教学的具体目标，于是，理论界和实践界都不期而同地将目光聚焦到"大观念"这一主题之上。威金斯、埃里克森、麦克泰格等学者对"大观念"进行了探索，同时也得到了实践的积极响应。许多国家把大观念写进了课程标准，大观念以不同的措辞形式（除了大观念，还有主要概念、横切概念、基本概念、关键概念等）出现在中国、美国、加拿大、澳大利亚、新加坡等国家或地区的课程标准里，学校层面的实践探索也在世界各国方兴未艾。本书在廓清大观念的内涵和原理的基础上，立足于中国当前的教学改革现实，尝试对大观念视角下的整本书阅读整体教学进行构型，以期为当前素养导向的课堂转型提供参考和路径。

教学中如何形成具有统摄性的大观念来解释庞杂的知识关系与知识特征，在学科活动中让学生形成对大观念的精细化理解，甚至有自己独特的体会，成为中学教师的一大挑战。《新课标》指出："进一步精选了学科内容，重视以学科大观念为核心，使课程内容结构化，以主题为引领，使课程内容情境化，促进学科核心素养的落实。"新一轮课程改革提出并要求教师运用大观念教学来解决这一窘境。

国内关于大观念、大概念的研究一开始多在科学学科和stem课程中涉及，后来多在生物、地理、化学、物理等学科开展起来，在人文学科的实践研究比较少。理论上，主要以崔允漷的论文比较多；实践上，语文学科以李卫东的研究为主。目前在语文学科层面对大观念、大概念的研究仍比较少，尤其对实践的研究，几乎是一片空白。但是实行新的课程标准和统编版的高中语文教材后，采用大观念或者大概念进行教学是非常紧迫的，所以这部分的实践研究显得尤为重要。

在中国知网中采用关键词进行搜索，输入大概念或大观念，共有117篇论文，其中105篇属于期刊论文，11篇属于硕博论文，1篇属于2016年江苏省教育学会学术年会报告文集。其中崔允漷的研究具有前瞻性，李卫东的研究在高中语文课程教学实践研究上很有参考价值。下面把教学领域中近五年发表的与本研究高度相关的文章整理汇总如下：

一、期刊论文

李卫东于2019年发表了《大观念和核心学习任务统领下的大单元设计》，该文对为什么需要大观念、如何确定大观念等问题进行了明确阐释，对于实践研究具有一定的指导作用。

崔允漷于2019年发表《如何开展指向学科核心素养的大单元设计》，文章从三个方面分析了如何开展指向学科核心素养的大单元设计的问题。大单元设计能够改变学科知识点的碎片化教学，实现教学设计与素养目标的有效对接。该文对于本课题研究在实践方面的深入推进具有重要的意义。

邵朝友、韩文杰、张雨强于2019年发表在《全球教育展望》上的《试论以大观念为中心的单元设计——基于两种单元设计思路的考察》一文，明确了单元设计是学校课堂教学活动的基本单位，其中两种模式的教学设计范例值得在实践研究中借鉴。

顿继安、何彩霞于2019年发表在《基础教育课程》上的《大概念统摄下的单元教学设计》具体阐述了在大概念统摄下如何开展单元教学设计。

李刚、吕丽杰于2018年发表在《教育发展研究》的论文《大概念课程设计：指向学科核心素养落实的课程架构》，指出了大概念的特点，并建构了围绕大概念进行课程设计七步框架（SFCBI）。

邵朝友、崔允漷于2017年发表在《全球教育展望》上的《指向核心素养的教学方案设计：大观念的视角》指明了在实践运作时，从大观念设计指向核心素养的教学方案需要考虑的五项关键行动。

盛慧晓于2015年发表了《大观念与基于大观念的课程建构》，该文明确了什么是大观念，以及运用大观念来组织课程内容。

赵康于2015年发表的《大概念的引入与教育学变革》强调了大概念的引入积极促成了教育学的变革与进步。

二、硕博论文

陈瑞雪的华东师范大学硕士论文于2019年11月完成，名为《指向高阶思维培育的"大观念"高中视觉艺术课程研究》，该文在教学策略上对于本研究具有借鉴意义。

李刚的东北师范大学博士论文于2019年5月完成，名为《科学大概念的课程转化研究——以小学科学课程中的能量大概念为例》。虽然是不同学科，但该文在教材转化模式和教学转化模式上有一定的借鉴作用。

张燕虹的星海音乐学院硕士论文于2017年4月完成，名为《为理解而教——基于大观念的逆向音乐教学设计理论与应用研究》，该文梳理了"大观念"的理论过程和国内学者的研究情况。

大观念的内涵

正确理解"大观念"的内涵，需要将之与"概念""主题"相区别，尤其要理解"大观念"与"小观念"的差异。

"大观念"英文是"big idea"，也有学者翻译为"大概念"。"概念"的确是大观念的一种重要表现形式，但大观念不局限于概念。"'概念'强调的是理性认识，而'观念'更为强调在理论指导下的实践性。"例如"散文的特点"是概念，"散文中的'有我''无我'之境"是大观念。大观念指向实践中的能力训练更明确清晰。

也有学者将"大观念"与"主题"联系起来，其实这二者也有明显差异，主题一般是指人文议题，而大观念指向学科核心素养，指向学科学习过程中收获的能力、品格和修养。例如统编本第七单元的人文主题是"自然情怀"，大观念可以是"写景抒情类散文中物我关系的呈现方式"，在这样的大观念的统领下，学生可以从"物我相遇""物我相融""物我相生"等角度对写景抒情类散文有明晰的鉴赏路径，真正获得学科核心素养的提升。

"大观念"和"小观念"的区别主要体现在适用范围上，比如"《荷塘月色》和《故都的秋》写出了作者笔下的个性景和别样情"就是"小观念"，与此对应的"大观念"是适用范围更广的"写景散文中物和我的关系"。但"适用范围的大小"这一说法相对比较含糊，戴维·珀金斯提出的"生活价值"这一概念更明确地体现了"大"意味着与未来的真实生活相关联的内涵，"对学习者的生活有意义的知识才可能具有长久的生命力"。"大观念和小观念的区分标准在于生活价值。"

威金斯在此基础上进一步明确指出"大观念的'大'的内涵不是'庞

大'，也不是'基础'，而是'核心'"，也就是"高位"或"上位"。

大观念能帮助我们理解许多令人困惑的经历和看似孤立的事实。有许多学者都提到过"大观念"的重要性，只不过措辞有所不同，比如杜威就提过"观念"对迁移的重要性。迁移的实现在一定程度上就是依托"观念"的不断生成，没有"观念"的生成，就不能获得迁移。

大观念的迁移价值更体现在走出学校之后，因此，大观念不仅要打通学科内和学科间的学习，还要打通学校教育与现实世界的路径。"学科学习会因为有了大观念这个固着点而被赋予现实意义，掌握得更加牢固和持久。不仅如此，大观念也是学习的自我生长点，学生靠大观念自主学习的内容远比教师能讲的多，并且在他们的未来持续发生作用。"

大观念的生成

大观念是超越具体的抽象，很多人把重点放在了大观念的抽象特性上，甚至认为，既然大观念那么重要，直接让学生把大观念背出就是了，这是对大观念特性的误解。其实，大观念的生成是"具体—抽象—具体"的循环过程，这种具体和抽象的互动所蕴含的两种思维活动就是杜威所描述的归纳和演绎，"归纳性运动是要发现能起联结作用的基本信念，演绎性运动则是要检验这一基本信念——检验它能不能统一解释各分隔的细节，从而在此基础上将它予以肯定或否定或修正"。

埃里克森称这种具体和抽象之间的互动为"协同思维"，"协同思维是大脑低阶和高阶处理中心之间的能量互通"。如果没具体案例支持，抽象概念很有可能就是没有被充分理解的惰性知识。而支撑大观念的具体案例越丰富越多样，它的可迁移性就越强。

其实，具体和抽象的协同思维也发生在日常生活中，人类天生就倾向于从具体的案例中去归纳抽象概念，也就是俗称的"经验总结"，即便这样得出的概念还比较粗糙，我们称之为日常概念。而科学概念则一般经过论证，大观念也好，小概念也好，都属于科学概念的范畴。综上所述，具体和抽象的协同思维构成了复杂的认知结构。其中，既有抽象的概念，也有具体的案例；既有日常概念，也有作为科学概念的大观念和小概念。认知结构的层次越丰富，联结越多样，层次之间越融通，就越有利于迁移。这里有来自脑科学的依据，"大脑中突触分裂和关联的复杂性决定了整体表现的质量"。

大观念为教学与评价打下基础，一个好的大观念需满足如下要求：能覆盖整本书；应服务于整本书；应简短、重要且综合；应是所有子观念的焦点所在；在教学与评价实施过程，它应能为教师指导学生提供便利；应具有原创性并容易识记。

大观念在整本书阅读教学中的运用策略

整本书阅读，学习任务和目标不像单篇课文那样集中和明确，既费时力，又耗心血，且须课内与课外相结合，所以适当的教学策略很重要。否则，学生收获的，不是一地鸡毛，便是一堆概念。在原生态阅读基础上确定大观念就是提高整本书阅读教学的关键策略。

一、了解大观念在知识体系和阅读素养中的地位

布鲁姆的教育目标分类学划分了知道、领会、应用、分析、综合和评价这六个认知层次。安德等人在对其进行修订时，除了对认知层次进行调整外（变为记忆、理解、运用、分析、评价和创造），另一个重要的调整是增加了知识分类的维度，即把知识分为事实性知识、概念性知识、程序性知识和反省认知知识。安德森区分了概念性知识和事实性知识，埃里克森认为这是一个认识上的飞跃，但她反对安德森将两者视为并列的两种知识类型。在她看来，概念性知识是对事实性知识的结构化和抽象化，它更高位，因此，概念性知识才是学习的核心目标。在实际教学中，我们也往往将概念性知识当作事实性知识来教学，这就是埃里克森说的"二维"模式，"二维课程模式不包含概念性焦点，它并没有将事实与技能的要求和概念性理解清晰地区分开来"。

大观念统摄知识和技能。知识和技能通常会因为有不同的学习机制而被视为两大类别，但在埃里克森看来，两者最后都能统一到"概念"，从而打破了它们之间的绝对界限。埃里克森比较了"知识的结构"和"过程的结构"，尽管两者在下端的学习是有所区别的，知识的结构是"事实"和"主题"，过程的结构是"策略"和"技能"，但往上都是"概念、原理、概括、理论"。

她提出的"三维"模式则用概念性知识（理解）把事实性知识（知识）和程序性知识（技能）有效地组织起来，这样，就构成了一个立体的三维模式。三维模式用"KUD"来明确目标，即知道（know）、理解（understand）、做（do）。其中，知道的是"事实"，做的是"技能"，而理解的是"概念"，而"KUD"的核心是"U"，只有"理解"了，才能"知道"和"做"。威金斯也将"预期学习结果"分为三层，而"理解意义"（大观念）是关键的一层，它是"实现迁移"的前提条件，同时它也统摄"掌握知能"。

二、提炼大观念的路径

1. 以课程标准为基准扩展成大观念

以《普通高中新课程标准（2017年版2020年修订）》为基准，关注反复出现的能体现学科核心任务的名词，可以有效提炼学科大观念。如新课标中"必修课程学业质量标准（水平二）"要求："阅读论说类文本，能区分事实和观点，发现观点与材料之间的逻辑关系"，据此可提炼大观念："材料是用来证明观点的"。然后再将这一大观念细化为更多相对较小的大观念：①"破"中"立"更有说服力：先列出反面材料，欲擒故纵，最终在否定中立论；②由浅入深，逐层深入更有说服力：正例+反例（引出论点）→阐明观点→进一步举例1→进一步举例2→引申（正）→引申（反）→收束；③用过渡句或小结句勾连观点或材料更连贯；④正反对比论证更辩证：在一个例证之后再举一个反例加以论证；⑤驳论要有理有据：呈现被驳斥观点（可进一步呈现其思维过程）→肯定其对立面→指出谬误。其实，以上大观念也可以由课标中反复出现的关键词"思维"拓展得出。

2. 从学科基本问题中选择大观念

学科基本问题可分为"综合性基本问题"和"专题性基本问题"，从中可挖掘出不同层次的"大观念"。"综合性基本问题能引导教学超越特定的话题或技能，指向更通用的、可迁移的、跨越单元和课程的大观念"，如"如何学习小说？""如何让表达更丰富？"专题性基本问题是与综合性基本问题相匹配的主题或单元问题，如"如何侧面刻画人物形象？""环境描写的作用"等等。前者有助于学生知识迁移及建立单元间的联系，后者让学生获得课程标准和学科内容之间相关的特定理解。以《雷雨》的整本书阅读为例，依据综合性基本问题提炼的大观念可以是"多层次深入理解剧本的丰富意蕴"，这个大观念有效区分了统编本教材第二单元戏剧大单元之间的关系，也对同属于"文学阅读和写作"任务群下的不同任务进行了界定。进一步思考，依据专题性基本问题提炼的大观念可以是"深入理解悲剧的特点"。鲁迅说，悲剧"将人生的有价值的东西毁灭给人看"。我们据此可以建构结构化的任务，即剧本中"有价值的东西是什么""谁毁灭的""怎么毁灭的""悲剧的结局能不能避免"等等。借助专题性的基本问题而提炼的这个大观念，我们就可以统领戏剧作品的整体理解，能够有效整合对"冲突""人物""语言"等方面的细碎分析。

3. 以学习者所达到的理解来建构大观念

教学设计中的教学目标和理想的教学追求之间存在着理念和实践上的偏差，这与学习者的接受水平和接受状态密切相关，因此除了课标和单元说明中所陈述的教学目标之外，学习者自身所能达到的理解也是一种教学目标。例如，对统编本教材必修下第一单元就指向对《先秦诸子》整本书的阅读，"单元说明"中明确提出"领会其中包含的人文精神，深化对传统文化的认识，增强文化自信""认识其文化价值"。在实际教学中学生应该能初步了解儒家、道家的思想特征，能赏析史传文中所叙写的故事，但很难明确说出其中包含的人文精神和文化价值是什么。这时候的"大观念"就可能是"阅读古代文化经典，赏艺术特色，鉴思想光华"而不是"阅读古代文化经典，领会人文精神，认识文化价值"，相应的教学也就要求教师以学生能够达到的理解来确定核心任务，在学生的理解范围内去建构"大观念"，重新确定教学任务、设计教学活动，以达到预期的教学效果。深入分析并挖掘学习者所能达到的理解也是提炼学科"大观念"的有效路径。

4. 基于教材内容的分析形成大观念

特别要关注教材"单元说明"和"单元学习任务"中的内容指向。以统编高中语文教材必修上册第三单元为例，这一单元的单篇其实引领的就是古代诗歌的整本书阅读。教材"单元提示"中提出了"生命的诗意"这一人文主题。但"生命的诗意"并不是单元和相关整本书的"大观念"，因为"生命的诗意"没有揭示出语文学科核心素养中的关键能力，没有揭示出本单元所处"文学阅读与写作"学习任务群的情感抒发与诗体形式的关联。本单元八首诗词诗体形式不同,有古体诗,有近体诗,有宋词;呈现的诗歌风格也不同,或慷慨激昂,或质朴真淳,或豪放飘逸,或深沉蕴藉,表现出诗人不同的人生境遇和情感世界。但是,纵观八首诗词的创作背景,我们会发现它们都抒发了个人在时代的洪流中真实的生命感受与体悟,表达了对自我生命信仰、人生理想的坚守与追求。无论是曹操于乱世中建功立业的宏愿,陶渊明逃离黑暗官场回归田园的选择,李白对权贵的蔑视、自由的珍视,杜甫老病孤愁心忧天下的情怀,还是白居易在琵琶女身世的叙述中寄予的对自身命运的慨叹,苏轼被贬黄州历经痛苦后的旷达,辛弃疾人至暮年、壮心不已的报国热忱,李清照南渡后在风雨飘摇中的百感交集,都充分展示了他们身处人生的逆境时,选择让诗歌记录他们的生命存在形式。依据单元学习任务与学习提示,引导学生了解诗词相关知识、背诵规定篇目,关注诗歌鉴赏的一般方法,包括知人论世、诵读感知、赏析手法、品味意境等,学习写作文学短评。基于此,本单元和整本书阅读的"大观念"可以确定为"吟诵赏鉴学技巧,品诗读人悟年华",这一"大观念"就指向可迁移的"文学阅读和写作"的关键能力,指向语文学科核心素养。

第三章

基于大观念的高中语文整本书阅读教学不可缺的三堂课

整本书阅读教学不可缺的三堂课的定位

    整本书阅读教学需要制订一个完整的合理的计划，良好的阅读感知来源于完善的阅读教学设计。教师在这个过程中的指导作用是必不可少的，下面就以《雷雨》的整本书阅读教学为例，说明整本书阅读中三堂课的定位，帮助学生真正学会阅读整本书。

一、整体推介课

    整本书阅读，需要设置一节阅读起始课，即是整体推介课。

1. 资料储备

    戏剧知识储备。A.戏剧是什么？戏剧是一种综合性舞台艺术；它借助于文学、音乐、舞蹈、美术等艺术手段塑造舞台艺术形象，揭示社会矛盾，反映社会生活。B.戏剧的三要素是：矛盾冲突、人物语言、舞台说明。各种文学作品都要表现社会的矛盾冲突，而戏剧则要求在有限的空间和时间里把矛盾冲突反映得更加尖锐突出，没有矛盾冲突就没有戏剧。戏剧冲突比生活矛盾更强烈、更典型、更集中，更富于戏剧性，戏剧冲突主要表现为剧中人物性格冲突。C.戏剧鉴赏方法：①把握戏剧冲突。②分析人物形象。③揣摩戏剧语言。

    电影和话剧欣赏。链接：1997年12月11日，北京首都剧场上演了北京人民艺术剧院排演的话剧《雷雨》，这是《雷雨》自1954年首演以来的第三次复排。剧中周朴园的扮演者郑榕，此时已是73岁高龄，在此之前他扮演这个角色有400多场，当掌声响起时，郑榕自己却说，到了这次演出，我才刚刚弄明白，周朴园是怎样一个人。

2002年6月10日　CCTV—10（科教频道）《人物》栏目

2. 整体感知

剧作在一天之内集中写了周鲁两家历时三十年的生活史。煤矿公司董事长周朴园出身于封建世家，曾留学德国。三十年前做少爷的时候，为迎娶一位富家小姐，遗弃了为他生下两个儿子的婢女梅侍萍。所以他们俩是主仆和情人的关系。长子周萍留在周家，而侍萍怀抱次子鲁大海投河遇救，后嫁与鲁贵，生下女儿四凤。周家后来从无锡迁居北方某大城市，周朴园又娶繁漪为妻，生下儿子周冲。他们与鲁家共居一地。鲁贵与四凤在周家帮佣，大海在其生父周朴园的煤矿上当工人，但两家各不相知。

周朴园独断专行，压制繁漪的个性，夫妻矛盾尖锐，视同仇人。繁漪苦闷抑郁，与周萍发生了乱伦关系。后周萍遗弃繁漪，又和四凤相爱，当繁漪获悉周萍、四凤要相偕出走，在绝望中当众宣布了她和周萍的乱伦关系，周朴园也公布了侍萍的真实身份。当一切血缘的谜底被揭穿时，一场大悲剧发生了：四凤触电自杀了，周冲为救四凤也触电身亡；周萍开枪自尽；繁漪疯了；侍萍呆痴了；周朴园孤苦伶仃了……

3. 检视阅读

检视阅读，就是一种有系统的略读。学生进入检视阅读阶段，才算得上真正意义上的阅读。例如：对《雷雨》人物关系做细致的梳理，可以为进一步赏析人物做好坚实的基础。（如图1）

《雷雨》主要人物关系表

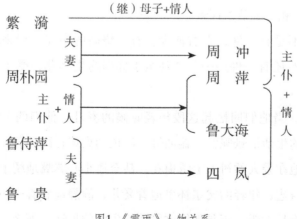

图1 《雷雨》人物关系

二、细部鉴赏课

如果说整体推介课是为了获得阅读书籍的基本信息，那么细部鉴赏课就是为了求得对书籍信息与内容的理解。鉴赏阅读的终极目标在于深层次的理解，这种深层次的理解既包括书籍中基本信息的理解和运用，也涵盖着理解作者思想并且形成个性化的阅读理解等内容。因此，鉴赏阅读是整本书阅读的主体阶段，我们在分析阅读之中能够获得阅读整本书的完整体验，引领学生形成对整本书的整体内容与思想上的把握。

1. 选代表篇章，梳理内容

学生们可以自由结合成学习小组，共同商议合作选择自己认为最精彩的或者是感兴趣的人物进行分析，也可以由教师提供选择的主题范围，力求实现人物层次的完整，建构人物的系统性。就《雷雨》而言，可以选取鲁侍萍三十年后和周朴园见面的部分，熟悉话剧中的主要人物，这里的人物有周朴园、鲁侍萍、鲁大海、周萍、周冲，还有他们在谈话间出现的太太繁漪和四凤、鲁贵，这个片段在整本书中处于重要的位置，对整本书内容具有统领作用。

2. 找典型细节，赏鉴语言

以《雷雨》为例，可以创设情境，引导学生赏析选文的戏剧语言。

周朴园如何对待以前的"侍萍"。我们首先从故事的开端来认识人物，三十年前，恋爱中的周朴园是怎样的人，他又是怎么对待那个时候的梅侍萍的呢？尝试从文中相关细节来探索。

"鲁侍萍不是有一件，在右袖襟上有个烧破的窟窿，后来用丝线绣成一朵梅花补上的？还有一件……" "甚至于你因为生萍儿，受了病，总要关窗户……"

想象一下，当他们回忆起这段年轻时候的岁月，他们两个脑子里可能浮现出了什么样的生活情景呢？一盏油灯，红色的火焰在跳动着，年轻的梅侍萍正在灯下专注地在爱人的衬衣上绣梅花，甚至还小心翼翼地绣上了自己的名字"萍"，在她身边，年轻的父亲怀里抱着婴儿，静静地看着……是啊，多么美好温馨的画面啊！无锡，正是他们这段美好生活的见证。那么，这样的美好的生活有没有一直维持下去呢？对，没有。鲁侍萍说：“哼，我的眼泪早哭干了，我没有委屈，我有的是恨，是悔，是三十年一天一天我自己受的苦。你大概已经忘了你做的事了！三十年前，过年三十的晚上我生下你的第二个儿子才三天，你为了要赶紧娶那位有钱有门第的小姐，你们逼着我冒着大雪出去，要我离开你们周家的门。”对周朴园，对于三十年前被赶出周家那段经历，鲁侍萍内心是怎样一种感受呢？对，无限的怨愤。她仅仅痛斥了周朴园吗，怎么又变成“你们”了呢？“你们”，是谁呢？是周家的人，比如说周家老太太。“三十年”前是“光绪二十年”，1895年，还是清王朝时代。看来，当年将梅侍萍赶出家门，正如我们学过的《孔雀东南飞》中焦仲卿所说的“我自不驱卿，逼迫有阿母”，周朴园也有相当大的被迫的成分，当然他也同样有着焦仲卿式的软弱。

　　关于这一点，我们还可以从选文之外的，《雷雨》的其他语言片段中找到类似的意思。鲁侍萍说：“（落眼泪）凤儿，可怜的孩子，不是我不相信你，我太爱你，我生怕外人欺负了你，（沉痛地）我太不敢相信世界上的人了。你妈就是在年轻的时候没有人来提醒，——可怜，妈就是一步走错，就步步走错了。人的心都靠不住，我并不是说人坏，我就是恨人性太软弱，太容易变了。”这是剧本第三幕中鲁要求四凤发誓不再与周家的人来往时说的一段话，这是鲁侍萍用三十年的苦难换来的生活“经验”。这里所谓的“太软弱，太容易变”的“靠不住”的人，指的是周朴园。对于周朴园，让鲁侍萍感到不满的，是其在感情方面的“绝情”，是他的软弱、自私，不能为爱情做抗争，不愿意为爱情做出牺牲。

　　那么，周朴园如何对待“死去”的侍萍？一直保留旧雨衣、侍萍绣了梅花的旧衬衣。一直保留家中的一切侍萍喜欢的摆设。一直保留关窗的习惯。记住侍萍的生日。多次向人打听，特地派人到无锡打听侍萍的下落。想去修缮侍萍的坟墓。称侍萍为贤惠、规矩的小姐。从这些能看到一个怎样的周朴园呢？仿佛很深情对不对？是的，在三十年前，他与鲁有过一段甜蜜的生活，真实的感情，对此，他一直念念不忘；尤其他到了晚年，其妻繁漪个性傲慢、桀骜难驯，儿子周萍敬而远之，他常感到家庭生活不如意。而对于三十年前将鲁赶出家门的绝情行为，他有着发自内心的愧疚与忏悔。那他为什么要说鲁侍萍是

"小姐"，强调她"很规矩"呢？这是在刻意美化侍萍，可以避免别人猜疑他与一个下人有什么瓜葛，美化侍萍实质是美化自己。从这里可以看出周朴园的虚伪。

再继续挖掘，周朴园如何对待"眼前"的侍萍？戏剧中，人物形象的概括主要来自戏剧语言，而话剧的语言魅力主要来自语言的原始力量。在本文节选的片段，认出侍萍前，反复出现在周朴园话中的字是？"哦"。《现代汉语词典》解释"哦"就是一个叹词。剧作用这么多"哦"，是不是违反了戏剧语言强调个性化的原则？"哦，三十年前你在无锡？""哦，很远的，提起来大家都忘了。""（鲁：不敢说。）朴：哦。（鲁：哦，我倒认识一个年轻的姑娘姓梅的。）""哦？你说说看。""（苦痛）哦！"

"（汗涔涔地）哦。"

第一个"哦"是周朴园说的"哦，三十年前你在无锡？"，这个"哦"写出了周朴园在得知眼前这个仆人三十年前也在无锡的惊讶。第二个"哦"，既勾起了周朴园往日的回忆，又可见他在试探眼前这个人知不知道当年发生在无锡的那件事。第三处，当鲁侍萍说"不敢说"时，这个"哦"里有失落。陷入回忆中的周朴园想弄清楚眼前的这个人知不知道无锡的那件事，可是又因为鲁侍萍想说却又没说而变得没了下文，记忆的游丝正在拉开的瞬间又被中途截断了。第四个"哦"应该是有一种抓住希望的感觉，急切而又惊奇，震撼又不乏狐疑。因为鲁侍萍又说出"我倒认识一个年轻的姑娘姓梅的"一句。尤其是"姓梅的"这三个字给了周朴园很大的震动，可以说，这三个字对于周朴园来讲，是压在他心头三十年的一块大石头。第五个"哦"应该满含周朴园的痛苦。当鲁侍萍把周朴园的旧伤疤一片一片地撕开来的时候，周朴园说出的"哦"应该就是前面注释的那样，很痛苦。那第六个"哦"呢？三十年前发生在无锡的事对于周朴园来说，是件难以启齿的事，是件难堪回首的事，更是件需要反复掩饰的事。第六个"哦"可见周朴园在掩饰中有紧张，在慌乱中有挣扎，因为他听到鲁侍萍说梅小姐和孩子死了的事实。台词前面的舞台说明用"汗涔涔地"特别形象。因为他紧张而流汗，痛苦而流汗，挣扎而流汗，掩饰而流汗。

那么，当周朴园认出眼前的侍萍就是他魂牵梦萦的梅侍萍，他会有怎样的反应呢？他厉声责问："你来干什么？谁指使你来的？"用缓和的语调稳住：你可以冷静点。现在你我都是有子女的人。哄骗软化：保留家具、熟记生日、关窗习惯——没忘旧情。想用金钱平息打发："好！痛痛快快的！你现在要多少钱吧！"并开出支票。此刻，周朴园只考虑金钱、地位、物质利益，而把感情抛在一边。他原先的温情、良知，顷刻间消失得无影无踪，剩下的只是自私、冷酷。

可见，周朴园对过去的侍萍：始乱终弃、自私软弱；对"死去"的侍萍：温情、良知、歉意、虚伪；对面前的侍萍：凶相毕露，软硬兼施，彻底决绝，阴险狡猾，冷酷无情。

在这样的细读之下，学生真正在文本中，在文字里获得了语言的建构和运用能力，思维获得发展和提升，为后面大观念的提炼和整本书的深入阅读打下基础，所以细读文本仍然是整本书阅读教学中的重中之重。

3. 善用大观念，勾连全书

确定大观念：悲剧把人生有价值的东西毁灭给人看。

思考大观念统领下的系列问题（如表1）。

表1　思考问题表

有价值的东西是什么？	谁毁灭的（画出人物关系图）	怎么毁灭的（以文本为例说明）	悲剧的结局能不能避免？	悲剧的价值是什么？

基于此，对全文进行深度学习。

《雷雨》中的人物角色繁多，彼此间的关系也错综复杂，而悲剧的主要表现内容则围绕着周朴园、鲁侍萍、繁漪这三个上一辈人和周萍、周冲、四凤这三个下一辈人展开。鲁大海等人则作为故事的另一条支线参与故事，并不是主要的悲剧人物。整部话剧的悲剧性起源于周朴园和鲁侍萍两人的恩怨情仇，悲剧的高潮表现却是周萍、周冲和四凤三人的死。换言之，是周朴园与鲁侍萍导演了这起悲剧，而子一辈的三人却是悲剧的最终承受者，繁漪作为一个中间者的存在，也具有其自身的悲剧性。在这六人之中，除了核心人物周朴园之外，其他五人都具有善良的本性，却又都参与了悲剧的酿成。鲁侍萍是全剧最具感染力的角色之一，也是下层劳苦大众的典型代表。她为人善良、勤劳，只因恋上了周公馆的少爷，一时失足，才酿成了不可挽回的恶果。曹禺对他笔下塑造的鲁侍萍的形象满含着同情与怜悯，他借人物之口和正直的做派表现着鲁侍萍善良的本性。鲁侍萍出身于底层，在她的身上，既有敢于斗争的阶级性格，又有一时失贞的道德枷锁。她的身份与性格始终是相统一的，最初的失贞行为也导致了最终子一代悲剧的形成。周萍本是周朴园角色的继承者，然而他与周朴园最大的不同就在于他的良知尚未泯灭，因此他不可能成为像周朴园那样纯粹的坏人，只能在反抗与妥协之间左右摇摆。他与自己的继母繁漪维系着不伦之恋，又对此感到罪恶与羞耻；他希望与四凤一起追求纯洁的爱情，又最终没有反抗的勇气。他懦弱又矛盾，因此表现为行为上的延宕与纠结，最终他也只好用自杀的方式去面对自己的性格与选择所带来的结果。周萍的继母繁漪是剧中最具雷雨性格的人，她最大的性格特点就是极端矛盾，游走在新与旧、好与坏、压抑与释放之间，在她的身上，深刻地体现了处于极善和极恶之间的人物性格，也在人性的扭曲中承受着性格造成的恶果。周冲作为剧中唯一的一个正面人物，和剧中彻底的坏人周朴园形成了对比。

《雷雨》中的戏剧冲突主要集中在周朴园与鲁侍萍、周萍与四凤、周萍与繁漪这三组人身上，其中连接矛盾冲突最多的人物便是周萍。周萍这一角色介于善与恶之间，虽是周朴园角色在下一代的延续，却良知未泯，不会成为周朴园那样纯粹的坏人。他保留着善良的本性，却又"不十分善良"，也"不十分公正"。一方面，他希望挣脱罪恶的封建家庭，追求理想的幸福；另一方面，他又扮演着压榨穷人的帮凶和自己继母的情夫。周萍的命运悲剧起源于他爱上了两个不该爱的人，一个是他父亲的妻子，自己的继母繁漪，一个是他同母异父的妹妹四凤。这两段恋情同属于不伦之恋，不同的是与继母繁漪的恋情是周萍在明知乱伦的前提下主观选择的，而与妹妹四凤的恋情却是在不知内情的情况下发生的。周萍的悲剧体现在两个方面，一是周萍明知有违伦理依然选择与自己的继母繁漪越入雷池的行为，一是无意间承受了周朴园与鲁侍萍在上一代的悲剧中延续下来的恶果。这两个方面的"过失"不仅属于悲剧人物本身，还牵涉到了悲剧人物的血缘。这样的设定使得这种"过失"既有值得诟病的方面，又有值得同情的因素，同时，这种"过失"中也含带了古希腊悲剧"命运说"的元素，使得周萍的身上显现出"俄狄浦斯式悲剧"的影子，是曹禺将古希腊悲剧理论的"过失说"与"命运说"糅合为一体的一个尝试。但这种"命运"同时又归咎于上一代人的错误，也可看作是另一个悲剧人物——鲁侍萍的过失在子一代中的延续，是过失套着过失，错误叠着错误，在这样的悲剧套叠中进一步放大了悲剧冲突，也巧妙地连接了多重悲剧人物彼此之间的联系，体现出悲剧情节的整一性原则，彰显出"过失"在人物命运悲剧中起到的重要作用。

三、综合提升课

阅读的层次是不断积累和渐进的。综合提升课是难度最大的一堂课，对于阅读者的要求也比较高，综合提升阅读既可以是同一文本内部不同片段中某一主题的探究，探索某些具有一定关联性的事物的特异性或者规律性；也可以是不同文本之间某一相似主题的探究。

1. 大观念统领下的文本内部的比较——《雷雨》中周朴园对鲁侍萍和对鲁大海的比较

周朴园身上有没有有价值的东西？有。如周朴园追求自由的爱情，追求体面的家庭，即使是坏人身上也可能有有价值的东西，只是他的追求方式是损人利己的。

前面的整本书阅读教学中，我们认识了周朴园和三十年未见的初恋情人的相见，前后态度，变化巨大，那么当周朴园见到自己三十年未见的儿子，又会有怎样的表现呢？我们又能认识到一个怎样的周朴园呢？周朴园如何对待自己的儿子（三十年未见）？细读周朴园与鲁大海斗争过程的对话："（打量大海）你叫什么名字？""你不要同我摆架子，难道你不知道我是谁么？""我只知道你是罢工闹得最凶的工人代表。""对了，一点儿也不错，所以才来拜望拜望你。""对了，傻小子，没有经验只会胡喊是不成的。""（如梦初醒）他们三个就骗了我了，这三个没有骨头的东西，他们就把矿上的工人们卖了。哼，你们这些不要脸的董事长，你们的钱这次又灵了。"

很明显，周朴园明知故问，语气中都是傲慢；鲁大海直截了当，勇敢、不卑不亢。周朴园，冷酷无情、手段老到，狡猾、阴险。鲁大海，英勇顽强、经验不足，鲁莽、幼稚。

通过文本内部的比较阅读，我们对人物有了更全面深刻的认识，对整本书的大观念——悲剧是把人生有价值的东西毁灭给人看，有了更切实的把握。

2. 大观念统领下的文本外部的比较——《家》整本书和《窦娥冤》《哈姆雷特》等剧本的比较

我们把三篇悲剧作品放一起比较研究，不仅对《雷雨》整本书的认识更清晰，同时对大观念的可迁移性也是一种检验，这种文本外部的比较设计，对学生高阶思维的培养和阅读能力的提升有着直接而显著的作用。

鲁迅说："悲剧是把人生有价值的东西毁灭给人看。"三篇悲剧作品中体现出的有价值的东西是什么？是人类共同的具有普遍认可度的价值追求，比如公平正义、孝义人伦、真挚的情感、和谐的关系、合理的秩序与规则。

谁毁灭的？从每个故事来看，似乎毁灭者是其中的反派，比如《窦娥冤》中的陷害窦娥一家的张驴儿，误判冤案的楚州太守桃杌；《雷雨》中的周朴园、《哈姆雷特》中的哈姆莱特的叔叔，他们有意的作恶行为直接缔造了故事的悲剧，毁灭了真善美。但是深层挖掘下去，如果只是一个坏人的作恶不足以赋予作品深刻的思想内涵，有时候好人的无意识作恶反而会带给人们更深的思考。比如《窦娥冤》的悲剧，窦娥是否在其中也存在一定的过失？她的卖儿还债的父亲窦秀才难道在这其中不需要担负任何道义上的指责？比如《雷雨》中的侍萍是否也参与了悲剧的制造？她的一时失贞和对时代背景下的巨大阶层藩篱的罔顾是否也为后代的悲剧负有责任？周萍是纯粹的坏人吗？四凤又做错了什么？再比如《哈姆雷特》，哈姆莱特本身的延宕是否为他的悲剧负有责任？再往深层追溯，毁灭有价值的东西，是否真是个体的主观行为？《窦娥冤》中的公平正义是谁毁灭的？天道人伦是谁允许用售卖抵偿的方式进行交易的？《雷雨》是谁赋予资本家剥削的权力？是谁压抑了人性打乱了纲常？《哈姆雷特》又是什么促使以弟弑兄，弟娶兄嫂，以侄弑叔的惨剧发生？再进一步地继续深挖，时代是否只是一个土壤，而人性的恶才是根源呢？

这些悲剧结局能否避免？当然，如果让悲剧的始作俑者放弃作恶，悲剧结局可以避免甚至改写，但问题在于如何才能让始作俑者放弃作恶呢？那些无意识犯错的善良的人，又该如何保证自己的言行选择符合避免悲剧的走向呢？如果时代的大背景没有改变，人类共同的价值追求在那个时代被黑暗埋葬，是否又会有无数的悲剧在那片土壤中滋生呢？我们对黑暗的思索，换个角度来说，就是对光明的一种追求。我们研读悲剧的意义，就在于寻找一种适当的方式来安放人类共同的价值追求。

通过这种文本外部的比较，进一步拓展整本书阅读的深度，实现整本书阅读的真正价值。

整本书阅读教学不可缺的三堂课教学案例

《论语》

《论语》整本书阅读——不学礼，无以立

一、书本分析

《论语》是孔子及其弟子的语录结集，由孔子弟子及再传弟子编写而成，至战国前期成书。全书共20篇492章，主要记录孔子及其弟子的言行，较为集中地体现了孔子的政治主张、伦理思想、道德观念及教育原则等，是儒家学派的经典著作之一。

近代国学大师钱穆说：今天中国的读书人有两大责任，一是读《论语》，一是劝人读《论语》。从赵普的"半部《论语》治天下"到辜鸿铭的"半部《论语》可以振兴中华"，都道出了《论语》作为优秀文化在传承中的重要性。

当然，《论语》中也有消极因素，在传承中需要摒弃；一些积极因素，随着社会发展也需要有结合时代的解读和发展。而这些都必须建立在我们已经熟读《论语》的基础上。

人教版初中教材精选了《论语》十二章作为教学内容，人教版高中教材必修一部分名著导读首推的就是《论语》，教材编订体现了对《论语》阅读的足够重视；但是事实上，高中阶段《论语》的阅读和教学常被忽视了，没能被提高到与其重要性相应的地位。

　　2017年版《普通高中语文课程标准》18个任务群将整本书阅读放在首位，而附录部分"关于课内外读物的建议"又将《论语》放在文化经典类推荐的首位，《论语》阅读的重要性可见一斑。

　　布鲁纳的认知理论认为："任何学科的内容都可以用更为经济、富有活力的简约方法表达出来，从而使学习者易于掌握。"阅读教学想要突出重点，突破难点，更好地实现能力的迁移和素养的提升，就要科学地运用简约之道，充分发挥好学生的主体作用，积极引导学生开展丰富的体验和探究活动，从而锻造高效课堂。在进行《论语》整本书阅读教学时，尝试选取"礼"作为切入点，深度聚焦，以点带面，追求简约而不简单的教学之道，在体验与探究中提升学生的语文核心素养。

二、教学目标

　　（1）梳理《论语》中有关"礼"的语句，摘录喜欢的语句译一译，背一背。

　　（2）聚焦有关"礼"的语句的文意，思考"礼"的本质、作用、尺度等问题。

　　（3）联系现实，深入理解与传承儒家"礼"文化，做一个有"礼"的人。

《论语》整体推介课

一、教学目标

　　（1）梳理《论语》中有关"礼"的语句，摘录喜欢的语句译一译，背一背。

　　（2）激荡思维，深入思考文字背后"礼"的内涵，鼓励个性化解读。

二、教学过程

（一）激趣导入

多媒体出示"孔子画像"，让学生谈谈对孔子的印象。（见图2）

图2　孔子

（学生自由发言）

1. 相貌

人不可貌相，天生异相。

骈齿，圩顶。

骈齿，大德之人，史载帝喾、周武王有之。

"生而首上圩顶，故因名曰丘云。"

——《孔子世家》

"圩言乌。顶音鼎。圩顶言顶上窳也，故孔子顶如反宇。反宇者，若屋宇之反，中低而四傍高也。"

——唐·司马贞

2. 评价

千载独步。

有些人死后才出生。

——尼采

孔子的思想对中华民族起了其他任何思想学说所难以比拟匹敌的巨大作用。

——李泽厚《中国古代思想史论》

3.《论语》

道贯古今。

钱穆说："《论语》自西汉以来，为中国识字人一部人人必读书。"

——《论语新解》

"半部《论语》治天下。"

——赵普

（二）孔子的精神

1. 多媒体出示

天行健。君子以自强不息。

——《周易》

"胜人者力强，自胜者强"。

——老子

孔子适郑，与弟子相失，孔子独立郭东门。郑人或谓子贡曰："东门有人，其颡似尧，其项类皋陶，其肩类子产，然自腰以下不及禹三寸，累累若丧家之狗。"

子贡以实告孔子，孔子欣然笑曰："形状，末也。而谓似丧家之狗，然哉！然哉！"

2. 链接

孔子尽管实际上处于"疏离主流"的"边缘"地位，但他却无时无刻不希望进入主流，因为他有一个"国师"情结，他自认有一套安邦治国的良策，而且认定只有为统治者所接受，才得以实现；因此，如李零所说，他一方面"批评当世的权贵"，一方面又"四处游说，替统治者操心，拼命劝他们改邪归正"。但这只是他的一厢情愿，任何统治者都不会愿意有一个"国师"高居于自己之上，天天指手画脚；偶尔听听意见，也不过是利用而已。统治者要的是甘心充当帮忙和帮闲的知识分子，但孔夫子不愿意——在我看来，这正是孔子可贵之处，他尽管对统治者有幻想，但却始终坚持了自己的理想和独立性，也正因为如此，他就必然不为统治者所用，而成为"丧家狗"。但也幸亏他成了"丧家狗"，而没有成为"被收容、豢养的狗"，他才具有了为后人与今人敬仰的地位和价值。

——钱理群：《读李零〈丧家狗：我读"论语"〉》

子路宿于石门。晨门曰："奚自？"子路曰："自孔氏。"曰："是知其不可而为之者与？"

张岱《四书遇》："不知不可为而为之，愚人也；知其不可为而不为，贤人也；知其不可为而为之，圣人也。"

3. 教学提示

畅所欲言，个性化解读孔子精神。

4. 教师分享

自强不息精神，知其不可为而为之的精神。

（三）探究·思考

1.《论语》撷"礼"

教学提示：多媒体出示相关语句，让学生自由诵读，疏通字词，试译，不当之处，相互质疑，相互帮助，合作完成语言的建构。

（1）有子曰："礼之用，和为贵。先王之道斯为美，小大由之。有所不行，知和而和，不以礼节之，亦不可行也。"

（2）子曰："道之以政，齐之以刑，民免而无耻；道之以德，齐之以礼，有耻且格。"

（3）孔子谓季氏："八佾舞于庭，是可忍也，孰不可忍也？"

（4）三家者，以《雍》彻。子曰："'相维辟公，天子穆穆'，奚取于三家之堂？"

（5）林放问礼之本。子曰："大哉问！礼，与其奢也，宁俭；丧，与其易也，宁戚。"

（6）子入大庙，每事问。或曰："孰谓鄹人之子知礼乎？入大庙，每事问。"子闻之曰："是礼也。"

（7）子曰："居上不宽，为礼不敬，临丧不哀，吾何以观之哉？"

（8）子曰："恭而无礼则劳，慎而无礼则葸，勇而无礼则乱，直而无礼则绞。君子笃于亲，则民兴于仁；故旧不遗，则民不偷。"

（9）子曰："敬而不中礼谓之野，恭而不中礼谓之给，勇而不中礼谓之逆。"子曰："给夺慈仁。"子贡曰："敢问将何以为此中礼者？"子曰："礼乎，夫礼所以制中也。"

（10）子曰："人而不仁，如礼何？人而不仁，如乐何？"

（11）颜渊问仁。子曰："克己复礼为仁。一日克己复礼，天下归仁焉。为仁由己，而由人乎哉？"颜渊曰："请问其目。"子曰："非礼勿视，非礼勿听，非礼勿言，非礼勿动。"

（12）宰我问："三年之丧，期已久矣。君子三年不为礼，礼必坏；三年不为乐，乐必崩。"子曰："食夫稻，衣夫锦，于女安乎？"曰："安。""女安则为之！夫君子之居丧，食旨不甘，闻乐不乐，居处不安，故不为也。今女安，则为之！"宰我出。子曰："予之不仁也！子生三年，然后免于父母之怀。夫三年之丧，天下之通丧也。予也有三年之爱于其父母乎？"

2."礼"是什么？（见图3）

（1）以字见"礼"。

"礼"字解读：左边"示"字，代表天、地、日、月、星等天地神灵。右边"豊"字，行礼之器也，"豊"字下方的"豆"，是一种盛放食物的器皿，上面盛放的是一串串美玉，喻指把美好的东西敬献给天地神灵，即是"礼"。

礼，履也。所以事神致福也。

——《说文》

图3　礼

（2）以文解"礼"。

颜渊问仁。子曰："克己复礼，为仁。一日克己复礼，天下归仁焉。为仁由己，而由人乎哉？"颜渊曰："请问其目"子曰："非礼勿视，非礼勿听，非礼勿言，非礼勿动。"

子曰："人而不仁，如礼何？人而不仁，如乐何？"

子曰："予之不仁也！子生三年，然后免于父母之怀。夫三年之丧，天下之通丧也，予也有三年之爱于其父母乎！"

子曰："居上不宽，为礼不敬，临丧不哀，吾何以观之哉？"

子曰："能以礼让为国乎？何有？不能以礼让为国，如礼何？"（朱熹注："让者，礼之实也。"）

教学提示：充分讨论，激荡思维，发展思维能力，让学生透视文本语言，深入思考"礼"的本质、内涵。

教师分享："礼"是仁，是爱，是敬，是让。是活动，是仪式，是践行。

（四）作业

研读《论语》，预习《子路曾皙冉有公西华侍坐》。

《论语》细部鉴赏课——《子路、曾皙、冉有、公西华侍坐》

一、教学目标

（1）自主整理、积累文本中特殊的文言实词、虚词和句式。

（2）以文解文，了解四位学生的追求、志向，分析他们各自的性格，感受他们师生五人间的关系，还要了解孔子的"礼治"思想。

（3）了解孔子教学思想、人格魅力，师生之间的和谐关系，古人的政治理想和行为规范。

二、教学过程

1. 课前预习指导

（1）读准本课字音，读不准的字自己查字典和词典解决。

（2）读熟课文，结合注释思考文章语句的意思，找出不懂的画上记号。

2. 教师则编写和印发有关《论语》的资料

孔子（前551～前479）名丘，字仲尼，鲁国陬邑人（今山东曲阜）。春秋时期的思想家、教育家，儒家学派创始人。他创办私学，开私人讲学之风。相传有弟子三千，身通六艺者（诗、书、易、礼、春秋、乐）七十二人（据《史记·孔子世家》）。在教育上，他"学而不厌，诲人不倦"，提倡"有教无类"，注重"因材施教"，对普及和发展古代文化有重要贡献。

《论语》，是孔子的学生和再传弟子编集的儒家典籍，共二十篇，每篇又分成若干章。内容是记录孔子的言行，有孔子应答弟子和当时的话，也有关于弟子间谈论孔子言论的记录。总体上来说，可称为语录体散文。章节简短，语言朴素、比较精炼扼要，我们现在常用的成语、格言，有不少是从《论语》中继承而来的。

《论语·先进》，这一篇记录孔子对学生的评论。共二十六章。课文是最后一章，是《论语》中写得比较长而又比较生动的一章。文章记录孔子和他的四个学生关于"志"的讨论，寥寥三百余字，写出了孔子和他的四个学生各自不同的性格特点和志趣爱好，如子路的直率粗犷，冉有、公西华的谦逊谨慎，曾皙的从容淡泊以及孔子的和蔼可亲和循循善诱。

3. 由题入文 初识人物

中国历史上有一位伟大的人物——孔子，他在逝去2500多年之后，仍然影响着全世界，迄今为止，全球已有500所以他的名字命名的学院和课堂；美国作家威尔·杜兰特把他列为全世界最伟大的十位思想家之首，名列柏拉图、亚里士多德之前。他还有个重要的身份是——老师。今天我们一同研读的这篇文章就记录了2500年前孔子和几位学生的一堂课。请同学们说说这堂课的师生情况。

4. 请写出并解说本文标题与出处

侍坐：侍，在尊长旁边陪伴服侍；侍坐：陪侍孔子坐着——弟子侍奉师长。

课文对这四子的称呼有什么不同？弟子排名——长幼有序。

表2 弟子排名表

作者的称呼	孔子的称呼	姓	名	字
孔子		孔	丘	仲尼
子路	由	仲	由	子路
曾皙	点	曾	点	皙
冉有	求	冉	求	子有
公西华	赤	公西	赤	子华

出处：《论语》：语录体散文，记孔子及其弟子言行。《先进》：此篇多评弟子贤否（朱熹）。

5. 梳理文本　概括内容

（1）这堂课的主题和大致的教学过程是怎样的？

主题：各言其志。

（2）教学过程：先生问志第一部分（第1段）：问

学生答志　第二部分（"子路率尔"——"吾与点也"）

先生评志　第三部分（"三子者出"——文末）：评

6. 细读研讨　各析其志

（1）结合子路等人关于"志"的回答，分别说说孔子和他的四位学生给你留下什么印象。

子路——治理"千乘之国"，"可使有勇，且知方也"。

冉有——治理"方六七十，如五六十"的小国，"可使足民"，不过"如其礼乐，以俟君子"。

公西华——在"宗庙之事，如会同"时，"愿为小相"。

曾皙——"莫春者，春服既成——咏而归。"

（2）概括孔子的不同评价并分析四个弟子的性格特征。

子路：直率——哂之　　　　冉有：谦虚——叹之

公西华：更谦虚——惜之　　曾皙：洒脱——与之

（3）孔子为什么要"与点"呢？

这是一个很难让学生理解的问题，因为曾点的"志"从字面上看，不过是和人出去游玩而已（教参就这样翻译的），其他三人都是从如何治理国家的角度来回答，而孔子也正希望弟子们回答他们的政治理想，所以"与点"是令人费解的。弄清这个问题，对全文的理解会有一定帮助的。

当然，人们已经从积极或消极的角度，对这一问题做过不少分析，这里姑且不论。让我们先来剖析曾点的回答吧。

"莫春"，阴历三月，即阳历四月，从气候上看，北方（鲁国，现山东境内）的天气还是比较冷，怎么能沐浴呢？即便能沐浴，到"舞雩"台上吹风、乘凉恐怕难以解释得通吧？何谓"舞雩"？鲁国的祈雨台！！是能随便上去的地方吗？王充在《论衡》中解释曾点的所述是一种祭祀仪式，即舞雩的仪式。《礼记》中也有解释："舞雩，祭水旱也。"可以基本得出结论，曾点讲的就是，在春天水旱时，率领人们行祈雨礼，以求得丰年，从而进一步实现他的治国理想。

下面结合孔子的思想来分析。孔子政治上主张"礼治"，即以礼治理国家。

针对子路"率尔"答出"可使有勇"，孔子"哂之"理由就是"为国以礼，其言不让"；

针对冉有"如其礼乐，以俟君子"的回答，孔子当时不语，在回答曾皙的询问时，反问"唯求则非邦也与？安见方六七十，如五六十而非邦也者？"既然是治理国家，礼乐教化之事，怎能非要等到君子去做呢？针对公西华的观点，孔子的惋惜之情溢于言表——"宗庙会同，非诸侯而何？"既然也是治国大事，你却只是"愿为小相"，"赤也为之小，孰能为之大？"因为孔子认为他通晓礼乐，可以大用。

看来，只有曾皙真正了解老师的意图，结合"国情"，既陈述了自己的具体治国措施，又灵活地将老师的"礼治"思想体现出来，这样的弟子，又怎能不博得老师的赞赏呢？

7. 你赞同谁的说法呢？让学生各抒己见

现代社会恐怕更需要子路对自己的自信，以及他敢闯敢拼的勇气。但是谦虚仍然是美德。

在理解和掌握人物形象解读语言的同时掌握如、夫、则、尔、以、而等词语的用法以及文言句式。

（1）如、夫、则、尔、以、而等词语用法（多媒体展示，略）。

（2）特殊句式：不吾知也——宾语前置：即"不知吾也"，不了解我们（否定句中代词作宾语）。

（3）则何以哉——宾语前置：即"则以何哉"，你们打算做点什么呢？（疑问句中代词作宾语）。

（4）浴乎沂——介词结构后置：即"于沂浴"，在沂水中洗澡。

（5）为国以礼——介词结构后置：即"以礼为国"，用礼来治国。

附：板书设计

```
┌─────────────────────────────────┐
│                                 │
│   子路、曾皙、冉有、公西华侍坐      │
│                                 │
│                                 │
│     生         志        师      │
│                                 │
│                                 │
│                礼               │
│                                 │
└─────────────────────────────────┘
```

《论语》综合提升课——"礼"字面面观

一、教学目标

（1）聚焦有关"礼"的语句，深入理解"礼"的作用、尺度等问题。

（2）联系现实，深入分析"礼"的内涵，把握"礼"在当下的传承。

（3）新时代，如何理解与传承儒家"礼"文化，做一个有"礼"的人。

二、教学过程

（一）讨论交流

1."礼"的作用

（1）"不学礼，无以立。"

——《论语》

（2）子曰："道之以政，齐之以刑，民免而无耻；道之以德，齐之以礼，有耻且格。"

（3）子曰："恭而无礼则劳，慎而无礼则葸，勇而无礼则乱，直而无礼则绞。君子笃于亲，则民兴于仁；故旧不遗，则民不偷。"

注：一味地谦恭而不拿礼来约束，就会很辛苦，一味地慎重而不拿礼来节制就会畏首畏尾，一味地勇侠而不拿礼来节制就会犯上作乱，一味地直率而不

拿礼来节制就会急切而伤人，在上位的人厚待父母亲族，那么老百姓就会兴起仁厚之风，在上位的人不遗弃旧交，那么老百姓就会厚道。

（4）子曰："敬而不中礼谓之野，恭而不中礼谓之给，勇而不中礼谓之逆。"子曰："给夺慈仁。"子贡曰："敢问将何以为此中礼者？"子曰："礼乎，夫礼所以制中也。"

注："恭敬但却不合乎礼的要求，那叫粗野；虽然外表恭顺但却不合乎礼的要求，那叫花言巧语；虽然勇敢但却不合乎礼的要求，那叫乱来。"孔子又补充说道："花言巧语只是给人以仁慈的假象。"子贡问："请问怎样做才能做到恰到好处呢？"孔子说："只有礼呀！礼，就是用来掌握火候使人做到恰到好处的。"

（5）孔子谓季氏："八佾舞于庭，是可忍也，孰不可忍也？"

三家者，以《雍》彻。子曰：" '相维辟公，天子穆穆'，奚取于三家之堂？"

张居正注解"人臣而敢僭用君上之礼，则妄心一生，何所不至。攘夺之祸，必由此起"僭越其礼，必觊觎其位。

2. "礼"的尺度

（1）林放问礼之本。子曰："大哉问！礼，与其奢也，宁俭；丧，与其易也，宁戚。"

注：依礼节而言，与其奢侈繁复，不如节俭朴素。就葬礼而言，与其程序熟练，不如哀痛惨淡。

（2）有子曰："礼之用，和为贵。先王之道斯为美。"

注：礼的运用，贵在能和，先王之道，就是这礼与和的把握，简直是完美！礼以和为贵，和也需礼来节制，礼之用，和为贵，不拘迫，也不至于放纵。凡是恰到好处，斯为美也！

（3）"始作俑者，其无后乎？"

教学提示：层层推进，深入探究，提升学生思维水平，拨云见日，明礼之尺度，晰失礼之行为。

教师分享："礼"要恰到好处，过犹不及。"礼"是儒家"中庸之道"最合体的衣裳，孔子也反对繁文缛节。

三、拓展，延伸

教学提示："文明"是社会主义核心价值观之一，建设文明之国，必要文明之人，文明之人必须知礼、明礼、守礼。让学生联系现实生活，畅谈"礼"体现在哪里？

（一）以"礼"组词，以词解"礼"

1. 礼物

中国人崇尚"礼尚往来""礼轻情意重"，物是礼的载体，是情感的纽带，礼物不必太重、太多，要让人还得起，才能有来有往。

2. 礼仪

仪式的意义在于过程，有仪式感，才能有存在感，对于个体来说，仪式是安抚灵魂，放松身心的好办法；对于一个民族来说，仪式是沉淀文化，形成民族认同感的重要途径。仪式的背后是虔诚，是精神，是价值观，是社会制度和文化精神，你必深刻理解，完全认同，诚信敬畏，才叫礼仪，唯有保持生活中的仪式感，才能增强民族的文化自觉和文化自信。

成年礼：女孩十五，男孩二十。每到这时，就要举行成年礼，要做三件事：

3. 束发

古人未成年时，头发是往两边梳的。男孩盘成兽角形状，叫作"总角"，女孩盘成树丫形状，就叫"丫头"。成年礼这天，头发要重新梳，盘在头顶，用簪子固定，表示成年以后就得约束自己，不能自由散漫。束发过后，女孩插簪子，平民戴头巾，贵族才戴帽子，举行"冠礼"。

4. 取字

名是百日那天由父亲摸着头取的，字则要在成年礼这天由嘉宾来取，名是卑称，字是尊称。有字就意味着成年。这位取字的嘉宾则类似西方人的教父。

5. 订婚

男大当婚，女大当嫁。订婚往往在成年礼，如果束发和订婚同时进行，就叫结发夫妻。如果没有订婚人选，女孩只束发，不取字，叫待字闺中。

6. 礼貌

子曰："居上不宽，为礼不敬，临丧不哀，吾何以观之哉？"

相由心生，礼是仁、是爱、是敬，貌是礼的外在，内心有"礼"之人一定是温和、从容、淡定、和乐的相貌。

（二）礼节

礼在节日，礼在细节。

1. 礼在节日

有节日，就有相应的习俗、礼仪，正是因为有春节、端午、中秋这些节日的存在，才会有节日礼仪的存在，时间多了一个节点，以此沉淀岁月，感恩生活，沉思生命，让我们可以在仪式中开始一段新的征程。

2. 礼在细节

帽子的故事

冠礼：戴帽子，这个仪式仅限于贵族男孩，女孩只插簪子。平民则戴头巾。高级贵族戴冕。"冠"是权力和权利的象征。

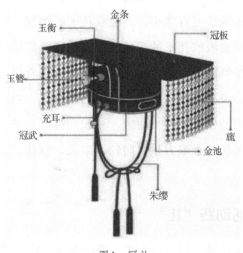

图4　冠礼

"冕"前面"旒"的数量，不仅是等级的标志，更是"视而不见""非礼勿视"之意。"充耳"这个装饰，意指"充耳不闻"，也是告诫"非礼勿听"。

子路："结缨而死"的故事。"君子死冠不免"。

一个守"礼"而死的君子，尊严比生命更可贵。

3.《弟子规》之"礼"

将入门	问孰存	将上堂	声必扬
人问谁	对以名	吾与我	不分明
冠必正	纽必结	袜与履	俱紧切
置冠服	有定位	勿乱顿	致污秽
长者立	幼勿坐	长者坐	命乃坐
尊长前	声要低	低不闻	却非宜
进必趋	退必迟	问起对	视勿移
路遇长	疾趋揖	长无言	退恭立
骑下马	乘下车	过犹待	百步余

四、链接

1998年，诺贝尔奖获得者共同做过一个宣言："如果人类要在21世纪继续生存下去，必须回头两千五百多年，去吸取孔子的智慧。"这个宣言，今天读来仍然振聋发聩，而要汲取孔子的智慧，阅读儒家经典是必由之路。《论语》中的每一个文字都是鲜活的，都是有温度的，都闪烁着智慧的眼睛，让我们行走在字里行间，用心灵去感知文字穿越千年的温情，去触摸字里行间那生命的鲜活。先贤已随风而逝，却又因文而生，让我们静下心来，探幽入微，在文字中跋涉，在阅读中成长，汲取力量，向仁，崇义，修礼，学智，守信，臻于至善、至美。

五、作业：活动践"礼"

（1）以"礼"为话题，写一篇作文，谈谈你对"礼"的理解。

（2）整理关于"礼"的名言、典故、诗文等，召开一次主题班会，交流分享。

（3）梳理身边"非礼"的行为，谈谈如何做一个有礼的人。

六、推荐阅读

杨伯峻：《论语译注》。

《庄子》

《庄子》整本书阅读——人生的境界

一、书本分析

《庄子》由庄周和他的门人以及后学整理而成，被奉为道家经典之一，也称为《南华真经》或《南华经》。据司马迁《史记》所载，《庄子》有十余万言，由汉至晋之间，都为五十二篇。《汉书艺文志》著录《庄子》五十二篇，今本所见《庄子》则为三十三篇，七万余言，应是郭象作注时所编定。《庄子》分"内篇""外篇""杂篇"三个部分，一般认为"内篇"的七篇文字肯定是庄子所写的，"外篇"十五篇一般认为是庄子的弟子们所写，或者说是庄子与他的弟子一起合作写成的，它反映的是庄子真实的思想；"杂篇"十一篇的情形就要复杂些，应当是庄子学派或者后来的学者所写，有一些篇幅就认为肯定不是庄子学派所有的思想，如《盗跖》《说剑》等。内篇最集中表现庄子哲学的是《齐物论》《逍遥游》《大宗师》等。

魏晋玄学称《老子》《庄子》《易经》为"三玄"，为清谈的主要典籍。唐代时，《庄子》与《老子》《文子》《列子》并列为道教四部经典。《庄子》在哲学、文学上都有较高的研究价值。名篇有《逍遥游》《齐物论》《养生主》等，《养生主》中的"庖丁解牛"尤为后世传诵。

庄子中塑造了许多人物形象，他们或是残疾者，或是养生者，抑或是至乐者……庄子试图通过这些人物形象的勾勒，启发世人探究如何对待生命的问题，彰显了原始道家智慧，透视着生命本来的价值和意义。

二、教学目标

（1）通过对《庄子》精彩片段的赏析，激发学生阅读《庄子》的兴趣。

（2）感知《庄子》中人物形象的特点，启发学生体悟原始道家的境界，探究如何对待生命的问题。

（3）初步学会阅读整本书，能够在自主、合作、探究的各种语文综合实践活动中，加深对作品的理解，提高学生对我国文化传统和思想传统的认识。

《庄子》整体推介课

一、教学目标

（1）整体了解庄子及《庄子》的主要内容。

（2）初步了解《庄子》中众多特点鲜明的人物形象。

（3）初步感知庄子作品中彰显的生命价值。

二、教学过程

1. 初识作者，了解作品背景，激发阅读兴趣

（1）看到这本书的题目，你想到了什么？

（2）对这本书的作者你了解吗？

（3）自读资料，了解作者及其作品的创作背景。

2. 作者

庄子（本名庄周，生卒年不详），字子休（亦说子沐），宋国蒙人，先祖是宋国君主宋戴公，战国中期著名的思想家、哲学家和文学家，先秦七子之一，道家学派的主要代表人物之一，创立了哲学学派庄学，与老子并称为"老庄"。

庄子最早提出"内圣外王"的思想，对儒家影响深远，深刻指出"《易》以道阴阳"，"三籁"思想与《易经》三才之道相合。庄子的作品喜欢以引人入胜的方式阐述哲理，被称为"文学的哲学，哲学的文学"，其中代表作品是《庄子》。

3. 背景

庄子处于战国乱世，当时的许多统治者盗用仁义之空名，奢谈无定之是非，以行其争权夺利、压迫人民之实，造成了社会黑暗和人生灾难。庄子生活的宋国，当时宋王偃射天笞地，荒淫无道，不得人心。在此背景下，庄子对人生的前途和传统的价值观念丧失了信心，产生了悲观厌世的情绪，因而更加推进了老子的自然无为思想。

4. 读了这些资料，你觉得庄子是怎样的人？说说理由。

三、初步了解《庄子》内容，感知主要人物的特点

（1）快速阅读《庄子·达生》《庄子·德充符》《庄子·让王》《庄子·秋水》《庄子·养生主》中人物的描述片段，初步了解作品中所描述的人物。

（2）你发现这些人物身上有着怎样的精神品质？

（3）佝偻者和申徒嘉分别给你留下了怎样的印象？你从文中哪些地方读出的？

（4）详读片段，感知人物特点。

学生自读"仲尼适楚，出于林中，见佝偻者承蜩，尤掇之也"和"子产谓申徒嘉曰：'我先出则子止，子先出则我止。'"两个片段，小组合作讨论交流：佝偻者和申徒嘉分别是什么样的人？

四、延伸，激趣

（1）读了这些片段，你想到了些什么？有什么疑问？

（2）请同学们静下心来走进庄子的《庄子》，从书中找找答案。

五、交流阅读整本书后的感受

1. 小组交流

读完了整本书，你们对庄子思想一定有了更深的了解，对《庄子》中塑造的人物形象一定有了更明晰的了解。现在他们在你的眼中又是怎样的人呢？以文中的描写作为依托总结一下。

2. 交流汇报

通过绘图厘清书中的人物关系。

生命是理解世界的关键，庄子确立了生命的最高价值，让人们从漠视生命的行为中获得警醒，请结合作品具体内容说明。

六、感悟庄子思想，激发拓展阅读兴趣

众多特点鲜明的人物构织出了庄子作品中彰显的生命本来的价值和意义，请写一篇体悟庄子生命哲学的小论文。

（温馨提示：可以从"面对困境乐观豁达""选择尊生，逍遥生活""实践达生，修身养德"等方面着笔。）

《庄子》细部鉴赏课之《逍遥游》

一、教学目标

（1）掌握"化""决起""已""不及""翱翔""辩"等的含义和用法。

（2）梳理文章阐释"逍遥游"这一观念的思路。

（3）理解庄子"逍遥游"的内涵。

二、教学过程

1. 解题

《庄子》这本书又叫《南华经》，《逍遥游》是其中的首篇。著名的庄学研究专家马叙伦在《庄子义证》中说"开宗不了逍遥字，空读《南华》三十篇"，可见逍遥这一概念在《庄子》思想中的重要性。

什么是"逍遥"呢？悠闲的假期，我一人在家，无拘无束，是逍遥吗？品着茶，听着歌，悠然自得，是逍遥吗？是。但都只是生活层面的快活，只是浅层次的逍遥。离庄子所说的逍遥还差得很远。庄子思想的三大支柱：无为、逍遥、相对论。无为而无不为大小、贵贱、有用无用是相对的，是可以转化的。好，让我们走进文本，看看庄子的逍遥有着怎样的内涵，庄子的逍遥实现的途

径又是什么。

2. 印象大鹏

请大家齐读文章开头对大鹏的描写，思考：这是一只_____的鹏鸟。

北冥有鱼，其名曰鲲。鲲之大，不知其几千里也；化而为鸟，其名为鹏。鹏之背，不知其几千里也；怒而飞，其翼若垂天之云。是鸟也，海运则将徙于南冥。南冥者，天池也。齐谐者，志怪者也。谐之言曰："鹏之徙于南冥也，水击三千里，抟扶摇而上者九万里，去以六月息者也。"野马也，尘埃也，生物之以息相吹也。天之苍苍，其正色邪？其远而无所至极邪？其视下也，亦若是则已矣。

3. 请同学们用文中突出大鹏特点的词语来概括总结

（1）"抟"。盘旋上飞。有些版本把"抟"写成"搏"，与抟的繁体字"摶"太相近了，改成搏，搏旋风而上，好不好？搏是对抗，力量达不到的对抗，抟是驾驭，是利用龙卷风转上去，突出力量之大。还有颂扬大鹏盘旋而上的形态之美。

（2）"击"。向一个点使力，利用拍水的反作用力飞上天空。力量大。

（3）"怒"。力量喷薄而出。《康熙字典》，怒的原意是"乘阳气（生命之气）奋出而不可遏也"。爆发力大。

（4）"化"而为鸟，"化"是变的意思，为何不用"变"？

变是瞬间，化是漫长的过程。甲骨文的化，左边是一个头朝下入土的"人"，右边是头朝上站立的"人"，怎样的变称得上是化呢？是从死再到生的变化。

思考1：化而为鸟到底是一种怎样的变化？（如图5）

图5　甲骨文的"化"字

明确：①凤凰涅槃的巨变。②忍受痛苦的进化之痛。我们看到大变化背后的大信念、大勇气。

思考2：鲲为何要如此艰辛，脱胎换骨化而成鹏，并借助大风，坚定地飞往光明之地？

明确：为了获得更广大的空间，更充分的自由。

小结：打开《逍遥游》，展翅飞来的就是一只巨大而神奇的鹏鸟，它不仅有大形体、大志向、大信念、大变化、大力量、大勇气，而且会借助大风。

4. 默读"且夫水之积也不厚"到"而后乃今将图南"，说说这一部分写什么

追求的境界越大，付出的努力越多，借助的越大，得到的自由也越大。（莫之夭阏者，否定句中代词作宾语，宾语前置）

形体　追求　努力　借助　自由

思考：关于风与大鹏飞得高远的关系，可以做两方面的理解：A.大鹏客观上必须借助大风。B.大鹏主观上善于借助大风。作者是要强调哪一方面？

明确：两种意思都有，更强调第二种。理由：①文中写大鹏都是夸赞的词语。②这一倾向和后文也有密切的关系，看看能不能从后面的文字中读出什么信息。

5. 首段的最后写蜩与斑鸠耻笑大鹏什么

庄子对此是何态度？之二虫又何知？

根据文章内容，把下面的空白处补充完整。

二虫笑＿＿＿＿＿＿＿＿（大鹏必须借助大风，不像自己那么逍遥）

二虫不知道＿＿＿＿＿＿＿＿（大鹏善于借助大风，比自己更逍遥）

决起而飞，怎么飞？扑腾几下，不费力，随时可以飞。我多逍遥自在。可见二虫认为的逍遥大概等同于我们说的快活。

大鹏抟扶摇而上，九万里，怎么飞？展翅翱翔，费力，等海运，要借助六月风。

二虫不知道，大鹏正是善于借风，飞到了九万里高空。那种一览众山小的霸气，那种拥有大境界后的享受，这是二虫不可能看到的风景，也不可能拥有的体验。

思考：庄子是不是在否定二虫的小？

明确：不是。否定其小不知大，否定它自满、狭隘、局限。庄子的相对论认为大小、贵贱、有用无用是相对的，是可以转化的。所以庄子不否定小，否定的是自满而静止，狭隘而止步不前的小。

过渡：这是二虫不了解大鹏，这是个例，作者把这个个例有没有归纳成有规律的结论，如果有，这个结论是什么？

6. 首段的中心

就是二段的首句：小知不及大知。什么意思？这一句在结构关系上无疑是过渡句。下面就来看这句由首段得出的观点，第二段是怎样阐述"小知不及大知"这个观点的。

三、小大之辩

思考1：把第二段分两个层次，从哪里分开？

明确：汤之问棘也是已。

先说小年不及大年。"众人匹之，不亦悲乎！"怎么翻译？众人羡慕彭祖的长寿，为什么就可悲呢？把活了八百岁的彭祖作为追求的榜样，其实他们没看到更长寿的。看不到是因为自身寿命有限，没见过，没听过，哪能理解呢？再说相对时间的无限，再长寿，也是有限的。

看来，小年不及大年，这是从时间角度论证小知不及大知。"小年不及大年"容易误认为并列于"小知不及大知"。其实二者是证明关系，中间省了"亦如"之类的连词。那"汤之问棘"是从什么角度论证的呢？这里，"是已"比较容易理解，"也"表示句中停顿，"是"代指"小知不及大知"。

思考2：棘是商王汤的一位很有贤才的大夫，汤和棘在谈什么问题？

链接：殷汤曰："上下八方有极尽乎？"革曰："……然无极之外复无极，无尽之中复无尽。"他们在探讨"空间"有限无限的问题。革的回答是万物没有极限，接着又说了斥鴳笑大鹏"彼且奚适也？"的故事。

这就是本段的两个层次：用PPT：①时间上说，小年不及大年。②空间上说，小适不如大适。并由此得出一个结论：此小大之辩也。那么，这个"辩"是区别的意思。小和大有哪些区别，我们来概括一下，看屏幕。

区别：

（1）时间上：活得长，见得多，体验多，享受多，愈逍遥。

（2）空间上：拓展大，识见多，可资利用之物愈多，愈逍遥。

思考3：小和大的区别，给了我们怎样的启示？

明确：

（1）借助的时间越多，空间越大，越能成就大。（板书：小和大的区别关键在待大和待小的区别）

（2）小要不断突破自我局限，要不断借助外物，去追求大，去成就大。

为了更好地说明这个问题，老师给大家展示一个圆内接多边形，这里的圆就相当于宇宙，多边形就是我们对这个世界的认知和借助的外物。要使这个圆内接多边形周长、面积尽可能的大，怎么办？就要无限拓展其边数。那么，我们的认知、见识的扩大也需要借助更多的时间更大的空间。

看来时间上小不如大，空间上小不如大，当然人的境界小不如大，一起看第三段。

四、游无穷

思考1：第三段列举了哪四类不同境界的人？

明确：知者、行者、德者、而者（简称"四种人"）。

宋荣子。

列子。

至人、神人、圣人。

他们之间的境界是递进关系，人与人之间，境界越大，越自由，大到无穷，就逍遥了。

思考2：前三类境界的人，不逍遥的原因是什么？

明确："此"指自满、狭隘、小不知大。

"四种人"他们借助于自己的"知、行、德、而"，满足于名利地位的世俗需求，并且沾沾自喜，止步不前。这不就是活脱脱的"二虫""斥鴳"吗？由此可见，即使是统治一国的国君，如果满足于名利世俗，在庄子眼里也是和斥一样的小。因此，在庄子看来，区分大小的标准，不是世俗名利地位，而是

见识、修养、境界。（板书：境界）

宋荣子比这四种人境界要高，外在的宠辱无动于心，但"犹有未树"，从"定乎内外之分""辩乎荣辱之境"可见，只是不在意，并没有把内外合一，没有忘我，无己，并没有做到无荣无辱。耻笑"四种人"也是明证。托尔斯泰：当你想说明你很谦虚的时候，谦虚这种品德就在离你而去。

福：生死祸福。列子已经内在无我，外在无物，可见他的境界要高出宋荣子，但列子御风而行，还是"有所待"。

最后一类是"至人"，是"游无穷"的"逍遥游"者。他能"乘天地之正，而御六气之辩"。

"乘""御"就是把握、依赖，借助的意思。

可以解释为，驾驭一切变化的规律。遵循自然规律，这里的自然，是不是看得见的自然界？不是。是自然而然，是一切本来的样子，是一切的本质规律。

"天地""六气"是指一切。

思考3：列子借助风，叫有所待，而游无穷者，待一切，却叫无所待，为什么？

明确：

有待——特定、明确、具体，是个例。（有特定的待）

无待——不特定、不明确、不具体，是一切，是整体，是规律。（无特定的待，是任意待）

（板书：无）

既然无待是指待一切、待规律，那么庄子笔下的"无"表面上是没有，实际上是什么？

用"无"组词，你会想到哪些词？形状上无形、范围上无穷。（板书：无形、无穷）

金庸是塑造英雄的高手，英雄功力高不高，全看手中无还是有。英雄，初出茅庐，手握一把锋利无比的宝剑，出手快如闪电，疾如流星；随着他内功境界的提高，手拿一把未开刃的钝剑；等到他成为一代宗师，手中只有一根木棍，虽越来越简陋，但仍需要有形的器具；后来根本没有武器，十八般武艺已经化为无形的内功，这内功就是掌握了规律之后，借助外物的功力。不靠武器而靠功力，化有形为无形，所以能所向披靡。那么在"借助兵器"这个问题上，也就是无所待，即十八般武艺任意待，也就有充分的自由了。

所以当"有所待"者越大、越多，认知的范围越大，规律的掌握越多，则距离"无所待"的终极境界也就越近。当"有所待"的规模大到磅礴万物以为一，说不出具体借助什么，因为掌握了规律，驾驭了万物的变化，当一切皆为我所用时，不管什么事什么变化来了，我都能自如地应对交游，也就能无为而无不为了，这不就是最大的逍遥吗？（板书：逍遥）

当然，金庸笔下的人物是虚构的，庄子这种"乘物以游心"的绝对自由也是无法实现的，但是思想家的思想不是提供现实性的，而是提供可能性的。

这种绝对的自由谁能做到呢？庄子虚拟出的至人、神人、圣人。

思考4：如何理解文章最后的"至人无己，神人无功，圣人无名"这句话的含义？

链接："至人无己非真无己也，天地万物一体，无一非己也；无功非真无功，万物一体，无一非功也；无名则不可名也，可名之对象皆为具象，其极限则不可名。"（唐）成玄英（庄学评论家）

明确：

无己：物（宇宙万物）我一体，无己，忘己。道法自然，不是看到的大自然，是自然而然，与万物一体。

无功：功即功用，一切变化尽在掌握，规律之大，包罗万象，弄清楚大自然的规律，就能驾驭宇宙间说不尽的变化，无功用却成其大用。

无名：不立名，不要名声，无法用言语来表达，因为任何具体的名声，任何具体的表述都是有局限的。这正如水之"形"，你能说说水是什么形状的吗？水是无形的，水又能成为一切形状。

过渡：最后再次明确一个问题：大鹏逍遥吗？不逍遥。大鹏不是逍遥这个目标本身，大鹏是大的代表，是我们通向逍遥的路标。

总结：当人生最后一个音符戛然而止时，你只不过是嘲笑别人的蜩与学鸠，不过是翱翔蓬蒿之间的斥鷃，那将是何等的压抑无趣。个体的人生是有限的，但在有限的生命中，我们应该做一只"抟扶摇而上者九万里"的鹏鸟，纵然不能掌握生命的长度，但可以填充人生的厚度，拓宽生命的广度。所以，虽然我们无法做到逍遥，但我们可以努力去做一个不断突破不断追求的大鹏。

五、作业

经典之所以成为经典，就在于其思想的开放性和解读的多元化。对于《逍遥游》主旨的解读主要有以下几个观点：

（1）向秀、郭象：苟足于其性，则虽大鹏无以自贵于小鸟，小鸟无羡于天池，而荣愿有余矣。故小大虽殊，逍遥一也。

（2）成玄英、支遁：庄生建言大道，而寄指鹏鷃，鹏以营生之路旷，故失适于体外，鷃以在近而笑远，有矜伐于心内，皆非逍遥，此向郭之注所未尽。

（3）陈寅恪、刘坤生：以大鹏逍遥斥鷃不逍遥来疏释庄生《逍遥游》一篇之旨，或许可以补足陈先生《探源》一文未竟之义。

（4）杜车别、王钟陵：鲲鹏和蜩、斑鸠、斥鷃犹如数列中的数，鲲鹏本身未达逍遥境界，但通过鲲鹏和斑鸠等对象的比较，来指明"逍遥"的趋向是什么。

请结合文本，对以上观点中的一个或多个进行进一步的探究。

附：板书设计

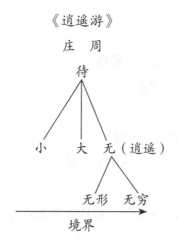

《庄子》综合提升课

一、教学目标

（1）能够正确理解庄子的"无为"思想。

（2）通过三篇文章《逍遥游》《胠箧》《庖丁解牛》的阅读，形成对庄子"无为"思想系统的把握，激发学生热爱中国传统文化，热爱《庄子》。

（3）学会用辩证的、历史的、发展的眼光对庄子"无为"思想进行评价探讨。

二、教学过程

导入：

学完了庄子的《逍遥游》，知道庄子"无己，无功，无名"的逍遥思想，那么这种"无为"是一种什么样的思想，对于我们今天有何现实意义呢？

三、整体感知

1. 正确引导庄子的"无为"思想

庄子的无为：是基于"道法自然"的思想。"无为"思想的核心是合乎本真本然的自然之道。

2."无为"主要体现在两方面

（1）政治上的"无为"，遏制统治者私欲、权力的膨胀，让人民回归自然的思想。

（2）个人修养上的"无为"，遵从自然之道的意义，注重个人修养的处世之道。

3. 鉴赏讨论

赏析《逍遥游》《胠箧》《庖丁解牛》，同组同学交流总结：这组文章是怎样体现庄子在政治上和个人修养上的无为的。

预设：学生可能会回答《逍遥游》《胠箧》的相关"无为"而不能回答

《庖丁解牛》的内容。

学生回答，老师做简单的总结，并引导。

（1）政治上的无为：《胠箧》《庖丁解牛》

思考，这三篇文章中哪些与政治"无为"有关，表达了怎样的思想？

①"绝圣""弃知"的思想。

所谓的"无为"并不是真正意义上的不作为，而是希望统治者能顺应事物发展的本真，让人民获得真正的自由。

②回归原始的生活状态的"无为"。

引入历史背景，庄子生平。

③解牛与治国。

用解牛比喻治国，要顺民意，按一切合乎规律的方法管理人民，方可长治久安。

应辩证的评价，这篇文章中回到原始等观念是消极的。

（2）个人修养上的无为：《逍遥游》《庖丁解牛》

①"至人无己、神人无功、圣人无名"。

忘记自我物我不分，不争功名利禄，不戚戚于名利。

②《庖丁解牛》由"技"到"道"，达到真正的自由，目无全牛，境界上的无为。

四、延伸探讨

庄子的无为思想对我们今天有何现实意义？就其中的某一点发表自己的看法。

（1）怎样联系当时的背景对庄子进行评价。

（2）从国家管理方面来说。（应民心，按规律，方可长治久安）

（3）从学生个人生活上来说。（技艺到一定程度会影响生命价值观，那应该怎样对待学习？）

（4）从个人处世修养上来说。（怎样看待现实的"房奴""车奴""慈善晚会"等）

（5）从无为的消极方面来说。（回归原始的方法是不可取的，应顺应时代发展）

小组活动：分小组描绘你们心中的"庄子"。

五、课下研修

课外再阅读，比较"儒""道"两家思想。

《史记》

《史记》整本书阅读——实录和情怀

一、书本分析

《史记》最初称为《太史公》或《太史公记》《太史记》，是西汉史学家司马迁撰写的纪传体史书，是中国历史上第一部纪传体通史，记载了上至上古传说中的黄帝时代，下至汉武帝太初四年间共3000多年的历史。太初元年（前104年），司马迁开始了《太史公书》即后来被称为《史记》的史书创作。该著作前后经历了14年，才得以完成。

《史记》全书包括十二本纪（记历代帝王政绩）、三十世家（记诸侯国和汉代诸侯、勋贵兴亡）、七十列传（记重要人物的言行事迹，主要叙人臣，其中最后一篇为自序）、十表（大事年表）、八书（记各种典章制度记礼、乐、音律、历法、天文、封禅、水利、财用）。《史记》共一百三十篇，五十二万六千五百余字，比《淮南子》多三十九万五千余字，比《吕氏春秋》多二十八万八千余字。《史记》规模巨大，体系完备，而且对此后的纪传体史书影响很深，历朝正史皆采用这种体裁撰写。

《史记》被列为"二十四史"之首，与后来的《汉书》《后汉书》《三国志》合称"前四史"，对后世史学和文学的发展都产生了深远影响。其首创的纪传体编史方法为后来历代"正史"所传承。《史记》还被认为是一部优秀的文学著作，在中国文学史上有重要地位，被鲁迅誉为"史家之绝唱，无韵之《离骚》"，有很高的文学价值。刘向等人认为此书"善序事理，辩而不华，质而不俚"。

阅读整本书，这里"整"的应有之义既区别于以往的"文选式"阅读，也不应该僵硬地理解为从头到尾式的通读全书，比如文化经典《史记》，即便对大学中文系的同学，在短短一年的时间内，既要通读，还要反复阅读，重点解决，都不是一件容易的事，更何况是本身能力有限、时间有限的高中生，因此，《史记》的整本书阅读还是以文选式的专题单元阅读为主。

由相关联的篇目组合成专题，"聚零为整"，在专题阅读中完成对整书的阅读。这个"整"的含义可以借鉴黄仁宇提出的"大历史观"，就是以宏观历史的角度，从历史的纵横总体上把握微观的研究对象，即"整本书"的把握是宏观的，具体的"阅读"仍是微观的，在这样"整本书"的范畴内，分析因果关系，放宽阅读的视野，探寻前因后果，完成对《史记》的整本书阅读。

二、教学目标

（1）在阅读与鉴赏中借助注释、工具书独立释读文本，梳理常用文言实词、虚词和特殊句式的用法；诵读《史记》名篇，增强文言语感；分析《史记》语言的生动性与形象性，感受简练语言背后的思想感情，评价其表达效果。

（2）在阅读与鉴赏中按一定的标准将史传人物归类，通过分析、比较归纳等方法，发展和提升学生由现象到本质、由个性到共性的思维能力；引导学生通过以文解文的形式，思考理解司马迁写作《史记》的用意与为人物立传的标准，发展和提升学生由结果反溯原因、主观和客观相统一的思维能力。

（3）在阅读与鉴赏中学习司马迁忍辱负重、持之以恒的品质，学习其"不虚美、不隐恶"的"实录"精神；感受《史记》的人文情怀，如保家卫国、舍生取义、淡泊名利、勤俭养德等。

《史记》整体推介课

一、教学目标

（1）读懂文章，筛选整合信息，对三杰能有较清晰的了解，能概括《史记》刻画人物的方法。

（2）摸索出阅读长篇文言文的基本方法，熟悉史传类文言文的阅读。

（3）能对文章做进一步的探究与整合，对西汉的社会、文化、政治有初步的认识。

二、教学过程

导读：

（1）从《鸿门宴》看《史记》。

（2）"汉初三杰"的由来。

"夫运筹策帷帐之中，决胜于千里之外，吾不如子房。镇国家，抚百姓，给馈饷，不绝粮道，吾不如萧何。连百万之军，战必胜，攻必取，吾不如韩信。此三者，皆人杰也，吾能用之，此吾所以取天下也。"

选择《史记》的"汉初三杰"有这样几方面的考虑：一是在这之前让同学断句翻译了《史记卷八·高祖本纪》，高祖与高起、王陵在雒阳南宫的那番对话，引起学生进一步了解汉初三杰的兴趣；二是同学们对三杰都有或多或少的了解，能降低阅读的难度，激发阅读兴趣，适合学生阅读；三是这三篇都是《史记》中的精品，对学生来说，通过研读这个专题可以大致了解《史记》的写人特点，同时内容丰富，隐含了大量的社会历史文化信息，为学生提供了许多可研究的角度。

三、学生阅读《留侯世家》

任务：

（1）请对照注释阅读，画出读不懂的地方，小组讨论解决。

（2）请为张良编制大事年表。

（3）请为张良写一段评语（150字左右）。

学生自主阅读，小组交流，教师巡视答疑，并就共同问题点拨。

引导学生以理解文本内容为中心，筛选整合文本主要信息，理解传记中的主要人物。借助人物生平大事年表的整理来加深认识，教师要指导学生撰写人物的大事年表。

四、学生阅读《淮阴侯列传》

任务：

（1）请画出读不懂的地方，小组讨论解决。

（2）请为韩信编制大事年表。

（3）请为韩信写一段评语（150字左右）。

学生自主阅读，小组交流，教师巡视答疑，并就共同问题点拨。

"写一段50字左右的评语"，读写结合，不同于司马迁每篇传记结束后的"太史公曰"，让学生把心中的想法通过语言固化下来，通过思考写作，形成自我认知。

五、学生阅读《萧相国世家》

任务：

（1）请对照注释阅读，画出读不懂的地方，小组讨论解决。

（2）请为萧何编制大事年表，合并三篇年表。画出人物关系图。

（3）请为萧何写一段评语（150字左右）。

学生自主阅读，小组交流，教师巡视答疑，并就共同问题点拨。

《史记》开创了纪传体的体例，突出人物，也削弱了通史的整体感。可以组织学生探讨厘清人物生平阅历的方法。如：列出人物简历，列出人物主要事迹，列出人物关系等。

六、讨论交流

（1）在高祖得天下的过程中，三人中谁的功劳更大？请说明理由。

（2）为什么三人最终的结局不同？你得到了哪些人生启示？

（3）请说一说《史记》塑造人物的方法。

（4）请就这三篇传记中你感兴趣的某一问题进行探究。

小组交流，班级交流，教师点拨。

引导学生围绕学习活动的重点，确立一些本质性的问题，培养学生有目的质疑的能力。比如，同为三杰，为何三人最终的结局不同，特别是韩信的结局，引导学生选好角度，抓住关键与本质，提出有意义的问题，思考、讨论、交流、碰撞。

七、拓展延伸

（1）自读《高祖本纪》，梳理君臣四人的关系。

（2）拓展阅读《曹相国世家》《陈丞相世家》《绛侯周勃世家》《袁盎晁错列传》《魏其武安侯列传》等汉初名臣传记。

《史记》细部鉴赏课

一、教学目标

（1）读懂文章，筛选整合信息，对四公子能有较清晰的了解，能概括出《史记》刻画人物的方法。

（2）能对文章做进一步的探究与整合，对战国的社会、文化、政治、经济有一个初步认识。

二、教学过程

1. 学生阅读《孟尝君列传》

任务：

（1）对照注释阅读，请画出读不懂的地方，小组讨论解决。

（2）请为孟尝君编制大事年表。

（3）冯谖是一个怎样的人？

（4）请为孟尝君写一段评语（50字左右）。

学生自主阅读，小组交流，教师巡视答疑，并就共同问题点拨。

2. 学生阅读《平原君列传》

任务：

（1）对照注释阅读，请画出读不懂的地方，小组讨论解决。

（2）请列出平原君所做之事及宾客为平原君所做之事。

（3）请分别用一句话概括毛遂、李同。

（4）请为平原君写一段评语（50字左右）。

学生自主阅读，小组交流，教师巡视答疑，并就共同问题点拨。

3. 学生阅读《春申君列传》

任务：

（1）请画出读不懂的地方，小组讨论解决。

（2）请列出春申君所做之事及宾客为春申君所做之事。

（3）请为春申君写一段评语（50字左右）。

小组交流，教师巡视答疑，并就共同问题点拨。

4. 学生阅读《信陵君列传》

任务：

（1）请画出读不懂的地方，小组讨论解决。

（2）请列出信陵君所做之事及宾客为信陵君所做之事。

（3）请为信陵君写一副对联。

小组交流，教师巡视答疑，并就共同问题点拨。

三、讨论后写作

（1）请比较四公子，若你是当时的一名士，你更愿意到谁的门下生活？请申明理由。

（2）从"战国四公子列传"中你还能读出什么（政治、文化、社会等）信息？你得到了哪些人生启示？

（3）请说一说《史记》塑造人物的方法。

（4）从"战国四公子列传"的自主阅读中你积累了哪些语言现象和文言文

的阅读方法？有什么体会？

（5）请就这四篇列传中你感兴趣的某一问题进行探究。

《史记》综合提升课

一、教学目标

（1）更全面深入地了解作家作品及相关史实。

（2）整合文本，学习科学评价历史人物的方法，培养思辨意识。

（3）通过对文章的深入思考，把握儒家思想在整本书中的体现，形成正确的人生观、价值观。

二、教学过程

1. 导入课程

司马迁师承董仲舒，还曾向孔子的后人孔安国求教，他曾在《史记·孔子世家》中给予孔子"高山仰止，景行行止"的高度赞扬。他还吸收孔子学说和六艺经传的精华，效法孔子精神，继《春秋》作《史记》，完成一代大典。可见儒家思想在司马迁的心中根深蒂固。今天，我们就来一次文化探寻之旅，去寻找《史记》的精髓。

2. 重现历史画卷

请同学们阅读下面的史料。

（一）

（1）项羽乃召黥布、蒲将军计曰："秦吏卒尚众，其心不服，至关中不听，事必危。不如击杀之，而独与章邯、长史欣、都尉翳入秦。"于是楚军夜击坑秦卒二十余万人新安城南。

《史记·项羽本纪》

（2）居数日，项羽引兵西屠咸阳，杀秦降王子婴，烧秦宫室，火三月不灭，收其货宝妇女而东。人或说项王曰："关中阻山河四塞，地肥饶，可都以霸。"项王见秦宫室皆以烧残破，又心怀思欲东归，曰："富贵不归故乡，如衣绣夜行，谁知之者！"说者曰："人言楚人沐猴而冠耳，果然。"项王闻之，烹说者。

《史记·项羽本纪》

（3）沛公曰："始怀王遣我，固以能宽容；且人已服降，又杀之，不祥。"乃以秦王属吏，遂西入咸阳。欲止宫休舍，樊哙、张良谏，乃封秦重宝财物府库，还军霸上。召诸县父老豪桀曰："父老苦秦苛法久矣，诽谤者族，偶语者弃市。吾与诸侯约，先入关者王之，吾当王关中。与父老约，法三章耳：杀人者死，伤人及盗抵罪。余悉除去秦法。诸吏人皆案堵如故。凡吾所以来，为父老除害，非有所侵暴，无恐！且吾所以还军霸上，待诸侯至而定约束耳。"乃使人与秦吏行县乡邑，告谕之。秦人大喜，争持牛羊酒食献飨军士。沛公又让不受，曰："仓粟多，非乏，不欲费人。"人又益喜，唯恐沛公不为秦王。

《史记·高祖本纪》

（二）

（1）夜闻汉军四面皆楚歌，项王乃大惊曰："汉皆已得楚乎？是何楚人之多也！"项王则夜起，饮帐中。有美人名虞，常幸从；骏马名骓，常骑之。于是项王乃悲歌忼慨，自为诗曰："力拔山兮气盖世，时不利兮骓不逝。骓不逝兮可奈何，虞兮虞兮奈若何！"歌数阕，美人和之。项王泣数行下，左右皆泣，莫能仰视。

（2）当此时，彭越数反梁地，绝楚粮食，项王患之。为高俎，置太公其上，告汉王曰："今不急下，吾烹太公。"汉王曰："吾与项羽俱北面受命怀王，曰'约为兄弟'，吾翁即若翁，必欲烹而翁，则幸分我一桮羹。"

（3）汉王道逢得孝惠、鲁元，乃载行。楚骑追汉王，汉王急，推堕孝惠、鲁元车下，滕公常下收载之。如是者三。曰："虽急不可以驱，奈何弃之？"于是遂得脱。

《史记·项羽本纪》

（三）

（1）项王即日因留沛公与饮。项王、项伯东向坐；亚父南向坐——亚父者，范增也；沛公北向坐，张良西向侍。范增数目项王，举所佩玉玦以示之者三，项王默然不应。

《史记·项羽本纪》

（2）六年，高祖五日一朝太公，如家人父子礼。太公家令说太公曰："天无二日，土无二王。今高祖虽子，人主也；太公虽父，人臣也。奈何令人主拜人臣！如此，则威重不行。"后高祖朝，太公拥篲，迎门却行。高祖大惊，下扶太公。太公曰："帝，人主也，奈何以我乱天下法！"于是高祖乃尊太公为太上皇。心善家令言，赐金五百斤。

《史记·高祖本纪》

（四）

高祖曰："列侯诸将无敢隐朕，皆言其情。吾所以有天下者何？项氏之所以失天下者何？"高起、王陵对曰："陛下慢而侮人，项羽仁而爱人。然陛下使人攻城略地，所降下者因以予之，与天下同利也。项羽妒贤嫉能，有功者害之，贤者疑之，战胜而不予人功，得地而不予人利，此所以失天下也。"高祖曰："公知其一，未知其二。夫运筹策帷帐之中，决胜于千里之外，吾不如子房。镇国家，抚百姓，给馈饷，不绝粮道，吾不如萧何。连百万之军，战必胜，攻必取，吾不如韩信。此三者，皆人杰也，吾能用之，此吾所以取天下也。项羽有一范增而不能用，此其所以为我擒也。"

《史记·高祖本纪》

（五）

汉王数项羽曰：始与项羽俱受命怀王，曰先入定关中者王之，项羽负约，王我于蜀汉，罪一。项羽矫杀卿子冠军而自尊，罪二。项羽已救赵，当还报，而擅劫诸侯兵入关，罪三。怀王约入秦无暴掠，项羽烧秦宫室，掘始皇帝冢，私收其财物，罪四。又彊杀秦降王子婴，罪五。诈阬秦子弟新安二十万，王其将，罪六。项羽皆王诸将善地，而徙逐故主，令臣下争叛逆，罪七。项羽出逐义帝彭城，自都之，夺韩王地，并王梁楚，多自予，罪八。项羽使人阴弑义帝江南，罪九。夫为人臣而弑其主，杀已降，为政不平，主约不信，天下所不容，大逆无道，罪十也。吾以义兵从诸侯诛残贼，使刑余罪人击杀项羽，何苦乃与公挑战！

《史记·高祖本纪》

三、倾听历史心声

请大家思考上面每组材料体现了什么样的儒家思想？

（1）第一组材料是通过项羽和刘邦进入咸阳之后的不同表现，以及老百姓的心声，可以看出，当时老百姓对"仁"的呼唤。

（2）第二组材料是项羽和刘邦在自己的生命安全遇到威胁时，采用了截然相反的做法，这看出的是"义"，也是项羽最为可爱的地方。

（3）第三组材料是将项羽的傲慢无礼与刘邦的谨守礼制进行对比，彰显着儒家"礼"的思想内涵。

（4）第四组材料是刘邦得天下后对自己做的一个总结，足见其智谋。

（5）第五组材料是刘邦细数项羽的十大罪过，他认为项羽最大的罪过有二：失仁、失信。

四、表达感悟

（1）上面的学习，引发了你什么样的感悟呢？（畅所欲言，各抒己见）。

（2）归纳阅读方法。

品味语言，巧用对比，科学评价，探索主题。

五、课堂总结

一部《史记》倾注了浓厚的儒家思想，仁义礼智信是君子安身立命之五本，古代君子不可弃之，今之众人亦不可丢之。太宗谓梁公曰："以铜为镜，可以正衣冠；以史为镜，可以知兴替；以人为镜，可以明得失。"学习历史，目的就是要借历史人物的得失之所，用防己过。

六、布置作业

结合整本书的阅读，围绕一到两个关键词，写一篇自己的感悟，不少于1000字。

《三国演义》

《三国演义》整本书阅读——不以成败论英雄

一、书本分析

《三国演义》是中国古典四大名著之一，是中国第一部长篇章回体历史演义小说，作者是元末明初小说家罗贯中。《三国演义》描写了从东汉末年到西晋初年之间近105年的历史风云。《三国演义》不仅是较早的一部历史小说，还代表着古代历史小说的最高成就。

《三国演义》描写的是从东汉灵帝中平元年（184）到西晋武帝太康元年（280）约97年的历史故事。书的开篇写的是东汉末年统治阶级昏庸、腐败，造成社会危机总爆发，民众生活困苦，纷纷起来反抗，形成以张角为首的"黄巾"农民大起义；同时，各种军阀也拉起军队，相互残杀。军阀董卓的行为引起别的军阀不满，多家联合起来声讨他。董卓被诛后，曹操当权，挟天子以令诸侯，削平北方的抗拒势力，并进兵江南。孙权和刘备联合抗曹，赤壁一战打败了曹军，奠定了三国鼎立的局面。此后，魏、蜀、吴三国互有战争，各有胜负。最后，西晋先后灭了蜀、吴，取代了魏，复归统一。

二、教学目标

（1）通过讨论、演讲和展演等形式，师生和生生交流等方式在课堂上展现阅读成果，总结与探讨整本书阅读的经验，学会并掌握赏析古典传统小说的思维方法。

（2）理解环境、人物的作用，分析刘备、曹操等主要人物的性格，评价其成败的主要原因。

（3）鉴赏《三国演义》独特的语言艺术，体会其文学文化地位和影响。

（4）运用连贯的语言表达和展示自己独创性的思路和观点，提高表达能力和思辨能力。

《三国演义》整体推介课

一、教学目标

（1）基本了解作者及作品创作有关情况，了解基本情节。

（2）梳理主要人物的故事。

（3）分析《三国演义》中的主要人物性格及成败原因。

二、教学过程

1. 整本书导读

（1）作者：罗贯中，名本，别号湖海散人。元末明初著名小说家、戏曲家。生卒年不详。太原清源人（今山西省太原市清徐县），其祖籍四川成都府，先祖罗仲祥后唐时仕青州（即今清徐）。后因原籍水灾且路远途遥。落籍太原清源，迁居城西白马山（今白石沟）寺沟村。其父罗锦生有六子，罗贯中行居第二。

罗贯中生于元末明初的封建王朝时代。作为与"倡优""妓艺"为伍的戏曲平话作家，当时被视为勾栏瓦舍的"下九流"，正史不可能为他写经作传。唯一可看到的是一位明代无名氏编著的一本小册子《录鬼簿续编》，上写："罗贯中，太原人，号湖海散人。与人寡合，乐府隐语，极为清新。与余为忘年交，遭时多故，天各一方。至正甲辰复会，别来又六十余年，竟不知其所终。"

罗贯中在民间传说及民间艺人创作的话本、戏曲的基础上，又运用陈寿《三国志》和裴松之注的正史材料，结合他丰富的生活经验，写成了这部影响深远的《三国志通俗演义》。

（2）《三国演义》的形成课件展示：→晋陈寿《三国志》和裴松之注→宋代讲史平话"说三分"→元代讲史话本《三国志平话》《三分事略》。

明初罗贯中编撰《三国志通俗演义》→清初毛纶、毛宗岗整理和评点《三国志通俗演义》。

（3）了解《三国演义》：《三国演义》所叙故事起于公元184年，黄巾起义，终于公元280年晋武帝灭吴，描写了汉末三国时期近百年间各个社会集团之间政治、军事、外交斗争的生动画面，表现了极其丰富复杂的思想内容，其中最引人注目的就是书中"拥刘反曹"的思想倾向。东汉末年，政治黑暗，爆发了张角领导的黄巾起义。在镇压起义的过程中，许多地方割据势力，壮大了自己的力量，经过一系列的战争，形成了魏、蜀、吴三国鼎立的局面，究竟由哪一方来统一天下，让老百姓过上太平日子，成为表现全书思想内容的关键。

2. 讨论

你了解或阅读过哪些有关历史演义和英雄传奇的小说，留下怎样的印象？

3. 教师点拨

历史演义系列小说：《三国演义》自明代嘉靖年间流行以后，模仿它的历史演义小说开始大量出现，从而成为中国古代小说一个重要的流派。《三国演义》为历史性演义小说的创作积累了丰富的经验，之后产生了列国志传系列小说、隋唐志传系列小说，以及宋史演义系列小说，主要有《新列国志》（冯梦龙）、《东周列国志》（蔡元放）、《隋唐志传》等，其中隋唐志传系列小说中的《隋唐演义》（褚人获）是影响最大的一部。

《三国演义》是我国第一部长篇章回小说，也是历史演义小说的开山之作。

《三国演义》描写了上百次战争有虚有实、有详有略，堪称"军事文学"之王。

英雄传奇系列小说：《水浒传》的问世，也为英雄传奇小说铺平了道路。在此后的英雄传奇创作中，以说唐、说岳与杨家将系列最为突出，各自影响最大的作品分别为《隋史遗文》（袁于令）、《说岳全传》（钱彩、金丰，全称《精忠演义说本岳王全传》）和《杨家府演义》（纪振伦，又名《杨家府世代忠勇通俗演义传》）。

问：你知道哪些英雄传奇人物，最感兴趣的是谁？说说你对这个人物的理解。

（此环节广开言路，主要是把讨论的自由和空间留给学生，教师不做评论）

三、了解《三国演义》的主题

对于《三国演义》的主题，专家学者历来有不同的看法，主要有以下五种观点：

（1）正统说，即所谓的"尊刘抑曹"。

（2）"拥刘反曹"反映人民的愿望。

（3）"忠义"说。

（4）反映三国兴亡说。

（5）讴歌封建贤才说。

《三国演义》细部鉴赏课——《曹操献刀》

一、教学目标

（1）学会多角度分析鉴赏曹操这一人物形象。

（2）理解小说中人物性格的多元化。

二、教学过程

1. 导入

（1）概括故事梗概（厘清结构）。要求：请用简洁的语言概括出小说节选的主要内容。

①曹操借刀。

②曹操献刀。

③路遇陈宫。

④错杀伯奢。

（2）依照回目的形式概括每部分内容（教师出示一例）学生仿写交流。《三国演义》是中国长篇小说的开山之祖，开创了我国章回体小说的历史。章回小说是受话本的影响而产生的。"说话之事，虽在说话人各运匠心，随时发生，而仍有底本以作凭依，是为'话本'。"（鲁迅《中国小说史略》）话本

73

当中有相当一部分是"讲史"。"讲史"篇幅一般比较长，一次讲不完，于是就在一个要紧处打住，说一个"欲知后事如何，且听下回分解"。正是这样的做法启示了中国小说，形成了分章分回的章回体。

章回体小说每一回都有题目，叫"回目"。"回目"一般是整齐对仗的两句话，能概括这一回的主要内容。以下列举一下回目。《三国演义》

第一回　宴桃园豪杰三结义　斩黄巾英雄首立功

第二回　张翼德怒鞭督邮　何国舅谋诛宦竖

第三回　议温明董卓叱丁原　馈金珠李肃说吕布

第四回　废汉帝陈留践位　谋董贼孟德献刀

......

示例：王允旧臣哭社稷曹操奇谋借宝刀（PPT展示）

教师点拨：

孟德献刀遇弑贼　李儒献计操脱身

识谎言陈宫擒曹　仰曹志二人携手

访伯奢孟德心疑　杀无辜陈宫识操

2. 文本中人物形象分析

（1）方法提示：①必须抓住文中的细节等描写，不可脱离文本泛泛而谈。②通过人物语言、动作、神态等正面描写以及对比，陈宫之言等侧面描写分析文本中的人物形象。

（2）品味语段，分析本文中曹操人物形象。（学生按情节分成四小组，分析内容，总结人物形象和描写方法，记录发言）。

（3）借刀。问："曹操借刀"这一情节中有哪些地方打动了你？它能反映出曹操的什么性格特点？

A.众官皆哭，座中一人抚掌大笑曰："......还能哭死董卓否？"——心明，果断（语言描写，反衬手法）。

"......操虽不才，愿即断董卓头，悬之都门，以谢天下。"——语言描写

B."操屈身以事卓者，实欲乘间图之耳。"——辞别众官而去。——有志，有勇，有谋（语言动作描写）。

点拨：这个情节说明曹操识大义，谋大略，勇猛与胆识——体现其英雄的

一面。

（4）献刀。A.操径入——目的性强，勇敢果断（动作描写）。B.操暗忖曰："此贼合死？"操又思曰："此贼当休矣！"——善度势情（心理描写）。C.操惶遽，乃持刀跪下曰："……"

操谢曰："愿借试一骑。"——临危不乱，随机应变（动作语言描写）。

点拨：勇敢果断、善度势情、随机应变、临危不乱，是一个全身成事的英雄，而不是一个舍生取义的莽汉。

（5）路遇陈宫。操言："我是客商……"——奸诈，狡猾。操曰："燕雀安知鸿鹄志哉！""吾将归乡里，——吾之愿也"——有大志（语言描写）。陈宫收拾盘费，——投故乡来——有感召力（侧面烘托）。点拨：智谋机警，非凡的远大志向，视死如归的英雄气概。

（6）错杀伯奢。问：曹操为何要杀死吕伯奢全家？其中又有哪些细节让你印象特别深刻的？从中又能体现他的什么性格？A.操曰："吕伯奢非吾至亲，此去可疑，当窃听之。"

——多疑。B.拔剑直入，不问男女，皆杀之，一连杀死八口。操挥剑砍伯奢于驴下。

——残暴不仁（动作描写）。C.操曰："宁教我负天下人，休叫天下人负我。"

——自私（语言描写）。D.宫曰："孟德心多，误杀好人矣！"。宫曰："知而故杀，大不义也！"。陈宫寻思："我将谓曹操是好人，弃官跟他；原来是个狼心之徒！今日留之，必为后患。"——自私残忍（语言心理描写侧面烘托）。

点拨：这个情节体现曹操多疑、狡诈、残忍与自私的性格特征——奸枭的一面。

3. 总结

本文中曹操形象：智谋机警，志大才高，奸诈狡猾，自私残忍，文本中人物形象刻画方法：通过人物语言、动作、神态等正面描写以及对比，陈宫之言等侧面描写分析文本中的人物形象。

三、探究讨论

根据本章故事，后人总结了一条歇后语，曹操误杀吕伯奢——将错就错。你怎么看待曹操的误杀和这种将错就错的做法？

四、拓展阅读

进一步分析《三国演义》曹操人物形象，把握曹操复杂丰富的人物性格，并能作辩证评价。

讨论：曹操身上有哪些故事？曹操是一个什么样的人？《三国演义》中的曹操与历史教科书中的曹操有什么不同？如何评价？

1. 讨论交流明确

（1）谯水击蛟：少年即有谋略。

（2）行刺张让：勇敢，胆气超凡。

（3）望梅止渴：机智，善于引导。

（4）误杀吕伯奢：果断，不义。

（5）横槊赋诗：雄才大略，豪迈，有气魄。

（6）官渡之战：善纳言，善谋略。

（7）赤壁之战：骄傲，目空一切。

（8）割须弃袍：随机应变，狼狈。

（9）梦中杀人：生性多疑。

（10）割发代首：一言九鼎，守信，令行禁止，赏罚分明。

（11）煮酒论英雄：豪迈，明辨，知人，雄心壮志，有气魄。

（12）刺杀董卓：正义，有勇有谋，敢于担当。

……

2. 小结

（1）有政治见识，见识深远而正确，如刺杀董卓。

（2）有很强的知人识人能力。

（3）有过人的胆识、魄力、谋略和才学。《短歌行》。

（4）疑心太重。杀华佗、吕伯奢。

（5）奸诈。

3. 历史上的曹操

（1）军事上很有造诣，有统一天下之志。

（2）经济上有所建树。

（3）文学造诣很深。"三曹"并称。

（4）廉洁。

4.《三国演义》与历史上的曹操有所不同

（1）《三国演义》渲染扩大了他多疑与奸诈，一代奸雄。

（2）贬多于褒，因其不是汉室正统。

五、作业

认真阅读《曹操青梅煮酒论英雄》，紧扣文本，对比一下刘备和曹操不同的性格特征，写一篇400字左右的人物鉴赏文字。

《三国演义》总结提升课

一、教学目标

（1）通过价值阅读引导，通过导读，培养学生进取、忠诚和担当的优良品质。

（2）正确理解历史与演义的不同，理解《三国演义》"尊刘反曹"和颂扬仁政与义气的思想倾向，正确评价历史人物。

（一）导入

（直接导入）

（二）梳理刘备、关羽、诸葛亮等主要人物的故事，分析人物形象特点

1. 刘备

讨论：发生在刘备身上有哪些经典故事？刘备是一个什么样的人？如何评价？

——讨论、交流发言，教师归纳学生意见并明确：

（1）桃园三结义：结的是"忠义"。

（2）三顾茅庐：求贤若渴，真诚求贤。

（3）三英战吕布：勇敢团结。

（4）东吴招亲：机智。

（5）隆中对：有理想、雄才大略，礼贤下士。

（6）煮酒论英雄：低调、机智、理想远大、隐忍。

（7）借荆州：机智、善用计谋。

（8）摔阿斗：爱惜人才。（不只是虚伪）

（9）赤壁之战：勇敢、善纳良言，善用人才。

（10）白帝城托孤：有遗憾、真诚。

小结：陈寿评价刘备："弘毅宽厚，知人待士，盖有高祖之风，英雄之气焉，及其举国托孤于诸葛亮，而心神无二，诚君臣之至公，古今之盛轨也。机权干略，不逮魏武，是以基宇亦狭。"

义、仁（仁义、爱民、仁慈）

2. 曹操

（见"细部鉴赏课"）

3. 关羽

讨论：关羽身上有哪些典型故事？关羽是一个怎样的人？如何评价？

——学生讨论、交流、明确：

（1）桃园三结义：义气。

（2）温酒斩华雄：勇力超群、武艺高、无敌

（3）三英战吕布：勇敢、武艺高强。

（4）斩颜良诛文丑：勇力超群、武艺高、义气。

（5）身在曹营心在汉：忠诚。

（6）千里走单骑：忠诚、正气凛然。

（7）刮骨疗伤：勇敢无畏。

（8）古城相会：忠、义、信。

（9）华容道放曹：义气。

（10）单刀会：勇。

（11）拖刀计降黄忠：机智。

（12）败走麦城：自傲。

……

小结：关羽是一个什么样的人？

——交流讨论、明确：忠义、勇猛、武艺超群、善用兵、智勇双全。"万世人极"。

评：关羽的忠义和守信值得学习，但愚忠不值得肯定，骄己傲人也不宜。

后人用"义贯千古、骄己傲人"为基调来评价关羽悲剧形象，称"义绝天下"。

4. 诸葛亮

讨论：诸葛亮身上有哪些故事？《三国演义》中诸葛亮是一个什么样的人？

——学生讨论、交流、明确：

（1）火烧新野：智慧、善用计。

（2）锦囊妙计：谋略、胸有成竹。

（3）三气周瑜、抢占南郡、美人计将计就计等：机智、善谋略、雄才大略。

（4）空城计：有胆略、善用计。

（5）五丈原：忠义、鞠躬尽瘁死而后已。

（6）六出祁山：忠义、苦心筹谋、兢兢业业。

（7）草船借箭：谋略

（8）借东风：预谋，知天象气候。

（9）巧布八阵图：智慧。

（10）隆中对：雄才大略、胸怀天下

（11）挥泪斩马谡：讲原则、不留情面。

……

小结：诸葛亮的故事都是充满智慧的故事，他也是一位有才能、有愿景、有气量、大智慧之人。后世评他是"神采灵动、聪明睿智的天下智绝"之人。

总结：

《三国演义》中描写了一千二百多个人物。英雄辈出。这些人物足智多谋、争雄斗狠、忠奸义胆，形象突出，光彩照人，个性鲜明，栩栩如生。

突出形象有三个：

天下奸绝——曹操

天下义绝——关羽

天下智绝——诸葛亮

二、总结类型化人物形象的塑造

讨论：你所知道的人物可以分成几类？——讨论交流明确：

智者（谋臣）：诸葛亮、司马懿、庞统、徐庶、郭嘉、姜维、荀彧、荀攸……

勇者（英雄）：关羽、张飞、孙权、周瑜、赵云、黄忠、徐晃、张辽……

（一种说法：一吕二赵三典韦，四关五马六张飞，黄许孙太两夏侯，二张徐庞甘周魏，神枪张绣与文彦，虽勇无奈命太悲。三国二十四名将，打末邓艾与姜维。）

政治家：曹操—— 一方霸主

刘备——汉室宗亲

孙权——割据江东

司马懿——统一天下

诸葛智绝，关羽义绝，曹操奸绝。

三、探究《三国演义》的主旨和价值

（1）从罗贯中小说思想倾向看，他推崇"忠""义"，反对分裂，歌颂统一，主张用"王道"和"仁道"治理天下。他对军阀痛恶至极，对推进统一的刘备、曹操、孙权，还有司马炎，只要致力于国家统一，都肯定。这一点应当予以肯定。

（2）书中宣传忠、孝、节、义，为后世称颂学习。特别是"义"，对后世青少年影响大。我们提倡见义勇为、急公好义，但不赞成为个别人或小集团的利益而讲究"哥们义气"。

四、总结

谁是英雄？图谋天下的刘曹。清代毛纶、毛宗岗父子在评点《三国演义》时将刘备尊为"英雄"，并对其"志""德""才""失"等素质进行全面分析，超越了"拥刘贬曹"倾向，使刘备形象更为具体鲜活。关于刘备的评点不乏对其缺点、失误的揭露，此类评点作为人物性格的重要组成部分。钟嵘评点曹操："曹公古直，甚有悲凉之句"。可见，作者鲜明的爱憎倾向，同时在对《三国演义》"拥刘反曹"的单纯情感层面的观点需要辩证地思考。

五、作业

进行5分钟的课题演讲，与同学交流自己阅读《三国演义》的感想，可以评说人物，也可以议论小说手法等。

《红楼梦》

《红楼梦》整本书阅读——梦醒时分，笑说红楼

一、书本分析

《红楼梦》是中国古典文学的巅峰之作，全书一共一百二十回。贯穿全书的主要是两条线索，分别是以贾家为代表的封建四大家族的兴衰变化和宝黛钗的爱情悲剧。全书构思精巧，内容丰富，成功塑造了众多富有魅力的、具有典型性格的人物形象，深刻地表达了曹雪芹的独特思想。从古至今吸引了无数读者，传为佳话。

二、教学目标

（1）运用目录阅读法筛选整本书的主要信息，如重要人物和主要情节。同时从目录入手尝试发现隐藏的信息，引出史湘云这个通常被忽略的人物形象，设置悬念将学生引入深度阅读中，引导学生领会书中人物细节、语言描写及作用。

（2）运用批注法、比较法继续进行阅读。将这些方法延伸到后面内容的阅读中，让学生读之有法，起到阅读推进的作用。

（3）关注《红楼梦》全方位的探讨人性美的存在状态，把握作品"千红一窟（哭）、万艳同杯（悲）"的思想。

（4）对自己喜爱的书中的其他人物形象进行分享，并最终形成对整本书的阅读体会。

《红楼梦》整体推介课

一、教学目标

（1）通过阅读《红楼梦》目录，梳理小说主要人物、主要情节，把握整本书概貌。

（2）通过主要人物，揣摩作者情感倾向，培养学生整本书阅读的兴趣。

（3）掌握目录阅读法，积累阅读名著的经验。

二、教学过程

1. 导入

有人说一部《红楼梦》抚慰了五百年的荒凉！它精巧的构思、丰富的内容、生动的形象，深深吸引着不同水准、不同感悟的读者。在新的课程标准主张整本书阅读的今天，老师特别想和大家分享一下阅读《红楼梦》的感受。

（1）下面我们先来热热身，看看咱们课外对这部作品了解多少。

她是谁？——她穿着"不见奢华，惟觉淡雅"，她"罕言寡语，安分随时"，她"品格端方，容貌美丽"，"唇不点而红，眉不画而翠，脸若银盆，眼如水杏。"

这是哪？——"有千百竿翠竹掩映……龙吟细细，凤尾森森……满地下竹影参差，苔痕浓淡……窗外竹影映入纱窗，满屋内阴阴翠润，几簟生凉。"

谁说的？——"和尚道士的话，如何信得？什么金玉姻缘，我偏说是木石姻缘。"

（评价）

（2）大家是通过哪些途径了解《红楼梦》的？有多少同学读过原著的？

确实读原著要花费比较长的时间，那么，有没有简单一些的方法可以让大家在较短时间内对这部作品的概貌有个了解呢？

2. 初读目录

请大家看自己手上的这份《红楼梦》一百二十回的目录，我们用两分钟浏览一下，初步筛选重要信息，看看从目录中能读出哪些关于整本书内容的信息。

从目录看，《红楼梦》的主要人物都有谁？怎么看出来的？——贾宝玉、王熙凤、林黛玉、薛宝钗等。（出现频率高）

3. 细读目录

从目录看，你觉得从哪个人物入手更容易窥见整个家族的命运变化？为什么？

（王熙凤是荣国府的当家少奶奶，府中大小事情基本由她经手，我们可以试试从她的角度梳理，看看能得到什么信息呢？）

如：协理宁国府（第十三回）、弄权铁槛寺（第十五回）、效戏彩斑衣（第五十四回）、大闹宁国府（第六十八回）、致祸抱羞惭（第一百零六回）、力诎失人心（第一百一十回）。

（王熙凤主要经历：掌权弄权、争宠吃醋、致祸。）秦可卿死封龙禁尉、皇恩重元妃省父母、锦衣军查抄宁国府（荣、宁两府发展趋势：鼎盛——颓败）。

（注：如有选择其他人物，能自圆其说即可。）

4. 精读目录

通过梳理目录，我们大致了解了作品中的主要人物，特别是通过梳理王熙凤的主要经历以及荣宁两府的重大事件，初步了解了贾家这个"昌明隆盛之邦、诗礼簪缨之族"的兴衰变化。

我们都知道《红楼梦》还有另一条重要线索——爱情悲剧。咱们高一学习过必修三《林黛玉进贾府》一课，对于宝黛钗的爱情悲剧都有所了解。

曹雪芹对宝黛钗三个人物有没有自己的偏好？

（提示：目录中有关林黛玉的称呼还有什么？有何特点？）

"潇湘、潇湘子、痴颦、颦卿、颦儿、病潇湘、苦绛珠"（疼惜、怜爱之情）——显然作者在林黛玉身上倾注了大量的心血，必定是他钟爱的人物。

从目录中找一找，与林黛玉产生直接关联的人物除了宝玉、宝钗、王熙凤，还有谁？

（第七十回：林黛玉重建桃花社 史湘云偶填柳絮词）——史湘云。

质疑：史湘云这个人物在目录中出现频率很低，似乎没有那么重要，怎么可以与林黛玉并提？

湘云是金陵四大家族之一史家的千金小姐，她自幼父母双亡，寄居在叔叔家。湘云与黛玉的诗才平分秋色。曲演《红楼梦》之《乐中悲》唱道：

"襁褓中，父母叹双亡。纵居那绮罗丛，谁知娇养？幸生来，英豪阔大宽宏量，从未将儿女私情略萦心上。好一似，霁月光风耀玉堂……"

虽然《红楼梦》中写湘云的笔墨不如宝黛钗三人多，但是作者把她排在"金陵十二钗"正册第五位，同时，她的诗才可以与黛玉平分秋色。可见这个人物形象是不可忽视的。

品读第二十九回、三十一回，结合第三十一回目录"因麒麟伏白首双星"，思考：宝玉的表现有何深意？

众所周知，宝玉与黛玉之间的姻缘被称为"木石前盟"，宝玉与宝钗之间的姻缘被称为"金玉良缘"。有人猜测所谓的"金玉良缘"应该是指湘云与宝玉的姻缘，不仅是因为湘云身挂一金麒麟，可与宝玉的"通灵宝玉"相配，更因为宝玉所得的金麒麟与湘云佩戴的正好是一对。对此，我们不能给出确切的结论，但是从文中我们可以感受到湘云与宝玉之间有一种难以言传的亲密，而"白首双星"在曹雪芹的最初设想中应指他们二人之间的姻缘。

这样看来，爱情悲剧中有三条线索共同推进，曹雪芹如此安排有何作用？

夏承焘先生说："贾林史薛，莺语鹃啼人历历，三百年中，此是文坛卓绝笔。"

三线交织显然是作者精心设计的，看来我们同学只有继续品读原著，才可能领悟何为"卓绝"！

三、总结方法

提纲挈领，了解整本书概貌，厘清主要人物和情节，发现隐藏的信息。

《红楼梦》细部鉴赏课——《林黛玉进贾府》

一、教学目标

（1）概述故事情节，厘清小说的情节结构。

（2）了解课文中怎样描写贾府这一典型环境，理解环境描写的特点。

（3）学习刻画人物——王熙凤高超的艺术手法。

二、教学过程

1. 图片导入

图片上的这位女子是谁？林黛玉！林黛玉天生有一双"似喜非喜含情目"，自从她进了贾府，她就一直在用这双眼睛打量着周围的环境，今天就让我们通过林黛玉的眼睛看看贾府，去观观人物。

2. 检查预习，梳理情节

主要情节：看贾府　拜贾母　观熙凤　会宝玉

（板书：看贾府　观人物）

三、看贾府

1. 贾府给林黛玉最直观的感受是什么？

（学生讨论交流）

明确：与别家不同。第1段上数第2行"与别家不同"和第9段最后一行"果亦与别家不同"。（板书：与别家不同）

2. 哪些方面与别家不同？

（学生探讨交流）（如表3）

表3　与别家不同——尊贵　奢华　气派

与皇家关系	匾上大书"敕造宁国府"五个大字。 "荣禧堂"匾额是皇帝亲笔所写：某年月日，书赐荣国公贾源，又有"万几宸翰之宝"。
陈设装饰	大紫檀雕螭案上，设着三尺来高青绿古铜鼎，一边是金蜼彝，一边是玻璃。地下两溜十六张楠木交椅。
交往的人	座上珠玑昭日月，堂前黼黻（fǔ fú）焕烟霞。 同乡世教弟勋袭东安郡王穆莳拜手书。
仆妇丫鬟 妆饰举止	台矶之上，坐着几个穿红着绿的丫头……便忙都笑迎上来。 只见一个穿红绫袄青缎掐牙背心的丫鬟走来笑说道。

（1）同学们知道这些陈设物及用料贵重到什么程度吗？

明确：康熙200年后的同治年间建造的何园，其中楠木厅的一块4平方米的玻璃是当年的主人从法国用等量黄金进口来的，何况200年前的玻璃饰品呢，真是罕见且价值不菲呀。

其中的"铜鼎"，它是中国古代最重要的一种礼器，也是统治阶级政治权力的重要象征。视为镇国之宝和传国之宝，也是"明贵贱，别上下"的等级制的标志。一般人家根本不可能有。

楠木和檀木都是世界上非常珍稀和贵重的树种，檀木就更为贵重了，在古代是皇室专用的。故宫三大殿之首的太和殿（俗称金銮殿）中72根大柱明代用的是楠木，清康熙十八年焚毁重修时因楠木太珍稀，只好用松木来代替。而且，金銮殿上的龙椅也是用楠木做的。至于檀木就更不用说了。而贾府能用只有皇室才能用、用得起的楠木和檀木做家具，而且一做就是"十六张楠木交椅"，可见贾家果真"与别家不同"。

（2）贾府是敕造的，"荣禧堂"匾额是皇帝亲笔所写，有什么深意？

明确：贾家绝不像我们现在所说的"土豪"，只富不贵，而是既富且贵，地位极其尊贵，堪比皇室，可以说是"一人之下，万人之上"。此段文字从一个侧面反映了历史上的曹家与皇室非同寻常的亲密关系。

曹雪芹对贾府环境寥寥数笔的描绘，竟然蕴含了那么多的社会政治文化信息，实在太博大精深了！

小结：林黛玉眼中"与别家不同"的贾府，真可谓是软硬兼修，尊贵、奢华、气派。《红楼梦》情节的展开、人物的活动都是在"与别家不同"的贾府这个大环境中进行的。下面来"观人物"。

四、观人物

红楼梦人物众多，据相关资料统计，《红楼梦》总计写了983人。有名有姓有称谓的732人，具体描写到的448人。最重要的也有20多人。最重要的这20多个人物，大多都在节选的本文悉数登场，可以说本文是读者了解《红楼梦》、贾府和贾府人物的最早、最重要的窗口。

文中单独亮相也是给林黛玉印象最深刻的是哪两个人物？对，王熙凤和贾宝玉。（板书：王熙凤、贾宝玉）女士优先，今天我们将重点探讨王熙凤。借此来领略《红楼梦》精彩绝妙的写作艺术。

1. 看视频，说说王熙凤的形象特点。

明确：张扬、受宠、逢迎、机巧、善变。

2. 读文章，品味一下曹雪芹是如何写王熙凤的，表现了她怎样的形象特点？

跟视频比较一下，谁刻画得更好？

（勾画圈点，可以独立思考，可以小组讨论）（如表4）

表4

王熙凤	描写	性格
出场	只听后院中有人笑声，说："我来迟了，不曾迎接远客！"黛玉纳罕道："这些人个个皆敛声屏气，恭肃严整如此，这来者系谁，这样放诞无礼？"	张扬
打扮	这个人打扮与众姑娘不同，彩绣辉煌，恍若神妃仙子……	华丽、俗气
肖像	丹凤三角眼，柳叶吊梢眉	奸、毒
贾母介绍	你只叫他"凤辣子"就是了	受宠
夸黛玉	天下真有这样标致的人物，我今儿才算见了……况且这通身的气派，竟不像老祖宗的外孙女儿，竟是个嫡亲的孙女……	逢迎
被贾母反劝	忙转悲为喜	机巧

（1）出场（比视频多了黛玉的心理描写）。一语未了，只听后院中有人笑声，说："我来迟了，不曾迎接远客！"黛玉纳罕道："这些人个个皆敛声屏气，恭肃严整如此，这来者系谁，这样放诞无礼？"

（师生充分探讨交流）

明确：王熙凤是来道歉的，为什么说她"放诞无礼"？

原因：高声说话，放声大笑。

王熙凤的出场，不同凡响，"未见其人，先闻其声"，又用黛玉的心理活动进行侧面烘托，把阿凤的身份、地位、张扬的神韵尽数写出。有史以来，除了《红楼梦》，我们还读过如此精彩的文字吗？而且只有56字，《红楼梦》太精彩了！

（2）打扮（视频印象不深刻）。明确：之所以连读都读不顺，是因为穿戴太华贵。这些衣饰从来没听过、没见过，更没穿戴过。进一步凸显渲染王熙凤特殊的身份和地位。古代言女子的服饰"不贵精而贵洁，不贵丽而贵雅"。而王熙凤"着极奢极丽之服，过多修饰，过事刻画，似褒实贬，不是美丽，是俗气，是显摆张扬"。

（3）肖像（视频表现不突出）。古语说："目有三角，其人必恶。"京剧中曹操的脸谱：长眉细目三角眼，潘金莲是吊梢眉，这种相貌代表奸诈。

明确："丹凤三角眼，柳叶吊梢眉"，曹雪芹惜墨如金的10个字，就把阿凤美艳而又狡诈、狠毒的特性表现得淋漓尽致，简直写绝了，非大手笔不能为也。因此，脂砚斋批语道："为阿凤写照。试问诸公：从来小说中可有写形追像至此者？"

（4）贾母介绍（视频中可以看到贾母跟熙凤开玩笑，很开心，笑容里都是对王熙凤的赞赏）。贾母笑道："你不认得他。他是我们这里有名的一个泼皮破落户儿，南省俗谓作'辣子'，你只叫他'凤辣子'就是了。"（详）

"辣"在文中的解释是"泼辣"，其实"辣"字颇有深意。

"泼皮破落户"就是泼辣的意思。"泼辣"在节选的部分并没有体现，但读过《红楼梦》的同学都知道，王熙凤的泼辣可是不同凡响。

泼辣。第六十七回：当凤姐知道了贾琏和尤二姐的事之后，"凤姐儿滚到尤氏怀里，嚎天动地，大放悲声，说了又哭，哭了又骂，后来放声大哭起祖宗爹妈来，又要寻死撞头，把个尤氏揉搓成一个面团，衣服上全是眼泪鼻涕……凤姐儿哭着两手搬着尤氏的脸紧对相问道……众姬妾丫鬟媳妇已是乌压压跪了一地……"（泼妇耍赖，实在惹不起）

泼辣的性格背后是什么呢？

辛辣。第六回：周瑞家的对刘姥姥说阿凤"如今出挑的美人一样地模样，少说些也有一万个心眼子，再要赌口齿，十个会说话的男人也说他不过。"

毒辣。第六十五回：贾琏的心腹小厮兴儿对尤二姐介绍熙凤"嘴甜心苦，两面三刀；上头笑，脚底下就使绊子：明是一盆火，暗是一把刀"。（被王熙凤害死的人不在少数，贾瑞、张金哥、鲍二家的、尤二姐母子等等，熙凤从没心软过，也从没忏悔过，可谓心狠手辣）

曹雪芹太厉害了，贾母开孙媳妇的玩笑，实际上表现对熙凤的亲近和宠爱，而曹雪芹借贾母之口说出这一"辣"字，暗示了熙凤形象的发展方向。

由此可见：本文是全文的总纲，是读者了解《红楼梦》、贾府和贾府人物的最早、最重要的窗口。

（5）夸黛玉（文本写得好，耐人揣摩）。因笑道："天下真有这样标致的人物，我今儿才算见了！况且这通身的气派，竟不像老祖宗的外孙女儿，竟是个嫡亲的孙女，怨不得老祖宗天天口头心头一时不忘。只可怜我这妹妹这样命苦，怎么姑妈偏就去世了！"

（学生探讨交流）

明确：阿凤夸黛玉，主要有三层意思：夸面容标致，夸通身气派，心疼身世。目的有三个：显得自己有地位，有眼光，有感情。效果有五个：黛玉高兴，贾母高兴，三春高兴，两位夫人高兴，黛玉母亲泉下有知，也会高兴。我们常说一箭双雕，这叫一箭N雕。不仅表现了阿凤的能说会道，更表现了她的精明。王熙凤平生最重要的事情就是弄权敛财，而前提就是随时随地地讨好贾母，只有把贾母忽悠好了，得到贾母的恩宠，她方能恣意妄为，这正是她的精明处。（详）

（6）贾母反劝王熙凤（视频和文本都很精彩）。贾母笑道："我才好了，你倒来招我。你妹妹远路才来，身子又弱，也才劝住了，快再休提前话。"

（学生探讨交流）

明确：按常理来说，应该是做晚辈的劝解长辈。比如第2段黛玉刚一见贾母，贾母就搂入怀中，心肝儿肉叫着大哭起来，众人慢慢解劝住了。之后谈到黛玉之母，贾母又搂了黛玉在怀，又呜咽起来。众人忙又都宽慰解释，方略略止住。曹雪芹却反过来让做长辈的贾母来劝晚辈的王熙凤，从侧面反衬王熙凤的精明善变之术。

熙凤感觉到气场不对，立即恭敬不如从命，"忙转悲为喜"，一个"忙"字就充分表现出王熙凤的机巧善变。

脂砚斋对"贾母劝王熙凤"的批语是"反用贾母劝。看阿凤之术，亦甚矣！"意思是说，阿凤精明善变的权术太厉害了。（略）

今天，我们跟随黛玉的目光，看到的贾府尊贵、奢华、气派，对王熙凤的第一印象是张扬、受宠、逢迎、机巧。下面我们跳出她的目光来梳理一下人物形象的内在关系，或许还能看到林黛玉看不到的东西。（如图6）

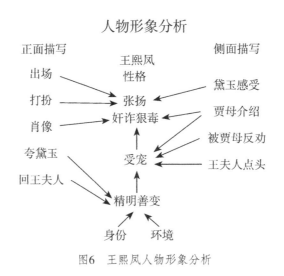

图6　王熙凤人物形象分析

曹雪芹从正面和侧面刻画出一个贾府大管家的形象。正是贾府这个大环境和大管家这个身份决定了王熙凤必须机巧善变，善于逢迎，正因为精明善变，所以备受贾母宠爱；正因为受宠，所以有地位、有资本去张扬，有贾母撑腰，又喜欢张扬，必然衍生出其性格中的贪婪、奸诈、狠毒的一面。曹雪芹把笔下的一个人物竟然写得如此淋漓尽致、鲜明独特，真真是前无古人，后无来者。

本文涵盖信息之多之广，说不尽；刻画人物之深之远，品不完。红楼梦的博大精深，由此略见一斑。

五、结语

《红楼梦》问世以后，同时代的学者嘉庆年间的硕亭在《京都竹枝词》中就高度评价说："开谈不说红楼梦，读尽诗书也枉然。"今天看来，果然名不虚传。

博大精深　言说不尽
说不尽的《红楼梦》！

六、布置作业

继续深入阅读《红楼梦》。

附：板书设计

林黛玉进贾府

曹雪芹

看贾府：尊贵、奢华、气派

观人物：王熙凤——张扬、受宠、逢迎、机巧、辣

《红楼梦》综合提升课

一、教学目标

（1）培养学生阅读《红楼梦》的兴趣。

（2）细读文本，探究《红楼梦》的语言特点、艺术构思。

（3）探究宝黛爱情悲剧根源，探究作者的创作意图及小说对于当下时代的文化意义。

二、教学过程

1. 激趣导入

PPT红楼知识有奖竞答十题，如："林黛玉常年服用的药丸是？A.人参养荣丸。B.冷香丸"……另，链接关于《红楼梦》的高考题，增加学生想要学习《红楼梦》的意识。

学完《林黛玉进贾府》立马开个关于《红楼梦》的讲座，以分析林黛玉的星座巨蟹座（双鱼座）为切入口来激起学生们的阅读兴趣。

2. 分组探讨

根据事先准备好的学生调查问卷反馈情况，筛选出几个项目供学生选择，每组5—7人，学生根据各自兴趣选择他们要参加的小组，如情节组、环境组、人物组、语言艺术组、主旨组、细节补充组……

（1）情节组负责红楼经典情节的讲述、表演（如宝黛初见），在课前三分钟可进行《红楼故事我来讲》的演讲或在活动课上进行《红楼知识我来演》的话剧表演。

（2）环境组负责绘制"红楼人物关系图""林黛玉进贾府路线图""刘姥姥逛大观园路线图""潇湘馆图""蘅芜院图"……

（3）人物组负责分析《红楼梦》中的人物形象，并形成表格或文字形式，比如："我最欣赏谁？最讨厌谁？最可怜谁？最想成为谁？"（形成表格，并附上原因）。或写成文字《某某，我想对你说》《红楼梦中人》等。

（4）语言组负责《红楼梦》里诗歌语言的解读，比如设置"说判词猜人物"的游戏，如果猜不出来，出题人解释判词的诗歌语言，带领大家进入人物命运。大观园里的风流雅会很多，姐妹们的诗词值得好好玩味，同学们可以以此进入诗境领会诗情。

（5）主旨组负责探究作者写作意图以及红楼对当下的意义。同学"个性化"解读，仁者见仁智者见智。方法不限（PPT演讲等），言之成理即可。

（6）细节补充组负责捕捉各种小细节，可出30个红楼小测试如："金陵十二钗"指贾府或和贾府有关系的十二个女性主子，其中年龄最小，辈分也最小的是？答题完毕后要有详细讲解。还有，猜猜红楼里面人名的隐意……

三、成果展示（学期过程中，不断展示，评比获胜均有奖）

（1）举行"好句子"推荐会。

（2）小组评比检查阅读笔记，评出10个最用心最有个性的读书笔记。

（3）帮学生改稿，鼓励学生投稿。

（4）举行一场红楼专题辩论赛、演讲比赛、知识竞答。

（5）举行一场红楼话剧演出。

（6）老师开设专题讲座（根据学生们的情况，总结这次整本书阅读的利弊，帮助学生们形成一个检索系统）。

（7）放入考试范围之类（文学类文本考小说节选）。

（8）做一个红楼阅读的成果展板。

四、教师示范

"谁没有被一本好书俘虏过，那将是他最大的遗憾"，以我自己的阅读经验，给同学们一个阅读指导：首先，鼓励学生们不要畏惧书的厚度和深度，相信自己跟红楼有缘，一定能坚持读完。其次，阅读过程中一定要独立思考，要交流，不懂查资料、不懂问同伴，还是不懂就跳过。再次，一定要有阅读笔记，最好形成自己的个性化读书笔记，养成良好的阅读习惯。最后，每次的阶段性评比、过程评比、征文比赛、集中展示，希望每个同学都能积极参与。（教师的示范作用很重要，最起码学生可以模仿，所以我把自己的《红楼梦》圈点批注打开给大家看；把自己发表的《琴品红楼话妍媸》等文章复印给大家看；把自己的红楼阅读笔记带给大家看……）

五、教师总结

王蒙说："《红楼梦》对于我这个读者，是唯一的一部永远读不完、永远可以读，从哪里翻开书页读都可以的书。同样，当然是一部读后想不完回味不完评不完的书。"我相信，经过这次深度阅读之后，《红楼梦》也成了我们生命里永远绕不开的美好回忆。已识乾坤大，犹叹红楼深，红楼文化博大精深，往后，你我需再读又再读，把它作为我们美好的精神家园。

《边城》

《边城》整本书阅读——每个人心中都有一座边城

一、书本分析

中篇小说《边城》是沈从文的代表作，寄寓着他"美"与"爱"的美学理想，是他表现人性美最突出的作品，通过湘西儿女翠翠恋人傩送的爱情悲剧，反映出湘西在"自然""人事"面前不能把握自己的命运，一代又一代重复着悲剧的人生，寄托了作者民族的和个人的隐痛。

故事讲的是在湘西风光秀丽、人情质朴的边远小城，生活着靠摆渡为生的祖孙二人，外公年逾七十，仍很健壮，孙女翠翠十五岁，情窦初开。他们热情助人、纯朴善良。两年前在端午节赛龙舟的盛会上，翠翠邂逅当地船总的二少爷傩送，从此种下情苗。傩送的哥哥天保喜欢上美丽清纯的翠翠，托人向翠翠的外公求亲，而地方上的王团总也看上了傩送，情愿以碾坊作陪嫁把女儿嫁给傩送。傩送不要碾坊，想娶翠翠为妻，宁愿做个摆渡人。于是兄弟俩相约唱歌求婚，让翠翠选择。天保知道翠翠喜欢傩送，为了成全弟弟，外出闯滩，遇意外而死。傩送觉得自己对哥哥的死负有责任，抛下翠翠出走他乡。外公因翠翠的婚事操心担忧，在风雨之夜去世。留下翠翠孤独地守着渡船，痴心地等着傩送归来，"这个人也许永远不回来了，也许明天回来！"

本应该是圆满美好的家庭，在母亲与父亲相聚不得而前后离世下，翠翠从小就过着与爷爷相依为命的生活。"黄昏来时，翠翠坐在家中屋后白塔下，看天空被夕阳烧成桃花色的薄云。""听着渡口飘来那生意人杂乱的声音，心中有些几薄薄凄凉。""他在日头升起时，感到生活的力量，当日头落下时，又不至思量与日头同时死去的，是那个伴在他身旁的女孩子。他唯一的朋友为一只渡船与一只黄狗，唯一的亲人便只那个女孩子。"其中，还让我们看到不幸的是，作为"水鸭子"的大老却在水中淹死；以歌声让翠翠的心飞翔的二老却离家出走；与翠翠朝暮相处、形影不离的爷爷，又在雷鸣夜晚中悄悄离世……这一切的发生，犹如一个个巨石压抑着翠翠幼小的心灵。在《边城》结尾，作者想通过二老"也许明天回来"来点燃翠翠心灵的一时希望。但"这个人也许永远不回来了"又岂不是给她一种无限的困惑、迷茫？一个从小就遭受人生悲惨命运的心灵，本想寻得一处关爱、拯救的归宿，却一直得不到实现。

二、教学目标

（1）了解沈从文及作品特点。

（2）通过分析小说环境心理和对话描写，培养学生把握人物形象的能力。

（3）反复品读文本，提高学生对含蓄语言的感悟能力。

（4）感悟真善美、亲情与爱情，体会现实的无奈，命运的凄苦。

《边城》整体推介课

一、教学目标

（1）了解小说的整体情节。

（2）讨论交流《边城》人物形象。

（3）感受"边城"与众不同的湘西地域文化。

二、教学过程

1. 导入

沈从文先生的代表作《边城》自1934年春完成至今已经八十多年了，这是一部非常经典的中篇小说，它的影响力非常大。今天这一节课，我们以读书交流会的方式完成。

2. 文本研读

和以往接触到的小说相比，《边城》的情节、环境描写有什么独特的地方？（要求学生结合学过的作品进行比较）

（1）学生探讨。

A. 结合思维导图，进行情节内容的梳理，概括情节的独特性。

B. 结合文本，探讨文本自然环境和独特的湘西文化环境的描写。

（2）教师提示。这种情节淡化、人物虚化、结构散化的小说即所谓"散文化小说"。它反对做作和矫情，主张消除小说的戏剧化设计，即消除在故事情节上的人为结构和人物性格上的刻意追求，主张恢复生活的原状，展示生活的本色，形成自自然然的"散文化小说"或"随笔风格的小说"。这也是《边城》作为"散文化小说"所独有的魅力，它没有一般小说那样强的情节性；而像是一首歌，是两兄弟唱给翠翠的情歌；又像是一幅画，是恬淡朴实的湘西民俗画。

3. 品味分析人物形象

（1）分组探讨人物形象，重点探讨翠翠、爷爷（老船夫）、傩送、天保等人物形象。

（2）教师适时介入，引导、跟进、点拨。

A. 提醒分析时要结合文本信息（人物的言行举止以及其他信息）。

B. 适当引出名家评论，引出学生思考、探讨。

4. 小说设置了一个"让翠翠无限等待"的结局，有什么意图？你如何看待这个结局？

（开放性题目，目的在于引导学生多角度思考）

（1）课堂临时分组（相关主题分组）。

（2）小组内交流。

（3）小组间分享交流。

（4）小组代表发言，其他成员补充。

（5）教师适时介入，引导、点拨。

（6）教师补充材料，进一步引发探讨。

5. 学生的观点一定会有明显差异，预设

（1）悲剧的结局。学生从翠翠个人的自身原因、爷爷为人处世的性格原因、现实物质的原因等多角度进行说明。

（2）希望的结局。学生遵从内心的感受，从他们所处年龄段对事物的认知程度、善良的内心出发，认为在青山绿水间等待就是一种希望。

三、小结

同学们能静下心来进行整本书阅读，回归文本是最理性、最有效的阅读方式。唯有这样，才可以有理有据地分析文本背后蕴藏的作者情感和创作的真正意图。

四、作业

细读整本书，思考小说《边城》的主题意蕴。

《边城》细部鉴赏课

一、教学目标

（1）通过人物的语言描写、心理描写，培养语言鉴赏能力并认识翠翠、爷爷等作品中的人物形象。

（2）赏析沈从文笔下湘西的风景美、风俗美。

二、教学重点

把握小说的深刻意蕴，理解作者构建的"湘西世界"的内涵。

三、教学过程

1. 导入新课

（1）预习后读出自己认为描写最精彩的段落，进入课文情境。

（2）中国另外一个地方，另外一种事情，另外一种人生。

——沈从文《边城题记》

今天跟随沈从文一起走进《边城》做一次朴素的旅行。

2. 整体感知

（1）用一个字概括《边城》里的场景。

明确：美

（2）"美"表现在哪些方面？（分析小说三要素）

人美

事美

情美

风俗美

3. 情节

第三节叙述了第三个端午节，边城人们紧锣密鼓地筹备着龙舟竞渡的热闹场面。第四节追述了两年前第一个端午节，翠翠在河边看龙舟，巧遇二老傩送时的情形。英俊勇敢又关心体贴人的傩送占据了翠翠的心。她和傩送相识时，傩送说的"大鱼咬你"的玩笑话深深地印在她的心里，从此象征着爱情的"鱼"的意象维系着傩送与翠翠的关系。第五节回到现在，补叙上一年端午节翠翠和外祖父看竞渡时巧遇大老天宝的情景。祖父拿天宝试探翠翠，但翠翠心念所系，全在傩送身上，以至魂不守舍。祖父猜到了翠翠的心愿，看到了翠翠对爱情的执着。这种情感上的执着，以及拒绝其他选择和外来诱惑，让爷爷担心会导致不幸。第六节又回到现在，重点写迎婚送亲的花轿来到渡口渡河，撩拨着翠翠内心深处的情思，引发了她对爱情的美好憧憬。

四、人物形象

1. 翠翠形象

在课文中找出描写翠翠情感变化的关键词语，仔细观察和揣摩这些词语及其内在的关联，这种关联其实构成了一条翠翠感情变化的线索，让学生结合作者写作风格和课文背景理解这些情感背后的因素是什么。

"凄凉"—"胡思乱想"—"哭起来"—"神往倾心"—

"顶美顶甜"—"吃了一惊"—"沉默"—"吹不好"—"柔软"

设问：

（1）翠翠为什么心中有些"凄凉"？（抓凄凉的含义：寂寞冷落）

（2）翠翠为什么"胡思乱想"想离开祖父，想让祖父着急呢？

（3）祖父不理会她，真是她"哭起来"的原因吗？

（4）翠翠为什么会听母亲的爱情故事听得"神往倾心"，会觉得是"顶美顶甜"的梦呢？（"虎耳草"的寓意？）

（5）翠翠"吃了一惊"，"吹不好"芦管说明了什么？

通过设问让学生厘清了翠翠心理变化的这条线，这其实是纯情翠翠的爱情由朦胧变清晰的过程。

翠翠的形象特点：

天真善良，温柔清纯。和外公相依为命，对其关怀备至。对于爱情羞涩又真挚，后来傩送出走她又矢志不渝地在等心上人回来。是一个理想化、纯美化的形象。

爷爷的形象特点：

小说以翠翠的情感变化为线索，翠翠的情感变化离不开爷爷，表面上看，祖孙二人在生活上相依为命，互相照顾，其实更重要的是爷爷在精神上感情上非常理解呵护翠翠。文章中有多处体现，让学生找出来：

（1）讲翠翠父母的故事——告诉翠翠应该怎样去爱。

（2）去城里打听却不告诉翠翠——给她余地，不影响翠翠的选择。

（3）第三节对话——爷爷十分尊重翠翠的感情，把提亲的事当笑话讲。（这部分找学生分角色读去体会，老师点拨）

（4）翠翠心乱了，吹不好芦管，爷爷给她吹，吹的她心都软了。——理解翠翠的心。

（5）当傩送出走，翠翠确不知情，翠翠让爷爷唱歌，爷爷唱的是傩送唱的歌，翠翠就又摘了一把"虎耳草"。——心疼翠翠，其实是一种复杂的感情。

通过翠翠的这条感情线索，看到了爷爷对翠翠在爱情上那么无微不至的呵护，生怕有一点点对孙女的影响，这种来自心灵的爱护是那么的让人感动。

爷爷形象总结：

中国传统美德的典范，勤劳，善良，对孙女爱怜备至，特别是为翠翠爱情，默默地操心担忧，对其心灵呵护备至。

天保、傩送兄弟：

两个人都深爱着翠翠，他们的爱情"决斗"方式却是最淳朴的唱歌，当天保知道自己的歌比不过，翠翠喜欢的是傩送时，自己选择了孤独地离开，成全一对有情人，但他最后却死于意外，而傩送因为哥哥的死而内疚，也选择了离开。

文中集中描写的有四处。特点、作用——景情结合、烘托：①烘托夜幕降落时的气氛；②烘托人物内心的孤寂与惆怅；③烘托人物内心的骚动难安；④构织浓厚的乡土气息。

2. 主题

全文通过细腻入微的心理描写和情感变化来展现纯真女翠翠的爱情由朦胧到清晰的过程，翠翠的情感变化这条红线一头是爷爷对翠翠爱情心灵上的呵护，另一头是线索所关联的情节勾勒出的湘西人民敦厚纯朴的品性，作者在貌似不经意中，谱写了一曲充满人性美和人情美的美好诗篇。

3. 总结

沈从文在谈及《边城》时曾说："我要表现的本是一种'人生的形式'，一种'优美、健康、自然，而又不悖乎人性的人生形式'。"

五、深入探讨：选文和小说中有哪些方面是不美的？

（1）翠翠想到这个景致，忽然起了一个怕人的念头，她想："假若爷爷死了？"（第1章第4节）

（2）她便同祖父故意生气似的，很放肆的去想到这样一件事，她且想象她出走后，祖父用各种方法寻觅全无结果，到后来如何无可奈何地躺在渡船上。人家喊，"过渡，过渡，老伯伯，你怎么的，不管事！""怎么的！翠翠走了，下桃源县了！""那你怎么办？""怎么办吗？拿把刀，放在包袱里，搭下水船去杀了她！"……（第2章第6节）

（3）一切皆是命，半点不由人。可怜顺顺家那个大老，相貌仪表堂堂，会淹死在水里！（第2章第12节）（文中多次提到类似语言）

（4）原来这个老年人在雷雨将息时已死去了。（第2章第13节）

（5）这个人也许永远不回来了，也许"明天"回来！

（6）老虎咬人的故事，与人对骂时四句头的山歌，造纸作坊中的方坑，铁工厂熔铁炉里泄出的铁汁……耳朵听来的，眼睛看到的，她似乎都要去温习温习。她之所以这样做，又似乎只为了希望忘掉眼前的一桩事而起。（第2章第4节）

（7）那兵营中人卷舌子舐着嘴唇，称赞酒好，于是又必被勒迫着喝第二口。（第1章第1节）

（8）天保大老坐下水船到茨滩出了事，闪不知这个人掉到滩下漩水里就淹坏了。早上顺顺家里得到这个信，听说二老一早就赶去了。（第3章第9节）

六、拓展延伸

链接：我作品能够在市场上流行，实际上等于买椟还珠，你们能欣赏我故事的清新，照例那作品背后蕴藏的热情却忽略了，你们能欣赏我文字的朴实，照例那作品背后隐伏的悲痛也忽略了。

——沈从文

（《边城》被许多读者看作是"一部证明人性皆善的著作"。"边城"这个词在许多读者心中，已经凝定为"湘西人性美"的文化概念，然而深入考察我们就会发现：这种说法仅仅看到了作品中美丽的光环，而人物的非正常死亡、离家出走、爱情破灭等故事的阴影却被人们所"忽略"。这也许就是作者所说的"买椟还珠"。）

热情：对理想的追求，对人性美、人情美的歌颂，对乡土的爱。

悲痛：对现实的感伤（天命思想、愚昧无知、人心的隔膜）。

总结：翠翠守望了一份没有圆满的爱情，沈从文也守望了一个最终没有达到的精神家园，也许，残缺也是一种美。想要更进一步走近沈从文先生，完整的《边城》也许会给你一些思考。

《边城》综合提升课

一、教学目标

（1）探索阅读整本书的路径，形成和积累自己阅读整本书的经验。

（2）组织学习活动，探究作品的深刻意蕴。

二、教学过程

纯美爱情，悲从何来。

（1）学生自由组合分成四组，各选感兴趣的章节改编剧本，进行话剧表演。

（2）边城本是一座温暖的城，可翠翠纯美如诗的爱情结局却是悲剧，说一说：究竟是谁隔断了翠翠的爱情？

（3）根据你的阅读和想象，续写《边城》的结局。

三、设计说明

活动1：话剧表演，是让学生在文字阅读的基础上，融入自己的想象，自由选择和策划，通过表演话剧的形式更好地把握人物和情节。

活动2：注重对小说悲剧结局的成因进行深度探究，方法上采取文本细读、小组讨论、展示成果的方式进行，明确影响翠翠爱情命运的因素，培养学生细读文本，分析归纳的能力。

活动3：让学生先根据原著，合理发挥想象展开小说结尾的续写，然后每小组推荐一篇最好的，在全班阅读展示，教师和学生共同评价。"续写结局"既是写作，也是通过想象呈现自己的阅读期待，而想象与期待都是在对文本理解的基础上的，体现对人物命运和生存状态的关注。

四、"边城"深深深几许

1. 课外阅读沈从文的代表作和一些名家对其人其作的评论文章

推荐阅读作品：

（1）作家作品：散文《湘行散记》、小说《八骏图》、传记《沈从文自传》；

（2）名家评论：汪曾祺《星斗其文，赤子其人》、陈徒手《午门城下的沈从文》、高玉《论都市"病相"对沈从文"湘西世界"的建构意义》、钱理群《一个乡下人与两个城市的故事——沈从文笔下的北京上海文化》、黄永玉《太阳下的风景——沈从文和我》。

2. 合作交流

围绕以下问题深入探讨，多元解读《边城》的主题，发掘作品的意义。

（1）沈从文为什么把边城写得这么美？

（2）中国人向来喜欢大团圆的结局，《边城》为什么却以悲剧而告终？

3. 班级准备辩论赛

班级准备进行一场题为"《边城》究竟是悲歌还是希望之歌"的辩论赛，请选择其中一方写辩词，不少于400字。

五、探寻心中的"边城"

（1）有人说："每个人的心中都有一座边城。"探究问题：这座边城为何是沈从文先生心中的城？（要求：学生课前查阅《从文自传·我所生长的地方》《我的写作与水的关系》及《沈从文小说选集·题记》等书，小组合作讨论，请一个代表整理意见发言。）

（2）比较阅读：陶渊明的《桃花源记》与《边城》这两部作品都描绘了作者心中的城，代表了他们各自的理想寄托，给你的感觉有何异同？你怎样看待"边城"与"桃花源"的不同？

六、作业

你的心中是否也有一座"边城"？如果现在广播电台有一档节目，请你来分享自己心中的边城，你会如何给听众们描绘心中的边城呢？请写一个广播稿，字数400字左右。

《平凡的世界》

《平凡的世界》整本书阅读——平凡的世界，奋斗的人生

一、书本分析

《平凡的世界》是中国作家路遥创作的一部百万字的小说。该书以中国20世纪70年代中期到80年代中期10年间为背景，通过复杂的矛盾纠葛，以孙少安

和孙少平两兄弟为中心，刻画了当时社会各阶层众多普通人的形象；劳动与爱情、挫折与追求、痛苦与欢乐、日常生活与巨大社会冲突纷繁地交织在一起，深刻地展示了普通人在改革时代历史进程中所走过的艰难曲折的道路。《平凡的世界》自问世以来，深刻地影响了几代人的精神意志，书中主人公自强不息、永远奋斗的精神正是中学生所欠缺与需要的，因此，拟以《平凡的世界》作为整本书阅读中长篇小说的阅读对象，把《平凡的世界》的阅读任务作为一个单元教学，从核心素养的四大方面，引导学生学习整本书阅读，养好终生阅读的好习惯。

《平凡的世界》时间跨度从1975年到1985年，全景式地反映了中国10年间城乡社会生活的巨大历史性变迁；以孙少安和孙少平两兄弟为中心，以整个社会的变迁、思想的转型为背景，通过复杂的矛盾纠葛，刻画了社会各阶层普通人们的形象，成功地塑造了孙少安和孙少平这些为生活默默承受着人生苦难的人们，在这里人性的自尊、自强与自信，人生的苦难与拼搏，挫折与追求，痛苦与欢乐，纷繁地交织，读来令人荡气回肠，不忍释卷。

二、教学目标

（1）了解路遥和他的《平凡的世界》。

（2）赏析孙少平、田润叶的人物形象。

（3）感受孙少平的成长，感悟作品传递的时代精神及正能量。

（4）品味作品的语言特色。

《平凡的世界》整体推介课

一、教学目标

（1）了解路遥和他的《平凡的世界》。

（2）用前后勾连的阅读方法和思维导图的形式梳理人物关系。

（3）学生根据兴趣爱好，选择阅读重点，进行分组，小组合作完成。

二、教学过程

1. 导入

有一部作品荣膺第三届茅盾文学奖，被誉为"茅盾文学奖皇冠上的明珠，激励千万青年的不朽经典"，畅销了20多年，激励了千百万青年奋进，在今年"文明中国"全民阅读调查活动中，甚至超过了《红楼梦》，荣获读者最想读的图书第二名。这本书就是《平凡的世界》。

2. 走进路遥及其《平凡的世界》

（1）作家介绍：路遥（1949年12月3日至1992年11月17日），中国当代作家，生于陕北一个世代农民家庭，1988年完成《平凡的世界》，作品以其恢宏的气势和史诗般的品格，全景式地表现了改革时代中国城乡的社会生活和人们思想情感的巨大变迁，由此获得茅盾文学奖，后因肝病早逝，享年42岁。

（2）作品介绍：路遥的小说多为农村题材，描写农村和城市之间发生的人和事。作品有中篇小说《惊心动魄的一幕》（1980年，获第一届全国优秀中篇小说奖）、《人生》（第二届全国优秀中篇小说奖，并被改编成同名电影），短篇小说《姐姐》《风雪腊梅》等，以及长篇小说《平凡的世界》（1991年，获得第三届茅盾文学奖）。其全部作品收集在《路遥文集》五卷。

3.《平凡的世界》写作初衷

陕北黄土高原，自古是一个焦苦的地方。路遥生于斯，长于斯，在这块贫瘠的土地上求索奋斗，历尽艰辛。他对农村有着非常深刻的了解，和农民有着血脉相通的感情。70年代末开始的历史巨变，如山洪暴发，如春潮涌动，黄土地上也万马奔腾，大军行进。所有这一切，深深地激动着路遥。他要继《人生》之后，再倾全部心血，为这一方苦难而又充满希望的土地，为这一群生命不息奋斗不止的人们，为这一个壮丽辉煌的时代，写一部史诗般的巨著。他把这当作了一项无比神圣庄严的使命。他说"写这部书我已抱定吃苦牺牲的精神，实行如此繁难的使命，不能对自己有丝毫的怜悯心。要排斥舒适，斩断温柔。只有在暴风雨中才可能有豪迈的飞翔；只有用滴血的手指才有可能弹拨出绝响"（路遥《早晨从中午开始》）。

4. 写作历程

1988年5月25日，在陕北甘泉县招待所，路遥用热水敷开疼挛的手，写完了《平凡的世界》的最后一页。随后，他如释重负般把那支用了几年的圆珠笔扔出窗外。《平凡的世界》从1982年开始构思，到1988年完稿，6年间路遥下煤矿、走乡村、绝浮华、处陋室，殚精竭虑，好些时候躺在床上有生命终止的感觉。待《平凡的世界》完稿，这位40岁不到原本壮实的汉子，形容枯槁，看起来完全像个老人。

5. 路遥逝世

写完《平凡的世界》，路遥就再没有能恢复过来，他的血脉精气已经全部被书榨干。悄然不觉中，病魔已乘虚而入，死神也步步逼近。1991年冬到1992年初春，他为《女友》杂志写了创作随笔《早晨从中午开始》。1992年11月17日，黄土高原开始落雪的时节，路遥怀着无比眷恋的心情离开了他热情讴歌的这个世界，时年42岁。

《平凡的世界》共三部六卷，厚重、宏阔，为中国当代挣脱极"左"的束缚开始改革开放的转型期留下了史诗般的艺术画卷。共写了近百个人物，从揽工汉到省委书记，这些人物形象鲜活地表现了那一时期人们的思想变化。小说"人物运动的河流"中以孙少安和孙少平两兄弟为中心，表现了一代青年农民奋斗的艰难经历，而人物活动的宏大背景则是改革开放初期整个社会的各种政策和人们的心态。

6. "平凡的世界，辉煌的人生"

这句刻在路遥墓前一块方石上的悼词，极为恰当地表述了路遥短暂而辉煌的文学人生。"只有初恋般的热情和宗教般的意志，人才有可能成就某种事业。"（出自路遥《早晨从中午开始》）

三、探讨交流

（1）作者为何要命名这部作品为"平凡的世界"？作品中的人物都是平凡世界里的普通劳苦大众，他们是平凡的，平凡得就像大地上的一粒灰尘，然而这些不起眼的灰尘却用自己的奋斗让灰尘也绽放出光芒。他们都是谁？各自的性格如何？人物关系是怎样的？

（2）20世纪七八十年代的故事，一代人有一代人的际遇，那个时代的洪流是怎样的？大时代里的小人物又各自经历了哪些不平凡的事呢？他们各自的人生选择和归宿是怎样的？哪些情节最打动你？

（3）这本书中很多语言给人力量、温暖，让人热泪盈眶，让人血脉偾张，读之荡气回肠，被奋斗的年轻人奉为圭臬。请品一品打动你的语言，并有感情地读一读。

（4）信天游是陕北人民在与自然的抗争中创作出来的，一首首响彻云际的信天游在书中多次出现，这一艺术处理有何妙处？

四、阅读方法指导

指导多种阅读方法：用精读、略读、朗读、默读等，知道什么地方浏览、什么地方精读、什么地方要做旁批赏读，甚至有的段落要求学生背诵摘抄或作为写作的素材。

学会做读书笔记：摘抄精美或有共鸣的语句，用圈点勾画的方式批注，图表标注人物谱系、大事记等，撰写读书心得。

五、"人物印象说"活动设计

小组合作，用思维导图的形式对文中的女性用自己的标准进行归类，并阐述理由。

总结："璀璨夺目的女性形象"。

1. 依附性的中国农村劳动妇女形象

以孙兰花、贺秀莲为代表。他们在农村长大，没有什么文化，没有独立的事业，但具备中国传统女性身上应有的美德。他们对爱情专一，性格温顺，勤劳善良，本分贤惠，极具奉献精神，生活的全部就是丈夫和家庭。路遥对这一类依附于丈夫，默默付出、无怨无悔的农村劳动女性给予了充分的肯定和尊重，对她们的命运有着极深的理解和同情。

2. 纠结型的中国农村知识女性形象

以田润叶为代表。润叶从小生活在农村，在接受现代教育后，她有了自己的主见、人生价值观以及与传统观念相悖的爱情观。田润叶这类女性形象有文化、有知识、有主见，既有传统道德观念，也执着于自己的爱情，追求独立的人格和独立的生活，但最终没有摆脱传统女性性格上的懦弱成分。她们也在演绎着一场悲壮的爱情故事，作者对这类女性表现出深深的理解和敬意。

3. 独立型的中国现代知识女性形象

田晓霞、孙兰香和金秀是这类型的代表。田晓霞从小生活在城市，接受了现代教育，她大胆泼辣，自尊自立，敢爱敢恨，具有极强的进取心和独立意识。真正的爱情不应该是利己的，而应该是利他的，是心甘情愿与爱人一起奋斗并不断自我更新的过程，是融合在一起——完全融合在一起的共同斗争！她的身上所体现的是中国知识女性自我意识的觉醒与成熟。

六、孙家两兄弟

1. 活动设计

兄弟优秀指数辩论赛：甲乙两队各派三名选手PK。

少安的事业中，出现了两次低谷期，扩地被批判，扩建导致破产，最终当上了厂长和村委会主任，事业风生水起。少平自从离开双水村，世界逐渐向他敞开了怀抱，得到好人相助获得郊区农民户口，最终成为一名煤矿正式工人，还当上了班长，获得了"青年突击手"的荣誉。这两兄弟都这么年轻优秀，你更喜欢两兄弟中的哪一个？他的哪些方面最吸引你？是性格追求、爱情婚姻、待人接物还是其他方面？

2. 教师总结

通过多方对比，我们看到了一个为了家庭牺牲自我的扎根农村的青年孙少安的形象：凭借着自己的倔强和勤劳，愈挫愈勇，最终战胜了贫困，也逐渐打开了自己的眼界与心胸，他是忍辱负重的长兄。

我们还看到了一个跳出农门、开放现代、指向未来、爱读书、喜思考、重精神，永远向着远方的追梦者孙少平的形象，他是精神世界的斗士。

当然，兄弟两个身上都流淌着孙家人的血，也有许多共性，都学习优秀，过早成熟，背负起生活负担，都希望通过自身奋斗改变现状，都曾在理性和现实之间挣扎。他们以孝悌为本，对家人无私付出，对外人宽厚仁善；他们善良自尊，坚强执着，敢于抗争，为梦奋斗，有闯劲担当，有铁血柔情，最终成为双水村的两个能人。

七、小结

他们是生命的歌者，"生活以痛吻我，我依然报之以歌"。他们是生命的烤火者，蓬蓬勃勃的生命，既燃烧着个人的奋斗之火，亦烘烤着时代熔炉之火。他们是生命的王者，"在冰封的深海，找寻希望的缺口。却在午夜惊醒时，蓦然瞥见绝美的月光"。

八、作业

如果你可以从《平凡的世界》中找一个人做朋友，你会选择谁呢？写一段话阐述你的理由。要求：结合《论语·季氏》"益者三友……友直，友谅，友多闻，益矣"中的内容，理由恰当。

《平凡的世界》细部鉴赏课之《做客》

一、教学目标

（1）景物描写在小说中的作用。

（2）人物心理刻画展示人物形象。

（3）了解路遥"平凡的人、平凡的事、不平凡的心灵震撼"的写作特点。

二、教学过程

1. 导入

相信我们每位同学都有做客的经历，说说你在做客前、做客中、做客后的心理感受。

2. 诵读课文

找出文中孙少平心理描写的句子、语段，初步感知孙少平做客前中后的心理感受及其变化。

3. 分析孙少平心理及通过心理展示出的人物形象

学生找出孙少平心理描写的句子和语段。

（1）学生在课文中做好标记，然后交流。

（2）找学生发言，教师补充。

（3）学生讨论这些心理描写的句子刻画了孙少平的什么心理状态。

明确：身处贫困中的孙少安有一种自卑心理，他对物质上高于他的人有一种本能的抵触。本质上，他是一个很朴实的农村青年学生，他自尊心极强，生怕受到来自外界的不尊重甚至是歧视，文中刻画了他做客前的矛盾心理、做客中的扭捏不安：

① 接到邀请：惶恐不安——润叶二爸是人物，很害怕。

矛盾——对润叶的尊敬与感激。

为难——身穿破衣服，由贫穷带来的自卑与自尊。

决定：不去，到润叶学校找润叶。

② 做客中：不好意思、心慌意乱、心咚咚跳、感到脸像炭火一般、像一个叫花子、紧张得火烧火燎。

（拘束、满脸通红、无言对答、抠着手指、揩汗）

回答润叶二爸的提问答非所问，还是紧张、揩汗水，紧张地冒汗。

③ 做客之后：景物描绘。

经历一下午的紧张，让人喘不过气来，终于可以舒一口气，所以哪怕是平常的景物此时也异常地美好！

心理描写表现人物性格：

自卑：润生他二爸是县委副主任，是个大人物。自己穿一身破烂衣服，感到太丢人，感到脸像炭火一般、像一个叫花子。

自尊：自尊心极强，怕被人看不起。

善良：如果不去，对不起润叶姐，说不定还会误了润叶姐什么事。

识礼：不去做客，直接到小学去找润叶姐。

总结：好的作品可以让我们自己融入书中，与主人公的命运一起起伏，正如《平凡的世界》。因为路遥把每一个人物的心理世界精确而细致地展现在我们的面前，正如我们自己所想、所做的那样。

三、体会课文环境描写对人物心理刻画的作用

1. 开篇（1—4段）

作者描绘了一幅黄土高原特有的冬去春来、季节转换的典型的生态环境。"连绵的黄土高原""枯黑的草木""铺天盖地的大风""天空弥漫着尘埃"，充满了浓郁的黄土气息，暗示了主人公孙少平最初入校时灰蒙蒙的心境。但黄风过后，天气转暖，天地一派"桃红柳绿"：柳树抽出了细丝，桃杏树缀满了粉红的花蕾，"树木的枝条开始泛出鲜亮的活色，鼓起了青春的苞蕾"。一切都预示着即将好转，青春的活力即将回到年轻的孙少平的身上。孙少安此时的心情和我们一样，在第六段中写道："他的心情开朗了许多。"

2. 做客中对革委会大院的描绘

"扫视着这个神圣的地方"，"给人一种非常壮观的景象"，"像一座宏伟的大厦"，文章对大院及窑洞的描绘神圣、壮观、宏伟，这是一个未见过世面的农家子弟最真实的感受，无形之中给他造成一种威压感，更增加了他的紧张。（心咚咚跳）

3. 做客后

"城市的四面八方，灯火已经闪闪烁烁。风温和地抚摸着人的脸颊。隐隐地可以嗅到一种泥土和青草芽的新鲜味道。多么好呀，春夜。"

通过孙少平的主观观察，预示着一个下午紧张的心情这时已经开始舒缓。因此，这种司空见惯的夜晚和泥土、青草的味道才会让人感到如此的美好，表现了孙少平在润叶姐的亲切关心下心情舒畅的感觉。

四、总结

在这平凡的世界中，平凡人的一生，更要有坚定的理想和信念，有执着的追求和渴望。我们就应该像孙少平那样，学会在逆境中历练心智，在自卑中寻找坚强，战胜自我，找一个坚强的理由让人奋进。最难战胜的就是自我，如果超越了自我的束缚，克服人类最懦弱的本性，那么自卑也坚强。

五、探究主旨

小说以陕北黄土高原双水村孙、田、金三个家族两代人的命运为中心，反映了当时广阔的社会面貌。劳动与爱情，挫折与追求，痛苦与欢乐，日常生活与巨大社会冲突，纷繁地交织在一起，深刻地展示了普通人在大时代历史进程中所走过的艰难曲折的道路；既流露出作者对家乡父老温馨动人的情愫，又体现了作者对社会、对历史、对生活、对人生富有哲理性的深刻思考和理解。

六、迁移训练

以《林教头风雪山神庙　陆虞侯火烧草料场》为文本，品味环境描写对刻画林冲性格心理的任用以及林冲的心理刻画。

七、作业

（1）精读《做客》，体会孙少平复杂而又真实的心理活动。

（2）课下继续研读《平凡的世界》。

《平凡的世界》综合提升课

一、教学目标

（1）手法探究：把握信天游歌曲的作用。

（2）通过多种活动和读写结合将学生内化所得给予外化，加深对人物情感、主题思想的认知。

二、教学过程

1. 导入

"读书要进入单纯透明、一往而深的状态"，一个优秀的读者，应该体现在多大程度上读懂了故事，多大程度上读懂了作者，多大程度上读懂了自己。

这节课我们在以熟悉人物和情节的基础上进行主题探究和深度品读。

2. 主题探究

【活动设计】习近平总书记强调："文艺只有植根现实生活，紧跟时代潮流，才能发展繁荣；只有顺应人民意愿，反映人民关切，才能充满活力。"《平凡的世界》这部作品，正是作者路遥运用现实主义手法进行创作的成功体现。小说以我国特殊的历史阶段为背景，意蕴丰富。学生们以小组为单位讨论。

三、学生展示

1. 苦难与奋斗主题

全景式地展现了在那个物资匮乏的年代，人们生存的困难和精神的痛苦，以及平凡大众自强不息、艰苦奋斗的生活态度和民族硬汉精神。萨迦格言所说"火把虽然下垂，火舌却一直向上燃烧"，不奋斗，无青春。

苦难也是人生的老师。毛姆说，万物皆有罅隙，那里是光照进来的地方。如果不是苦难，孙少平不会成为刚强铁汉；如果不是苦难，孙兰香不会出类拔萃；如果不是苦难，田润叶不会重新燃起生活的勇气。这就是苦难的哲学。

2. 选择与归宿

无论精神多么独立的人，只有在感情层面寻找到归宿，灵魂才不会孤单。

田润叶之所以喜欢穷小子孙少平，就是因为他们兴趣点相同，都喜欢读书，都关心国家大事，在相互交谈中总是能碰撞出火花，就像是从对方那里看到另一个自己。遇到爱，选择爱，为自己的心找到归宿，找到家园。

3. 民族性格

仁、忍、韧。如臧克家笔下老马的形象，"总得叫大车装个够，它横竖不说一句话，背上的压力往肉里扣，它把头沉重地垂下！"

四、手法探究

把握信天游歌曲的作用。

1. 活动设计

在《平凡的世界》里，一次次出现的信天游一来唱出了人物心底的声音，往往是一些想说又说不出口的话，绝大多数是有关爱情的；二来也使得人物的形象变得立体起来。以5次出现的《冻冰歌》为例，每次都与田润叶有关，探究其中传达的情愫。

2. 教师总结

如果要了解一个地方的风土人情，最好的方式之一便是听懂他们的歌声，江南小调的温婉闲适，黄梅小调的活泼隽永，京韵的铿锵有力，无不反映着当地人的性格。而信天游也不例外，粗线条的声音给人的是一种赤裸的震撼，没有任何修饰地出现在你的面前。

中国人向来含蓄，爱并不那么容易说出口，往往要靠歌声去表达，作者借着这么一首歌把润叶含在舌尖的话全部唱了出来。歌词不懂得掩饰自己想要表达的感情，一遍遍直白地唱出了自己的思念与爱慕之情。这正是陕北人豪爽性格的体现，他们在表达爱情的时候绝不像文人墨客那样含蓄，用上无数种修饰的方法。

五、品读语言

1. 活动设计

推介你喜欢的语言，并说说你喜欢的理由，或文笔的细腻，或引人哲思。

2. 教师示范

（1）人们宁愿去关心一个蹩脚电影演员的吃喝拉撒和鸡毛蒜皮，而不愿意了解一个普通人波涛汹涌的内心世界。

（感悟：遥隔时空，一切如此相似，这就是路遥语言的功力。）

（2）生活中真正的勇士向来默默无闻，喧哗不止的永远是自视高贵的一群。

（感悟：静水深流，真水无香。谁将声震人间，必长久深自缄默；谁将点燃闪电，必长久如云漂泊。）

（3）我不啼哭，不哀叹，不悔恨，金黄的落叶堆满心间，我已不再是青春少年。

（感悟：也许心中藏有一个重洋，流出来也只是两颗泪珠。在隐忍内敛中负重前行。生活总是让我们遍体鳞伤，但到后来，那些受伤的地方一定会变成我们最强壮的地方。）

六、最佳朗读者

（1）"对读"少平失去晓霞后独自赴约的心理独白，痛彻心扉。

（2）3名学生分角色朗读砖窑倒闭后，少安和秀莲的对话，听者潸然泪下。

（3）6名学生创设情境，融入著作中的经典名句串读，句句激荡人心。

（4）老师点评。我们已热泪盈眶，他们的朗读感情饱满，选文经典，很能凸显作品精华。朗声诵读是一种美的体验，它不该止于舞台。阳光里、月色下，林荫路、湖水边，迷惘处、欢喜时，都可以让琅琅书声丰盈我们的心灵。

七、用诗行的形式选择一个人物写出内心独白

佳作展示：

田润叶

曾经/我无法左右自己的命运/追寻认定的爱情/别了青春的心/接受了出离真情的婚姻/不愿沉沦于现实的威逼/却没有说不的勇气/罢了，徒然逃避/如今/路灯下孤影成双/一处灯火为我点亮/门开了/余晖洒落心间/眼中多了一抹光/好吧，平淡如此无妨。

孙少安

谈志向，于我太遥远；/说追求，也太宽泛。/外面的世界繁乱，见不真切，/周遭的一切已满是考验。/和众多为生计操劳的庄稼人一样，/目光所及，/我只余生活填满。/或许终其一生，/我们都在为生活忙碌、奔波。/承担着家庭的责任，/忍受着失意与无助，/经历着苦难与坎坷。/可现实面前我们也往往别无选择，/只能放弃、牺牲些什么，/然后咽下所有辛酸，再跌撞着向前。/众生皆苦，/我只求安稳的归宿，/平淡的幸福。

孙少平

生活艰苦/岁月沧桑/人生本是轮回/曾几何时/我独自一人背井离乡/与挚爱古塔山誓言/天真以为生活美好/如今/晓霞故去/固心中悲痛/仍背上行囊/带着梦想/重装出发/走上那条熟悉的路/只为奋斗，为希望……

田晓霞

天地浩渺，我却不愿碌碌此生/以己为剑，用真实犀利的报道狠狠扯下所谓的粉饰太平/救那个女孩，我从不后悔，正如你当年的义无反顾/只可惜了那白月光般的落英缤纷/少平，"从今分两地，各自保平安"/奴去也，莫牵连。

八、结束语

平凡的世界中那一群不平凡的人就像我们生命中的一盏盏灯，这灯光带给我们的是光明，是奋发向上的不屈的动力。（全班齐读）最后，以路遥先生的一句话来结束：什么是人生？人生就是永无休止的奋斗，只有认定了目标，在奋斗中感到自己的努力没有虚掷，这样的生活才是充实的，精神也会永远年轻。人生只有在生活熔炉里才能淬炼出生命的硬度和净度。

《老人与海》

《老人与海》整本书阅读——有限与无限的游戏

一、书本分析

《老人与海》具有很强的英雄主义情节，老人桑提亚哥的硬汉形象可以让学生对"硬汉""英雄"有着正确的认识，促使学生树立正确的人生价值观，具有深刻的思想主题。

《老人与海》故事的背景是在20世纪中叶的古巴。主人公是一位名叫桑提亚哥的老渔夫，配角是一个叫马诺林的小孩。风烛残年的老渔夫一连84天都没有钓到一条鱼，但他仍不肯认输，而是充满着奋斗的精神，终于在第85天钓到一条身长18尺，体重1500磅的大马林鱼。大鱼拖着船往海里走，老人依然死拉着不放，即使没有水，没有食物，没有武器，没有助手，左手抽筋，他也丝毫不灰心。经过两天两夜之后，他终于杀死大鱼，把它拴在船边。但许多鲨鱼立刻前来抢夺他的战利品。他一一地杀死它们，到最后只剩下一支折断的舵柄作为武器。结果，大鱼仍难逃被吃光的命运，最终，老人筋疲力尽地拖回一副鱼骨头。他回到家躺在床上，只好从梦中去寻回那往日美好的岁月，以忘却残酷的现实。

二、教学目标

（1）了解"迷惘的一代"的特点，了解海明威所处的时代及社会背景。

（2）了解海明威小说中的"硬汉"形象。

（3）了解海明威"冰山"理论的创作原则和象征手法。

（4）感受海明威在搏斗中到心理描写以及在描写老人的心理时寓情于景手法的运用。

（5）体会作品中传达对自然、命运以及人生价值观的理解。

《老人与海》整体推介课

一、教学目标

（1）知人论世，了解"迷惘的一代"的特点。

（2）了解海明威笔下的硬汉形象。

二、教学过程

1. 搜集整理

了解作者的人生经历、当时的社会背景和美国"迷惘的一代"的特点。

活动一：识其人，知其文。

上网搜索，自主查阅，搜集海明威的生平资料及代表作品，了解海明威一生的经历与创作历程，制作一份海明威的人物小报，相互交流，展示分享。

《老人与海》是海明威的小说代表作之一，是海明威生前发表的最后一部作品。自1952年小说面世以来，此中篇小说就受到了学界和读者的一致好评。1953年海明威凭借此部小说荣获美国文学的最高奖项"普利策奖"，1954年因"精通现代叙事艺术"获得了诺贝尔文学奖。

厄纳斯特·海明威（1899—1961）是20世纪美国小说家，生于芝加哥一个医生家庭，高中毕业后即开始当记者。第一次世界大战时在意大利前线负重伤，回国疗养。1921年至1927年侨居巴黎，他的早期作品都是在巴黎发表的。其中最重要的是两部长篇：《太阳照样升起》和《永别了，武器》。前者描写参加过大战后，流落在巴黎的那群美国青年的空虚生活，使作者成为"迷惘的一代"的代言人；后者以作者的亲身经历，揭露了帝国主义的战争宣传。早期短篇中有不少是关于打鱼、狩猎、比拳、斗牛的。在这些作品中，他创造了刚毅不屈、视死如归的"硬汉"形象。1936年，西班牙内战开始，他先后两次去西班牙。《丧钟为谁而鸣》就是反映西班牙内战的一部代表作，体现了作者对于战争和人生的全新理解。第二次世界大战后，海明威侨居古巴。1952年发表中篇小说《老人与海》。古巴革命后，他回到美国，1961年，因久病不愈而自杀。在他的作品里，最常见的主题就是战胜死亡。他的作品以原始自然主义向现代人类的堕落文明进攻，面对不可抗拒的力量要有勇气挑战，教给现代人必须面对现实而不必有任何畏惧的心理。海明威有他自己独特的风格，其中海明威式的语言在世界文学中独树一帜。

了解什么是"迷惘的一代"。关于"迷惘的一代"的来源，海明威在他的散文中提到过。当时格特鲁德·斯坦因小姐使用的T型福特车的发火装置出了故障，车行里那位战争（一战）最后一年当过兵的小伙子在修理斯坦因小姐的旧车时技术不熟练，而且工作态度也不够认真，斯坦因小姐提出抗议后，车行老板狠狠地批评了他。这位老板对他说："你们都是迷惘的一代。"于是斯坦因小姐回去之后就对海明威说："你们就是这样的人。你们全是这样的人，你们所有在战争中当过兵的人。你们都是迷惘的一代……你们不尊重一切，你们醉生梦死……别和我争辩，你们就是迷惘的一代，与车行老板说得一模一样。后来，海明威把这句话作为他第一部长篇小说《太阳照常升起》的题词，"迷惘的一代"从此成为这批虽无纲领和组织但有相同的创作倾向的作家的称谓。所谓"迷惘"，是指他们共有的彷徨和失望情绪。"迷惘的一代"尽管是一个短暂的潮流，但它在美国文学史上的地位是确定了的。

教学提示。海明威是世界文化名人，学习他的作品首先要对这个人，对当时的社会背景有所了解，才能更好地解其文。制作海明威人物小报，在锻炼学生动手能力的同时，可以让学生了解海明威丰富的人生经历，执着的精神，坚定的信念，也有助于对文本的深度解读。

2. 内容梳理——进一步熟悉文本

《老人与海》是美国作家欧内斯特·米勒尔·海明威晚年完成的一部中篇小说，也是他最著名的作品。他本人对这部小说的评价是："一辈子所能写得最好的一部著作。"

活动2：海明威小说中的"硬汉"们。

阅读《老人与海》《太阳照常升起》《永别了，武器》《丧钟为谁而鸣》等。可以摘抄式阅读、批注式阅读、探究式阅读，力求做到深度挖掘。

让学生了解海明威不同时期作品中"迷惘的一代"的特点，尝试比较海明威早期小说中"硬汉"形象与桑提亚哥的关系。

"硬汉形象最明显的标志是：世界要把每个人打碎，但许多人在破碎处表现出顽强的精神，世界最急于杀死或打碎的是勇敢、善良和仁慈的优秀者，而从破碎处站立起来的就是硬汉。"在西方现代文明背景下那些失去了英雄气质的被称作"迷惘者"的男人们，当现代世界将太多的痛苦降临到他们头上时，他们承受不了痛苦的折磨，于是就逃跑。他们从战争中逃跑，从社会中逃跑，从思想中逃跑，去找一个使他们远离痛苦和孤独的避难所，结果他们找到的却是永远的孤独、失败和死亡。于是有了海明威前期作品《太阳照样升起》中的杰克、《永别了，武器》中的亨利等等。海明威并没有像"迷惘者"们那样逃离痛苦，而是勇敢地直面这一残酷的现实，在向读者述说悲哀的同时，他也在努力探求一种挽回尊严的现代生存方式，于是另一种硬汉故事诞生了，在这些故事中，硬汉子们都有一个共同特征，即命运总要在他的人生历程中设置这样或那样的障碍，以期他们屈服或毁灭。然而，他们之所以成为硬汉的关键在于：他们面对注定孤独、失败和死亡的宿命压力，能够勇敢地选择抗争。他们大多有勇敢顽强、临危不惧、与厄运斗争到底的强烈个性，是一个凭着个体生命的全部勇气和力量来与命运抗争的个人主义英雄。这些个人奋斗的英雄们，在充满扭曲和痛苦的现代世界中，在为自己开拓的孤立奋斗场所中，成功地保持了自己作为一个人的尊严，在逆境中显示出一种打不垮的风度。《老人与海》中的桑提亚哥是硬汉子性格的集中体现者。

允许多种方式查找资料，制作卡片，分小组讨论，小组代表上讲台演讲，进行课堂交流。

其他学习小组同学根据自己对文本的理解，提出异议，可当堂辩论，给出修改建议。

教学提示。创设任务情境，引导学生通过研读文本、细品文字、网络搜索、小组合作等多种形式展开学习，比较任务活动，主要找出海明威小说中"迷惘的一代"的特点及"硬汉"的形象特征。

《老人与海》细部鉴赏课

一、教学目标

（1）把握老渔夫桑提亚哥的硬汉形象。

（2）通过分析文本的描写明确老人与大海两个形象的特点及相互的关系。

（3）了解海明威的语言风格。

（4）探究"美国精神"的内涵，感受主人公凭着勇气、耐力、经验和智慧在艰苦的环境里抗争、不屈服于命运的精神，提高对人生中成功与失败的辩证关系的认识。

二、教学过程

1. 导入

由海明威的人生经历引入对他的语言风格的品位，把作家风格与其人生相联系。

海明威（1899—1961）从小喜欢钓鱼、打猎、音乐和绘画，18岁起进入报界，曾以记者身份参加过两次世界大战，并且直接参加战斗，出生入死以致伤痕遍体。

《老人与海》发表于1952年，经历了工业革命和世界大战的美国，进入了一个社会的转型期，美国社会"迷惘的一代"急需一种精神力量的支撑，而海明威把他的创作从真实的战场转移到了人生的战场中，他本人及其作品中的人物影响了一代甚至几代美国人，他几乎成了美国精神的化身。

1954年，他获得诺贝尔文学奖。1961年，在身心病痛的折磨中，他开枪自杀，走完了辉煌的一生。

补充资料1："几乎没有哪个美国人比欧内斯特·海明威对美国人民的感情和态度产生过更大的影响。"——约翰·肯尼迪总统

补充资料2："这是一个自己驾驶着小船在墨西哥湾洋流里打鱼的老人，他现在已经出海84天而没有捕到一条鱼了。"（如表5）

2. 梳理情节

表5　这是一个怎样的故事？

	第一次	第二次	第三次	第四次	第五次
攻击者	鲭鲨	铲鼻鲨	犁头鲨	星鲨	鲨鱼
数量	一条	两条	一条	两条	成群结队
老人作战工具	鱼叉	绑着刀子的桨	绑着刀子的桨	短棍	短棍、舵把
结局	杀死鲭鲨，丢了鱼叉。大鱼被吃掉四十磅。	杀死两条铲鼻鲨。大鱼被吃掉四分之一。	杀死犁头鲨，刀子被折断。	两条星鲨受重伤，大鱼的半个身子都被咬烂了。	棍子丢了、舵把折断了。大鱼只剩下残骸。

3. 欣赏形象

这是一位怎样的老人？

细读小说，你能读出这位老人的哪些形象特点？请批注概括。（小组讨论，每小组选一人在黑板上写下关键词并结合文本分享老人形象特点）

4. 品味语言

小说具有怎样的语言特点？诵读节选段落，感受和交流语言风格，概括其特点，从而品味语言所承载的信息和感情。

The shark was not an accident. He had come up from deep down in the water as the dark cloud of blood had settled and dispersed in the mile deep sea. He had come up so fast and absolutely without caution that he broke the surface of the blue water and was in the sun.

来了一条鲨鱼，并不是偶然的事。大堆的乌血，沉淀在那一英里深的海里，渐渐消散了，这鲨鱼便从深水里出来了。它出来得这样快，而且一点也不谨慎，它竟冲破了那蓝色的水面，来到阳光中。（张爱玲译）

鲨鱼的出现不是偶然的。当一大股黑色的血沉在一英里的海里然后又散开的时候，它就从下面水深的地方蹿上来。它游得那么快，什么也不放在眼里，一冲出蓝色的水面就浮现在太阳光下。（朱海观译）

总结：叙述语言简洁、流畅，修饰语少。

两条鲨鱼同时包围上来，他看见离他最近的一条张开嘴来，把牙齿陷进那鱼银色的胁肉里，他就把木棒高高举起来，重重地打下来，砰地一声打在那鲨鱼宽阔的头顶心。木棒落下来的时候他可以感觉到那橡皮似的坚实的质地，但是他也感觉到硬的头骨。鲨鱼从鱼的身边滑下去了，他又重重地打了它一下，打在鼻尖上。（张爱玲译）

两条鲨鱼一道儿来到跟前，他看见离得最近的一条张开大嘴插进死鱼的银白色的肚皮时，他把短棍高高地举起，使劲捶下，朝鲨鱼的宽大的头顶狠狠地劈去。短棍落下的当儿，他觉得好像碰到了一块坚韧的橡皮，同时他也感觉到打在铁硬的骨头上。鲨鱼从死鱼身上滑下去的时候，他又朝它的鼻尖上狠狠地揍了一棍。（朱海观译）

总结：动作描写简单、直接，震撼人心。

老人凭着观察天上的星斗，看出那鱼整整一夜始终没有改变它的路线和方向。太阳下去后，天气转凉了，老人的背脊、胳膊和衰老的腿上的汗水都干了，感到发冷。白天，他曾把盖在鱼饵匣上的麻袋取下，摊在阳光下晒干。太阳下山了，他把麻袋系在脖子上，让它披在背上，他并且小心地把它塞在如今正挂在肩上的钓索下面。有麻袋垫着钓索，他就可以弯腰向船头靠去，这样简直可说很舒服了。这姿势实在只能说是多少叫人好受一点儿，可是他自以为简直可说很舒服了。我拿它一点没办法，它也拿我一点没办法，他想。只要它老是这样干下去，双方都一点没办法。

总结：心理描写丰富、细致，饱含感情。

三、探究延伸

这是一种怎样的精神？

（从情感态度的角度让学生深入文本，发掘文中的"美国精神"，了解海明威的影响之深远。）

《老人与海》中的"美国精神"。

参考示例：

自由的意志和个体的尊严

平等的思想和正义的胸怀

开拓的激情和冒险的勇气

顽强的斗志和超常的耐力

绝对的自信和乐观的态度

反思的精神和坚定的信仰

极强烈的责任心和荣誉感

……

四、课后拓展

（对课堂内容进行拓展，深化小说内涵）

（1）阅读《老人与海》全篇，你认为老人最终是失败了吗？（建构属于你的"成功"的内涵）

（2）比较"美国精神"与你所知道的"中国精神"的异同。任选一题写一篇短文，不少于300字。

《老人与海》总结提升课

一、教学目标

（1）鉴赏海明威小说的语言风格。

（2）了解海明威关于创作的"冰山理论"。

二、教学过程

1. 海明威小说的语言风格

（1）再阅读，筛选信息勾画《老人与海》中独特的语言。

①海明威的"冰山"论创作原则。

这个原则是他曾于1932年，在他的纪实性作品《午后之死》中，提出的著名的"冰山原则"。他说："冰山运动之雄伟壮观，是因为他只有八分之一在水面上。"露出水面的只有八分之一，而隐藏在水下的则是八分之七，含蓄是海明威艺术风格的突出特点。他的作品都具有丰富的"潜台词"，产生"意在言外""余音不散"的艺术效果。《老人与海》的内容很简单，海明威选用了简单的词汇、简单的句型结构和简单的句间逻辑关系，显示出一种朴素的尊严。"一个人可以被消灭，可你就是打不败他。"初读起来十分简单明了，但是细究下去，会发现简单的故事具有难以穷尽的内涵，具有极其独特的表现手法。

②海明威以"狮子"意象为代表的象征手法。

象征是指用具体的事物来表达抽象的概念。在具体事物和抽象概念之间并不是要有必须的联系，当读者读到这些具体的事物时，他们会更加清楚地理解作者想要表达的情感和写作意图。在这部作品中，老人、海、金枪鱼、小孩还有鲨鱼等等，他们很大程度上都被赋予了象征的意义。这一环节的设计以师生共同讨论交流为主，教师引导学生由浅入深地探究意象的象征含义。

A. 要求学生阅读课文，寻找《老人与海》中具有象征意义的意象，勾画、列举并筛选出具有典型意义的意象。

B.分组或集体讨论，不拘形式自由探究文中意象可能具有的象征意义。

如"狮子"意象探析：

桑提亚哥是在什么情况下梦见狮子的？

第一次梦见狮子：老人决定在85天出海之前的夜晚。

第二次梦见狮子：老人在第86天的夜晚，老人已经和大马林鱼对峙了两天，疲乏的老人睡了一觉梦里梦到了狮子。

第三次梦见狮子：老人返回岸边，疲惫的老人再次梦见了狮子。

桑提亚哥梦见狮子的时候，梦中的状态都是怎样的？（轻松的，愉悦的，尤其第二次梦中老人对狮子的到来怀有期待）狮子对于桑提亚哥来说到底意味着什么？（由此可见狮子是桑提亚哥在面对困境时候的精神支柱，它给予老人斗争的力量。所以狮子是力量的象征，是自信、勇敢、希望等等）

（2）学生仔细阅读并筛选信息，相关语句用波浪线画出，寻找《老人与海》中"冰山"的踪影，以报告的形式进行展示。

如：海明威在谈到《老人与海》时曾说："《老人与海》本来可以写成一千多页那么长，小说有村庄中的每个人物，以及他们怎样谋生，怎样出生，受教育，生孩子等等的一切过程。"但是作者将这一切都删去了，他不写事件背景和动因，而只写老人在海洋深处那场惊心动魄的搏斗，宁可在别的方面留下许多空间也要突出主人公的行功和心理，以创造一种独特的意境。

关于他的过去，作者仅交代了两点：一是他年轻时曾经跟一个力大无比的黑人进行过抵手（即掰腕子）比赛；二是他小的时候曾去过非洲，在那里的海滩上见到过狮子。

PPT展示学生搜集到的孩子、狮子、冰山、老人、海、金枪鱼还有鲨鱼图片，VCR展示学生们制作的狮子和孩子的短片。

了解海明威塑造形象的多种手法，如内心独白式心理描写，描写老人的心理时寓情于景手法，描写鲨鱼的反衬手法等等，并根据上节课探究的孩子、狮子、冰山、老人、海、金枪鱼还有鲨鱼的象征意义，感悟作品，在此基础上制作短片。短片的制作需要学生对文本有深入的理解，需要准备的工作较多：

A. 全员征集短片的构思剧本，各组推荐最优者PK，代表上讲台阐述理念，由全体同学评价，选择最优者作为短片的故事剧本。

B. 全员征集短片中意象的漫画形象，集体投票确定最终形象代表。

C. 由剧本作者指导班级精通电脑技术的学生制作短片，技术难点可由教师带领学生寻求学校技术人员帮助。

小组合作交流，互相点评，提出修改建议。

教学提示此项工作比较繁复，学生课下的准备工作很多，更重于对形象的思考，若能引导学生在文本的基础上积极创新更佳。

2.《老人与海》微写作

（1）给出三个方向进行微写作训练。

① 人物形象式微写作——"我心中的硬汉桑迪亚哥"。

② 语言风格式微写作——学习海明威小说"冰山"原则，运用象征手法进行创作。

③ 描写手法仿照式写作——内心独白式心理描写，人物形象、鲨鱼和景物环境描写方式的仿写。

（2）组与组之间互评，优秀作品展示。

（3）运用这种方法进行微写作训练，要注意外貌描写一定要突出人物特征，人物特征一定要暗示人物精神。如文中对圣地亚哥的外貌描写，那颗肉瘤、那道伤痕、那一条条的皱纹，不仅可以使读者感受到他那令人敬佩的执着，而且可以使学生体会到生活的艰辛，给学生树立正确的人生观价值观。

《乡土中国》

《乡土中国》整本书阅读——我和我的中国

一、书本分析

《乡土中国》是一部学术著作，共14篇：

《乡土本色》《文字下乡》《再论文字下乡》《差序格局》《系维着私人的道德》《家族》《男女有别》《礼治秩序》《无讼》《无为政治》《长老统治》《血缘和地缘》《名实的分离》《从欲望到需要》。

二、教学目标

（1）通读全书，勾画圈点，争取读懂。

（2）梳理全书大纲小目及其关联，做出全书内容提要。

（3）把握书中的重要观点和作品的价值取向。

（4）阅读与本书相关的资料，了解本书的学术思想及学术价值。

（5）通过反复阅读和思考，探究本书的语言特点和论述逻辑。

《乡土中国》整体推介课

教学目标

（1）阅读《乡土中国》，画出全书的思维导图，并在小组中交流。

（2）用文中关键词概括费孝通笔下的"乡土中国"的特点。

（3）了解作者撰写这部著作所用的研究方法，并总结启示。

（4）概括作为学术著作的《乡土中国》体现的语言特点。

（5）查阅与《乡土中国》相关的研究资料，分小组分别探究本书的学术思想、学术价值、相关评价、作者的学术地位，制作成PPT，在学习汇报活动中与大家交流。

（6）结合中国社会发展的现实或自己做过的调查，以《"乡土中国"的今天》为题，分析"乡土中国"的变迁，写一篇800字左右的文章。（如图7）

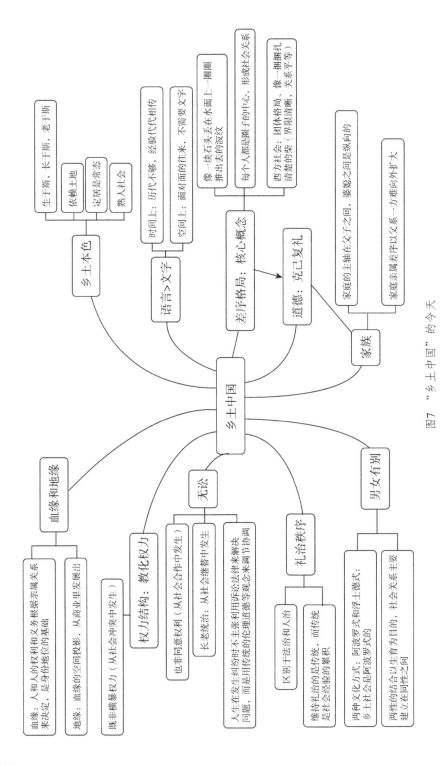

图7 "乡土中国"的今天

表6　根据全书内容，对比"乡土中国"与其他社会中的概念

关于中国乡土社会的概念	关于其他社会体系或社会关系的对比概念
礼俗社会	法理社会
借助语言的社会	借助文字的社会
差序格局	团体格局
维系着私人的道德	维系着人民的宪法
小家族	家庭
男女有别	男女求同
礼治秩序、道德秩序	法治秩序、道德秩序
调解体系	司法诉讼体系
无为政治	有为政治
教化的权力	同意的权力、横暴的权力
血缘社会	地缘社会
名实分离	名实一致

《乡土中国》细部鉴赏课——《说差序格局和团体格局》

一、教学目标

（1）填表格对比差序格局和团体格局的特点，诠释差序格局的概念，准确理解作者对差序格局的观点。

（2）阅读文本与表格，梳理材料与观点、观点与观点的关系，归纳作者对差序格局的论证思路。

（3）认识生活中体现差序格局的伦理现象，培养学生联系实际的能力，总结学术类著作的阅读方法。

二、教学过程

1. 导入

（最近社会上流行一个新词叫"红色炸弹"。很多年轻人周围的朋友都到了结婚生子的年纪，你就得参加别人的婚礼、孩子的满月、父母的寿宴，去

了就得包红包。一个红包1000块钱，月收入5000块，去了6次，还得借个"花呗"。"你的喜帖就是我的账单"，所以好多年轻人把它称为"红色炸弹"。下面，我们就来看这样一个"红色炸弹"的案例。）

婚宴礼单：为什么不同关系类型的人礼金差别大？

婚宴酒席：嘉宾的座位为什么按这样的顺序安排？

2. 梳理文本

教学任务一：比较异同显真知。

课前大家自主阅读了《乡土中国》第四章、第五章，填写了差序格局和团体格局的对比表格。现在我们一起来看看几位同学填写的表格，一起总结差序格局的特点。

（教师从学生课前完成的作业中选取2—3份有代表性的对比表格，将学生填写的表格制作成PPT供课上讨论）（如表7）

参考：

表7　差序格局和团体格局的对比

概念	所属社会	群己界限	群己关系	道德特点	譬喻	文中举例（各举一例）
差序格局	乡土社会	群体界限模糊，群体范围的大小依中心势力的厚薄而定（范围可伸缩）	一切价值以"己"作为中心，是自我主义。越推越远，越推越薄，群体关系是有差等的次序	维系着私人的道德，道德标准缺乏普遍性	水波纹蜘蛛网	①亲属关系上：家庭、贾府大观园、苏秦；②地缘关系上：街坊；③自我主义：杨朱、儒家；④差等次序："伦"《礼记·大传》《礼记·祭统》；⑤道德观念：孝悌、忠信、仁、《孟子》
团体格局	西洋社会	团体界限分明	团队里的人对团体的关系是相同的，是个人主义	人人平等、互相尊重权利，团体保障个人权利，防止团体代理人滥用权力，发生宪法	捆柴	保甲制度、家庭、《独立宣言》

总结：乡土社会，以"己"为中心，范围可伸缩，有差等的次序，私人的道德。

教学任务二：你能说一说什么是差序格局吗？

刚才你们已经总结出差序格局的特点，你能用自己的话说一说什么是差序格局吗？

参考示例：

在乡土社会中，以亲属关系和地缘关系为基础，以"己"为中心形成可伸缩的有差等的次序。

教学任务三：费孝通先生是怎么论证出差序格局的？

我们已经理解了什么是差序格局，那费老是怎么把差序格局论证出来的？他是按照表格中表头的顺序依次论证的吗？请借助表格，在表头用①②③④标出费老的论证顺序，总结论证方法，简述费老为什么这样安排。

三、沟通现实生活

教学任务四：你能列举体现差序格局的现象吗？

学完了费孝通先生的"差序格局"后，同学们是否联想到了生活中或者文学作品中的一些现象呢？

春节拜年：你按照什么顺序走亲戚拜年？

四、总结

今天这节课，我们总结了差序格局的特点和概念，梳理了费孝通先生的论证思路，还联想到很多体现差序格局的伦理现象。其实学术类著作就可以用这样的方法去阅读：理解作品中的概念、学习作者是怎么把概念论证出来的，并用生活中的例子去理解作者的观点，形成自己的看法。作家、作品、生活、读者，这就是文学活动的四大要素。

五、作业

你怎么看待差序格局？它对社会产生了什么影响？请写下你的看法，字数400字左右。

附：板书设计

层次		特点	论证方法
		乡土社会	
群己界限		范围可伸缩	比喻、对比、举例（生活）
群己关系	譬喻	自我主义　差等次序	比喻、举例（典籍）
道德特点		私人道德	比喻、对比、举例（典籍）

《乡土中国》综合提升课

一、教学目标

（1）在学生通读整本书的基础上，以小组为单位，选择自己感兴趣的内容进行探究，在探究中以中西比较的视域，把握20世纪40年代乡土中国的独特体系。

（2）理性剖析中西方社会结构、家族结构及管理秩序的优劣，学会在批判中继承和发扬中西方文化。

（3）通过查阅资料，关注现实等方式，以今昔比较的视域审视今日乡土中国在文化传承、社会结构、家族结构及管理秩序等方面的变化，理性分析这些变化的原因和影响，尝试对当下相关社会现状提出建设性意见。

二、教学过程

问题1：同学们，这段时间我们读了费孝通先生的《乡土中国》一书，那么，什么是乡土中国呢？

明确：这里讲的乡土中国，并不是具体的中国社会的素描，而是包含在具体的中国基层传统社会里的一种特具的体系，支配着社会生活的各个方面。我们来看这个体系图，费孝通先生讲到了乡土中国中乡土特色、文字下乡、差序结构、家族结构、礼治秩序等方方面面，全方位地为我们建立了一整套20世纪40年代乡土中国的社会体系。

问题2：我们为什么要读《乡土中国》呢？

明确：我们应关注到费孝通先生在《乡土中国》中的三句具有全局性的话：

（1）我借"乡村社会学"这讲台来追究中国乡村社会的特点。尝试回答我自己提出的"作为中国基层社会的乡土社会究竟是个什么样的社会"这个问题。（中西方的比较眼光）

（2）作为社会的成员必须清醒地自觉地看到社会结构的不断变化，尽管有时较慢较微，有时较快和较为激烈。处在社会结构中的个人，应当承认有其主动性。个人的行为既要能符合社会身份一时的要求，还得善于适应演变的形势。（今昔的比较眼光）

（3）我早年自己提出的学习要求是了解中国人是怎样生活的，了解的目的是在改善中国人的生活。为此我选择了社会学。（建设性的意见）

我们读这本书，首先要在中西方比较的视域下把握乡土社会的特点，其次要在今昔比较的视域下认识到社会结构的变化，主动地适应社会的变化，同时尝试为当今社会的种种问题提出建设性意见。这段时间，我们同学就在中西方和今昔的双重对比视域中对《乡土中国》的乡土本色、文字下乡、差序结构、家族结构、礼治秩序进行了探究性学习，下面我们就有请这几个小组来汇报他们的成果。

三、小组探究汇报交流

1. 乡土本色组汇报

（1）乡土社会的特点。

（2）乡土社会的特点与其他社会结构、现象等的关系。

2. 文字下乡组汇报

（1）费孝通先生为什么认为乡土社会不需要文字？

（2）你是否同意费孝通先生的观点？

（3）当今社会是否需要文字下乡？

明确：费孝通先生曾说，只有当中国乡土的基层性质发生了变化，文字才能下乡。现在，中国乡土社会的基层已经发生了变化，不再是不流动的定居性，也不再是孤立和隔膜，但是，文字却仍然没能下乡。城镇经济发展的冲击使大部分农民都涌向了城市，乡村成为空心村，不仅没有了过去熟人社会的信任淳朴，甚至变成了荒芜的空巢。这种现象不能不引起我们的反思。乡村之所以被遗弃，是因为这里没有人们所能追求到的丰富物质及精神生活，农民自己在这里都无法产生精神皈依。可以说这和农村缺少文字、缺少文化密不可分。费孝通先生自己也曾说，他早期忽视了人在社会中的主动性。如果人类的发展只是随社会变迁而被动适应，那么乡村只能被遗弃。等有一天造成了恶劣的后果，我们都没有农业作为坚强的后盾，人们才来回归。但人的可贵之处就在于具有发现问题、改变现状的主动性。党的十九大提出"乡村振兴战略"，提出以"产业兴旺、生态宜居、乡风文明、治理有效、生活富裕"为总要求，对新农村进行建设。这一切都离不开文字下乡！

3. 差序格局小组汇报

（1）差序格局和团体格局的对比。

（2）差序格局和团体格局的优劣。

（3）当今中国的社会格局及需要的改革。

明确：上海大学社会学院教授肖瑛认为，现在的中国出现了"新差序格局"。这种"差序格局"一方面继承了传统差序格局的结合模式，包括以人格作为交易砝码的人身依附关系；另一方面由于市场经济把"逐利"动机和行动正当化，差序格局又变得纯粹的工具主义化，其中隐含的"自我主义"，从费孝通语境下的以集体为单位的"自我主义"，滑向完全的以"个体"为单位的"自我主义"，人们参与其中的终极目的不是社会资本本身，而是通过最大限度扩展社会资本，为满足私人物质欲望和获取权力资本创造最为便利的条件。从这个角度看，这种差序格局不再是把人禁锢在某个具体共同体中难以逃脱的"伦常"，而是蜕变成高度理性化和工具化的利益和权力获取机制，因此可以命名为"新差序格局"。

这种新差序格局的存在不得不引起我们的警醒，我们中国要发展，必须建立公正公平的机制，保证每个人的权利，这就需要真正地吸取西方团体格局中的精髓。同时，我们又应发扬传统差序格局中的优点，比如由差序格局而诞生的道德体系，以修身为本。再上一层，应该由己推到众人，推到天下。如孔子的"仁"之思想，由己之修身，到己欲立而利人，己欲达而达人，再到为政以德的天下。这才是中国真正需要的新差序格局。

4. 家族结构小组汇报

（1）中西方家庭结构图解读。

（2）中西方家庭结构对比及优劣分析。

（3）今昔家庭结构变化分析及思考。

明确：中国家庭结构的变化令人震撼，从氏族式的大家族发展成为微型家庭，中国的变化可谓翻天覆地。我们既应该为我们今天能够不为传统家庭观念束缚，获得更多自由发展空间而庆幸，同时又应该为当今中国家庭发展现状而忧虑。家的不稳定就是社会的不稳定，老幼无敬养更让人感伤，中国传统家庭的天伦之乐我们并不希望它会消逝。国家也认识到了这一点，所以在2015年推出了放开二胎，我们要看到任何政策的背后，其实蕴涵着对社会发展的调整和人道主义的关怀。这就是人类的主观能动性。

5. 礼治秩序小组汇报

（1）何为礼治？乡土社会为什么是礼治社会？

（2）礼治与法治的区别及优劣。

（3）当今乡土中国是否需要礼治？需要怎样的礼治？

明确：礼治在《乡土中国》中更多被理解为对传统的服膺，它自身也有许多弊端。所以，新的时代，需要我们吸取传统思想的精髓，构建新的礼治秩序。从个人到家庭，再到社会责任，最后到国家担当，复旦大学历史系教授姜义华提出的礼所凸显的责任伦理的四个层次就非常值得我们学习与继承。我也希望，有一天同学们能够为中国的发展提出自己深刻的有建设性的意见！

四、课堂小结

让我们再回到为何读《乡土中国》这个问题上来。读《乡土中国》，是要我们在中西方比较的眼光中把握20世纪40年代中国乡村社会的特点，了解中国的历史；在今昔比较的眼光中自觉看到社会结构的不断变化，以其主动性适应社会发展。了解并适应中国的当下，了解中国人是怎样生活的，致力于改善中国人的生活，为社会的发展尽自己的一份力。这是我们每一个学生和中国人的责任！

《茶馆》

《茶馆》整本书阅读——爱恨分明，悲喜交织

一、书本分析

老舍先生的《茶馆》，以旧北京城中的一个大茶馆——裕泰茶馆的兴衰为背景，通过茶馆及各类人物变迁的描写，反映了清末、民国初年军阀混战、抗战胜利后国民党统治三个不同时代的近50年的社会画面，诅咒了这三个黑暗年代，宣告了旧中国必将走向灭亡。

全书共三幕。第一幕写清朝末年的社会生活。正是戊戌变法失败之后，裕泰茶馆生意兴隆，三教九流都把这里作为一个相互交流的场所。然而大清王朝却已到了它的末日。透过表面繁荣、热闹的茶馆，我们看到了清末社会满目疮痍的末日来临的现实。第二幕，写的是民国初年军阀混战时期，这时的裕泰茶馆渐趋衰落。清朝灭亡了，但是中国依旧在黑暗中。处于社会最底层的劳动群众，已经通过自己的切身经验，感到中国上层统治形式的更替并未使社会发生任何本质的变化，并不曾埋没社会固有的任何不合理的现象。第三幕写抗战胜利之后，国民党统治时期的生活面貌。这时的裕泰茶馆已经破烂不堪，主人的改良无法自救，正直的人都陷入无法自拔的困境，能够办一二百桌满汉全席的名厨师，落得在监狱里蒸窝窝头，因为"现今就是狱里人多"，恶势力却异常活跃，横行霸道。结果是茶馆被霸占，王利发自杀。

二、教学目标

（1）结合话剧的艺术特征和《茶馆》自身独特的结构、内容和艺术特点。

（2）梳理整本书内容，探讨王利发、常四爷等剧中人物的悲剧命运，感受人物生活的变迁。

（3）通过片段阅读感受作者的语言特色。

（4）辩证思考社会的变迁中清末民族危机和社会危机、探究戏剧的主题等。

《茶馆》整体推介课

一、教学目标

全面走进《茶馆》剧本，将课堂还给学生，提供充分的舞台让学生展示初期阅读成果，体悟剧本的艺术风格、人物的刻画、时代的转换。

二、教学过程

整体感知

活动一：《茶馆》阅读手册

制作要求：学生按照篇幕围绕人物、情节、环境梳理主要内容。做到图文并茂，加入插图、剧照、漫画等多种样式。

活动二：《人物履历表》

制作要求：学生针对主要人物，制作并完成如下表格。（如表8）

表8　人物履历表

姓名		性别		
民族		籍贯		
职业		语言能力		
个人技能				
社会实践				
清朝末年				
民国初年				
抗战后（国民党统治时期）				
自我评价				

（1）问：《茶馆》第一幕，被曹禺称誉为"古今中外剧作中罕见的第一幕"。为什么说《茶馆》的第一幕是"罕见的第一幕"？

明确：我们可以从作者的"大茶馆小社会"的构思中悟出几分道理。茶馆是个三教九流的聚会处，可容纳各色人物。这样就出现了两个在世界戏剧史上罕见的情形：

一是人物众多。在《茶馆》第一幕里，光是有台词的人物就有22个；

二是人物杂陈。在《茶馆》第一幕里，社会身份殊异的人物——上至在宫廷内当太监总管的权力人物、吃洋教的小恶霸，下至卖耳挖勺的老人、卖亲生女儿的穷人——同处一个舞台空间。而更不同凡响的是，所有这些人物都被剧作者描写得面目分明，让人难忘，从整体上呈现出了一幅时代的色彩斑驳的图案。

（2）问：剧本在结构上有什么特色？

明确：《茶馆》三幕戏，截取了三个旧中国反动时代的横断面。第一幕是戊戌政变失败之后的清朝末年；第二幕是袁世凯死后的军阀混战时代；第三幕是抗战胜利后国民党反动统治行将崩溃的时期。其目的不是写这些历史事件本身，而是着重反映在这些历史事件发生之后，中国社会生活和群众心理中引起的波澜。

《茶馆》在结构上的另一创新，是没有沿用以"一人一事"为情节发展主线的传统戏剧结构法，它没有贯串全剧的主要戏剧情节，而是巧妙地借助茶馆这个平台，用一张张人物速写汇合成一幅幅社会剪影，构建成一个个戏剧片段，用这些茶馆里各色人物个人生活上的变迁，反映社会的变迁。

《茶馆》用的是一种典型的人像展览式的戏剧结构，它展示了70多个形形色色的人物的生活风貌和性格特点，揭示了社会的一角。它没有突出的主人公，也没有共同一致的行动。每个人都带有自己的过去，成为一条独立的故事线。又在"葬送三个时代"的主题制约下，产生了相互之间的内在联系，从而构成了"形散而神不散"的独特而又完整的艺术结构。

《茶馆》细部鉴赏课

一、教学目标

（1）分类梳理人物形象，深入感悟戏剧借助人物语言塑造个性的艺术手法。

（2）理解老舍文学中的"京味儿"元素，初步认识老舍先生。

二、教学过程

1. 导入

说到戏剧，作为一种文学样式，它和叙事文学一样，都是把塑造人物作为艺术追求的目标和创作的首要任务，许多经典作品总是和经典人物紧密联系在一起。因为"人物是一切好戏的根源"。曹禺先生就历来重视人物形象的塑造，他说："我看戏，读文艺作品，我们注目的是人，人是最重要的。"

2."小人物"的众生相

每一时代中，"小人物"所占的比重都是最大，他们身居社会底层，是社会变迁的"晴雨表"，没有惊天伟业，也无动地之举，那么如何将众多市井小人物写活，就足见功力。

（1）按照作者的民族情感，即对国家、民族的态度，可以将人物分为哪几类？

（预设：正面人物和反面人物；可怜之人和可恨之人；好人和坏人等）

无辜民众：王利发、常四爷、秦仲义等。

恶势力：老小宋恩子、老小唐铁嘴、老小刘麻子、吴祥子等。

（2）作者当年创作《茶馆》时曾感叹，特别羡慕曹雪芹"一句话刻画人物"的语言功力，实际上，他的语言创作也实现了对人物的成全和对自己的成就。请你找一找以下几个人物的"一句话"，尝试品味并解读。

举例：

①王利发："您……"

明确：和"你"的最大区别就在于，"您"是尊称，它在王掌柜的语言中出现57次之多，一方面可见其人以礼待人，客气谦恭；而另一方面也足见其在夹缝中求生存的生活状态，勤奋劳作小心谨慎精明自持，他盼安宁，怕纷争，作为一个城市小商人，他爱家人爱工作，勤勤恳恳，但是最终仍然难逃"被逼死"。

②常四爷："！""？"

明确：最初是和松二爷一同在第一幕中露脸，一个"雄赳赳"，一个"文绉绉"，决定了两人将以对比形式呈现。语言之中，常是"凭力气挣饭吃，我的身上更有劲儿了，什么时候洋人敢再动兵，我姓常的还准备跟他们打打呢！"一语道出中国人的豪气干云。一辈子敢作敢为，敢打敢拼，心存善念，爱国爱家，彰显了可贵的民族精神。

尤其在人物语气上，大量使用"！"和"？"，其使用量分别达到56次和19次，因此，他就是典型的富有强烈民族情感的热血男儿形象。

③秦仲义："实业救国"

明确：这是剧本中极为"别致"的小人物，穿着讲究、满面春风、志得意满，早年对常四爷的施舍之举不以为然，但是后来伴随民族资本主义受到的冲击，"他老的不像样子了"，身心俱疲，事业、理想、心灵走向毁灭。

④宋恩子类："有奶便是娘"

明确：他们这一类人身上有明显的民族劣根性，处于被压迫被损害的位置，但是始终未曾觉醒，将自身价值的实现建立在压迫同样的被损害者价值之上。他们没有道德准则，一切以活下去为由，只要求得生存，一切价值和底线皆可放弃。

3. "王利发"的特写镜头

情景设计：姜文老师将要拍摄《茶馆》作品，选定了"王利发"这一角色，目前正在研读剧本剖析人物，希望你能给他一些建议。

（1）剧本中的王掌柜贯穿三幕剧，他是情节的牵引者，还是茶馆历史的见证者，更是晦暗近代史的叙说者，请你全面分析这是个圆形人物还是扁平人物（究竟是好人还是坏人）？

明确：人生哲学是"多说好话，多请安，讨人人的喜欢"，真正的"来的都是客，全凭一张嘴"，图的是挣钱安家，安居乐业。这是普通民众的生存权利，但在腐败的年代里，生存就是问题。于是，"莫谈国事"的字条越写越大；学会"改良"；招起了"女招待"……他绞尽脑汁维护自己的一亩三分地，但是他的委曲求全任人宰割，并不能改变覆亡的命运。"这路事儿太多""谁也干不了！"因为利益，当初在收留康顺子的问题上他有犹豫，但是最后还是留下了他们，并有很好的相处。说到底，在当时的环境下，他作为商人有自己的利益追求，作为路人有放弃也有追随，所以，他是个圆形人物。

（2）2004年，《茶馆》在台湾上演时，著名学者许博允认为，"从《茶馆》里走出来的王利发，也是老舍自己，那些忧国忧民却又说不出口的小民，怎么生怎么死"，对于这一观点，你有怎样的认识和评价？

明确：王利发的生命轨迹：对生活、事业、理想、国家的追求，在夹缝中求生存，但是时代抛弃了他，他走向覆灭。老舍的生命轨迹：自沉太平湖，"这是在一生的理想幻灭之后，再也无路可走的选择，不是悲惨而是悲壮，一如《茶馆》这一出戏里大掌柜王利发，早已心死，选择上吊身亡，不是解脱逃避，而是洒脱与嘲讽"。（选自亮轩《莫谈国事看茶馆》上）

4. "老北京"的风情画

"一个大茶馆就是一个小社会"，我们可以从这些饱含民族文化深层意蕴的风物民情清晰地透视出京味文化的诸多特征。接下来，我们在文字中走一走、看一看，先生的京文化是如何呈现的？

明确：重理性，讲秩序。（言谈举止，风貌行状。称呼"某某爷"；相互请安；规矩"秩序"，第一幕中，善扑营的二德子欲对常四爷动手，吃洋教的马五爷立马让二德子威风扫地。）

讲体面，求排场。（松二爷始终提着鸟笼；刘麻子和老林的"一条裤子"交情。）

悠闲舒缓的生活方式，精巧的生活艺术。（"玩"鸟喝茶斗蟋蟀；捣鼓小玩意儿；语音上的"儿化"，也是生活舒缓的外在表现。）

三、作业

继续研读《茶馆》，进一步走进老舍的精神世界。

《茶馆》综合提升课

一、教学目标

（1）以"茶馆"取景的变迁为线索，研读剧本呈现的三段历史，体会做出这一选择的原因。

（2）进一步读懂作者的创作意图。

二、教学过程

1. 茶馆大舞台的转换

作品时间跨度50年，出场人物70多个，以类似绘画"浚染法"的方式，将人物由壮年写到老年，上一代写到下一代，但"茶馆"仍是他们所有活动和故事的大舞台。那么三段历史中，这一舞台是否也在演绎物换星移？请大家跟随时间的脚步，翻阅文本，搜寻茶馆的历史变迁。

第一幕：古朴

第二幕：新式

"硕果仅存"；一律是小桌和藤椅；外国的广告画；使用女招待。

（在物欲横流的社会现实面前，传统文化在一步步衰落。）

第三幕：简陋

茶馆被征用。

特别关注明师傅和邹福远：两人拥有传统绝活，一个能做满汉全席，一个能吹拉弹唱各式小曲，但是取而代之的是蒸窝头和流行歌曲。

方六的对话，传统绘画无人欣赏。

（西方文明的入侵，对传统文化是巨大的冲击，老舍表达了自己对民族文化消失的悲情，以及对资本主义物质文明和道德观念的批判和抗拒，对民间文化价值的维护，对现代教育和知识危机的反思。）

2. "茶钱先付""莫谈国事"

伴随茶馆设施更新和场面的萎缩，这两个告示牌从一而终，并越来越大，有什么样的理解？

明确："茶钱先付"的告示，表明茶馆收入入不敷出，也暗示整个社会经济的衰退，作为"硕果仅存"的大茶馆，它的一举一动都是社会的脉冲律动。"莫谈国事"本是王掌柜求安宁保平安的护身法宝，以为只要远离政治，政治便不会影响甚至决定个人生活，但殊不知，动荡的年代里，人是政治的鱼肉。而且，二者之间是一种相互影响的关系。

三、历史长镜头的推进

梳理三段历史的不同社会特点：

明确：第一幕着重描写大清王朝行将崩毁前的社会场景（"一只鸽子"的闹剧；卖女求存；常四爷被捕；太监买妻；秦二爷立志开厂），体现清朝末年封建腐朽的社会现实，同时也体现一部分人在没落时代的善念未泯。

第二幕描写北洋军阀割据时期的社会情况。（唐铁嘴生意更好；宋、吴合买老婆等情节）。伴随着清朝灭亡，社会有了改良思想，但是结果并不乐观，封建余温犹存，改良并不彻底，"越改越凉"。百姓对社会的期望越来越小，生活在恐慌中。

第三幕着重描写抗战后期，国民党统治下的社会状况（"莫谈国事"的字条越来越多，字越来越大；二德子、唐铁嘴如鱼得水；王、松、常难以生存走向死亡；康顺子母子走出困境等）。人们好不容易摆脱亡国奴的生活，反倒一头栽进空前黑暗的现实，朴实简单的中国人走到了命运的尽头，连优秀的传统文化也难逃被断送的危机。

四、合作讨论

"我爱咱们的国呀，可是谁爱我呢？"引导学生讨论这句话的内涵：爱国的信念和国家衰落的现实。

追问：

（1）常四爷爱的是谁的国？大清国？民国？

（2）老舍写常四爷的意义在哪里？

（3）这样的"天问"传递怎样的信息？

五、深入探究

北京人民艺术剧院演出的《茶馆》有两个版本，一个版本把戏结尾在王利发准备上吊自尽，另一个版本照老舍原作结尾在沈处长的两声"好（蒿）！"上。你们更愿意接受哪一个演出版本的结尾？理由是什么？

这两个结尾各有千秋。把戏结尾在王利发准备上吊自尽上，可以把戏的悲剧色彩渲染得更浓烈。把戏结尾在沈处长的两声"好（蒿）！"上，则有利于强调这个戏的悲喜剧风格。

六、总结

老舍个人简介：（略）。

提示：满族人，北京人，出身于下层穷苦市民阶层，是营造起老舍后来较为"辉煌的艺术文化殿堂"的三个"最初的社会人文支点"。这是关纪新先生在《老舍评传》中对老舍创作原动力的解释。

七、作业

在《茶馆》阅读中，你有多少收获和理解，作品究竟有怎样的主题，你读到文化的老舍还是政治的老舍，请以"评传"或者"论文"的形式写一篇文章，谈谈你对"老舍"的认识。

第四章

基于大观念的整本书阅读教学中
文本解读的能力培养

整本书阅读教学中文本解读能力的重要性

  语文教学是教师用语言来唤醒学生的言语的灵性和天赋，将那些美丽的言语感觉智慧地传递给学生。阅读教学是语文教学的核心环节之一，其本质是一个对话的过程，是学生与老师的对话，也是学生与作者的对话。解读文本不但是理解文章的基础，也是老师引导学生进行阅读的重要方法。所谓的解读文本指的是对文本进行分析，解读文学作品，提升理解文学的能力，实现心灵审美体验的交融与碰撞。这种方法对于当今文学批评和教学法都有着深远的影响。

  在整本书阅读教学的过程中，教师和学生文本解读能力显得尤其重要。整本书阅读的历史由来已久，但为什么在实践的过程中没有始终延续？除了考试的导向外，最主要的还是因为整本书阅读需要的时间长，学生的阅读能力有限，教师教学时间和精力也得不到保证，所以整本书阅读很容易落入假大空的形式主义。学生没有原生态的阅读，没有老师的有效指导，只是临时从网上或其他资料上截取只言片语搪塞作业和检查。要想从根本上解决这个问题，就要培养学生文本解读的能力。只有文本解读能力增强，学生才能品出乐趣，发现妙处，从而拥有阅读整本书的动力。另外，文本解读的过程，必然要深入到语言的细部，赏析语言的魅力，这与考试中阅读素养的培养是一致的，师生都愿意花时间培养解读文本的能力。所以要想把整本书阅读教学落到实处，师生必须在文本解读上下功夫。

文本解读现象面面观

正确、深刻、全面解读文本的能力是语文教师必备的专业素养，是进行教学设计的前提条件之一。没有富有创意的文本解读，就不可能有创造性的教学设计。

文本解读是读者通过阅读从文本中获取和解释意义的过程。优秀的文本内涵含蓄而丰富，这就使得文本的意义具有不确定性。不同的时代、不同的读者阅读同一个文本，会读出不同的意义。

曹明海在《理解与建构：语文阅读活动论》中说："一部伟大的作品的伟大性在于：这个文本原点，在历史长河中具有意义生发的无穷的可能性，在自己身处的历史语境中，总是能够从这部作品中获取对自己当下生活新的领悟。"

文本解读是有层次性的，具体表现为文本价值的多层次性，作者思想的多层次性，文本解读的空间性，文本内涵的可拓展性，文本的语言层面、语意层面、思想层面与文化层面……

文本解读有多种类型，如教参式解读、学院派解读、时尚式解读、个性化解读、认知性解读、建构性解读、颠覆性解读等。

当下文本解读现状不容乐观，出现了以下解读现象：①非文本解读现象。《教参》或者他人（网络）对文本的解读等于教师为教学做的文本解读？一本《教参》或一个网络打天下，难以适应今天教育的要求。教师本来就应该是思想者，非文本解读直接消解了教师的专业性。②浅阅读现象。阅读只是"走过文本"而不是"走进文本"。③泛概念化解读。即用某种思维定式去观照文本（背景、创作意图、思想道德等等）。④泛政治化解读。例如对鲁迅作品的解读长期被政治的强力光环所笼罩，阐释的话语都禁锢在同一个模式里：反封建科举制度、反封建礼教、反封建教育制度、专制制度；批判辛亥革命的不彻底性、批判知识分子的自私软弱、批判国民的劣根性；揭露帝国主义的侵略行径、揭露国民党政府的卖国罪行、揭露反动的帮闲文人的丑恶嘴脸……⑤时尚化解读。这种解读一方面体现文本解读的时代性，同时有可能追随潮流，一味求新。例如课例《项链》："一曲爱情的赞歌——《项链》主旨新探"（《语文月刊》）就属于为了求新而求新的解读方式，实际上经不起文本的细致推敲。⑥功利化解读。阅读纯粹为了应试教育，阅读就是为了命题，阅读何来乐趣，又何来吸引力？

文本解读与教学设计

　　文本解读不等于教材解读，不等于文本的教学解读，文本解读不会自动生成为教学设计。

　　教师解读文本可以凭借自己的文化积淀、知识背景、文学鉴赏水平而思接千载，神游万里，读出颖悟与创见。这有利于我们站在一个比较宏观的视野去审视文本，为教学设计打下深阔的基础。文本解读可以也应该是多元而独特、丰富而深刻的，但教师不可能把自己解读的丰厚内容都纳入实际的教学设计之中。

　　教学的深度取决于教师个人对课文理解的深度，但教学的创造性与有效性更要取决于教师研读课文的一双慧眼。因此，文本解读还必须还原为文本的教学解读，对文本价值进行二度开发与创新，或者说把文本的"原生价值"转换、生成为"教学价值"。

　　教师把解读文本所感所悟有效地转化、生成符合学生实际需要的问题与语文训练活动，设计以学生的"学"为基点的教学活动，充分考虑文本的教学价值，它对于学生情感熏染、人格提升和语文能力培养有独特作用。

　　文本解读不能离开学生的参与，阅读是学生的个性化行为，不应以教师的分析来代替学生的阅读实践。教师可以对文本做以下处理：

　　（1）取舍与鉴选。需要取舍与鉴别、比较与选择，需要教师对文本解读作教材化、教学化处理，对其进行梳理、重构、整合，再通过恰当的方式加以呈现。

　　（2）整合与重构。教师把解读文本的所得进行分类、归纳、去粗取精，并从教学内容整体的视域（指言语形式与言语内容）和学生的实际需求来考虑教学设计，对教学内容进行重构与整合，形成教学组块，融人文性熏染与工具性价值于一体，言意兼得。

以人教版必修一第一单元为例：

方法一：

单文本教学	
篇目	重点
《沁园春·长沙》	词境与胸境
《雨巷》	感受诗人情感
《再别康桥》	诗歌的意境
《大堰河，我的保姆》	诗歌句式之于情感传达的作用

方法二：

组合性教学	
	教学重点。
	指导学生如何读出感情，如何读出气势，如何读出内蕴，如何读出品位。
	从古典诗歌中的意象谈到现代诗人笔下对意象的运用，比较意象运用的不同。
	探讨诗歌时空意识。

文本解读的原则

我们所谈的文本解读是对语义学中文本细读概念的一种活用，在文学批评的语境下，文本解读作为一种作品的研究方法，目的是为文学批评服务。而到了课程教学的语境下，文本解读是以阅读教学为对象，它指的是详尽的分析文本中的语言和结构要素。

阅读教学中文本细读应当"从阅读出发，以理解文本为目的，享受阅读过程"为宗旨，在这一语境下，阅读教学中文本解读具有了自己的原则。

1. 提升思维品质

解读《孔雀东南飞》，常规的教学习惯谈焦仲卿和刘兰芝悲剧的社会原因，探讨焦母逐媳的原因以及刘兰芝究竟为何离开焦家等问题。我以为从学生精神成长的角度，过于艰深地去了解作品背后的历史文化的原因，不如从审美的角度和生命的意义入手，着力体会在刘兰芝形象上体现的精神生命的觉醒和独立意识，并进而理解在人类生命意识中对生和美执着追求的同时所产生的对死亡的超越意识。

2. 厘清文本类型

不同体裁的文本有不同的特点，因此在解读时也有不同的侧重点。品味诗歌主要从意象、意境和情感着手，这是对诗歌本身的细读，而运用比较法可以对诗歌进行更进一步的探索。鉴赏小说仅停留在关注故事情节的层面显然是不够的。作者在创作小说作品时会将无尽的深意隐藏于留白之中，等待读者去发掘，以有限的文本展现无限的遐思。散文是一种抒发作者真情实感、写作方式灵活的文学体裁。在解读散文时，最重要的就是从看似散乱的文字中找出文章意脉，体会作者想表达的真情实感。"无冲突，不戏剧"。所以，冲突越尖锐越激烈，作品的戏剧性就越强。因此，解读剧本最重要的是将眼光集中于矛盾冲突处，用矛盾分析法挖掘戏剧冲突。

3. 瞄准教学目标

以《夜归鹿门歌》教学内容的处理（《中学语文教学》2010年第5期）为例。"我想借助《夜归鹿门歌》了解孟浩然其诗其人，也可以说从其身世入手来更深入地理解其诗。""对《夜归鹿门歌》的学习，我的教学指导思想，就是在感悟和鉴赏的基础上，重点引导学生探究诗人在诗中表达的思想，进而对孟浩然其人有一个比较正确的认识；换句话说，这节课主要是用知人论世的方法来引导学生鉴赏孟浩然其诗其人的。"有了明确的教学目标，教学内容的处理才会有理有据，从容自如。

4. 提升语言悟性

以《大堰河，我的保姆》为例，当我们对"抱"和"抚摸"的理解，放在整体语言环境中，就会明白大堰河无论在干什么事，都不忘去抱我、抚摸我，细腻深沉的母爱就种在了我的心里，也在我的温暖的回忆中。学生的语言悟性就是在这样巧妙的设计和扎实的训练中建构和提升的。（如图8）

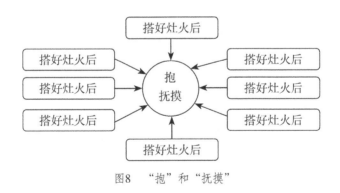

图8 "抱"和"抚摸"

综上可知，语文课程语境下的文本解读具有操作性较强的方法论，教师通过多角度确定细读内容，掌握基本的解读方法以及根据不同的文体选择解读方法等策略，可以在一定程度上解决备课依赖教参和解读文本不深刻等问题。但文本解读并不是阅读教学中的"金科玉律"，它也面临着许多考验：第一，文本解读需要教师具备丰富的知识文化素养，这对一线教师的文本解读能力来说是一个极大的挑战。第二，文本解读要和整本书阅读互为补充、互为印证，在实际教学中，要注重两者的兼顾，使之各展其用，相得益彰。

第 五 章

基于大观念的文本解读教学案例

诗 歌 篇

《阁夜》——悲从中来，不可断绝

《阁夜》教学设计

一、教学目标

（1）在"因声求气"的吟咏中初步体会本诗的感情基调——悲。

（2）抓住意象，品读语言，深刻"悲"的内涵，并用于指导深入的朗读实践。

（3）在深入体味作者情感的基础上，掌握"吟咏诗韵"的方法，进入深层次的朗读体验。

二、教学重点

抓住意象，品读语言，深刻"悲"的内涵。

三、教学难点

掌握"吟咏诗韵"的方法，进入深层次的朗读体验。

四、教学过程

1. 导入

都说，人之将死，其言也善，其实，人之将死，其言也悲。尤其对一个忧国忧民的爱国诗人来说更是如此，甚至说，悲就贯穿了他的一生。这样一位诗人，在他人生的最后几年，他在为谁而悲？

今天，我们学习的《阁夜》将会给出答案。

杜甫一生颠沛流离，安史之乱后，杜甫年老体衰，多病缠身，为了回家，他买了一条船，其实那条船也是他的生命之船，因为他的生命就终结在这条船上。《阁夜》写于766年，是杜甫寓居夔州西阁时所作，三年后，杜甫病死在自己的船上。

"熟读唐诗三百首，不会作诗也会吟"。这节课，我们就以读为纽带来带动理解，做到单元要求的"因声求气，吟咏诗韵"。

2. 正课

（1）一读诗歌，读准字音

学生标注诗歌节奏、韵脚。

景（yǐng）：日光。

霁（jì）：雪止。

过渡：《阁夜》的体裁是七言律诗，格律诗又叫近体诗，"单元导读"告诉我们，在"因声求气"这一层面的朗读要注意的事项：讲究押韵、节奏、对仗。

（2）二读诗歌，读对节奏

阁 夜

杜 甫

岁暮/阴阳/催/短景，天涯/霜雪/霁/寒宵。

五更/鼓角/声/悲壮，三峡/星河/影/动摇。

野哭/千家/闻/战伐，夷歌/数处/起/渔樵。

卧龙/跃马/终/黄土，人事/音书/漫/寂寥。

压ao韵，偶句押韵，韵脚为"宵""摇""樵""寥"。

（3）三读诗歌读出情韵

①说说本诗的感情基调。

明确：悲。

②深入赏析。

A. 师生合作完成首联的赏析。

问题：诗人在首联悲什么？你是怎么读出来的？你认为该怎么朗读，才能读出情感来？

明确：悲身世遭遇。

"岁暮"即年末，交代时间转眼一年将近，感慨韶光易逝，有人到暮年的沧桑感。

"催"白天的时间越来越短，夜长昼短，转眼一年，岁月逼人。

"天涯"即夔州，有客居他乡的飘零感。

"霜雪"和"霁""寒"呼应，下雪不寒雪后寒，冰寒到极点，既指天气，也指内心。可以说，对于贫病交加、漂泊天涯的杜甫来说，心境的凄寒也和这个冰天雪地的寒宵融为一体了。

"宵"后面都是诗人夜里所见所闻所感，证明夜不能寐，可见忧心之重。

（4）指导朗读

首联描绘冬景，有萧瑟清冷之感，整体上应读得平缓。

重点字：催（重音，声音短促，才能读出焦虑凄苦之意）

天涯（声音延长，读出自伤漂泊的凄寒之意）

寒（重音，声音相对延长一点，才能读出弥漫在整个心中的寒意）

过渡：诗人在首联交代了时间、地点和所处的环境。那么诗人夜不能寐，他看到了什么？听到了什么？又想到了什么呢？

B. 学生自主合作学习后三联。（四分钟，前后四位同学共同讨论，一人记录，一人作为代表发言）

（5）问题预设

①"五更"的含义和作用？

"五更"应是凌晨三点到五点，这个时间词的作用是引起下文：领起下面的所见所闻，天还没亮，就传来了军营中催命的鼓角声，荒野中此起彼伏的哀号声和打鱼砍柴人的歌声；此时天上的星河壮观无比，映照于江面，因湍急的江流而呈现摇曳不定的图像。说明诗人彻夜难眠。

②诗人在欣赏三峡壮美的景观吗？

A. 天上星河虽然壮观无比，但映照于江面时，因湍急的江流而破碎、摇曳不定的景象，这与当时的时局有些相似。

B.《汉书·天文志》里汉武帝问星相的事情（星辰摇动，民劳之应）。

《史记正义》里有关星相的注解（①星动摇，衅起宫掖；②动摇，则斧钺用；③动摇，则兵起也）。

C. 以上表明，诗人杜甫此处的描写不能仅看成是一种纯客观的写景，而是有社会动荡不安的映射；更不能看成诗人在欣赏风景，而是饱含了对动荡社会的忧虑，诗人对民无宁日之生活的哀愁。颈联的"野哭千家闻战伐，夷歌数处起渔樵"两句不就正是战乱与民劳的真实再现吗？

③"野哭千家"，人们为何而哭？

当时的蜀中，外有吐蕃军队的侵扰，内有崔旰等军阀的混战，战祸绵延多年，人民死伤无数，可谓"白骨露于野，千里无鸡鸣"，也有可能是号角吹响，男子出征，"爷娘妻子走相送，尘埃不见咸阳桥。牵衣顿足拦道哭，哭声直上云霄"。所以战乱中民不聊生，惨不忍睹。有评论说，哭声是弱者在被战争剿灭温情的时代仅有的哀号，读到"野哭千家闻战伐"，仿佛可以看到诗人也流下了揪心的泪水。

④诗人听到"夷歌"是什么感受？

A. 与前面的"星辰摇动，民劳之应"呼应，表达对黎民之苦的同情。

B. 与"天涯"呼应，表明自己的漂泊之感。

C. 诗人早已在"岁暮"里品尝到了自己暮年的滋味，"天涯"的"霜雪"一片静默，几乎要冻住诗人沸腾的热血。"五更"的"鼓角"，"千家"的"野哭"早已让诗人悲痛不已，再听到稀落的劳作的夷歌响起，就更增添了诗人内心的孤独和忧虑。

3. 尾联表达了诗人怎样的感情？

此时国家动乱，民不聊生，诗人好友去世，亲朋疏远，内心寂寞苦闷。而当诗人极目远眺夔州西郊的武侯庙和白帝庙时，又引起了无限感慨：卧龙先生神机妙算，一世英名；跃马称帝的公孙述叱咤风云，一代枭雄。这些成就自己千秋功业的人最终都逃避不了一抔黄土的归宿，今日你争我战的各路人马也终将淡出历史舞台。表达了诗人对人生无常的感慨和思索，思索之后是自我安慰，相比之下，自己那点寂寞和忧愁，又算什么呢？

4. 诗人在自我安慰中解脱了吗?

没有,诗人精神上陷入了更深的苦闷。

A. 谁都战胜不了时间。那些争权夺利的权势们,那些成就千秋功业的大人们,你们终将成为历史的尘土。那么诗人曾经"会当凌绝顶,一览众山小"的志向,又将安置何处呢?恐怕也都淹没于时间吧!

B. 认识到自身的渺小,感到无能为力,无可奈何。

当然这种无能为力的出发点不是为一己之私、一己之利、一己之情,而是责任和使命没有完成的无力感。什么责任?"安得广厦千万间,大庇天下寒士俱欢颜,风雨不动安如山。"

杜甫后期的很多作品中都流露出这种孤独感、渺小感、无能为力感。

《旅夜书怀》写于765年,"飘飘何所似,天地一沙鸥",杜甫自喻沙鸥,在天地间孤独无依,四处飘零,看似自由,实则凄苦。

《登高》写于767年,"无边落木萧萧下,不尽长江滚滚来",在广阔的境界中,我们看到的是多病缠身,独自登高的老者。

《登岳阳楼》写于768年,"吴楚东南坼,乾坤日夜浮",日月不分昼夜在湖中沉浮,洞庭湖如此壮观,我们看到的是"凭轩涕泗流"的老者,是老泪纵横、无能为力的杜甫。

C. 所以说,诗人在自我安慰的努力中,陷入了更深层次的家国之忧,人生之悲中。

幻灯片出示"朗读指导"。

朗读指导:

颔联悲国家,写夜中所闻悲壮之声,诵读时也应引吭高歌。

重点字:鼓角　悲壮　星河　动摇

悲壮(重音,开口度大,才能读出驻军们的悲慨之气)

动摇(重音,两字之间声音相对延长一点,才能读出痛我神州的悲壮之感)

颈联悲百姓,写夜哭、夷歌之凄惨,诵读时应转为悲抑。

重点字:野哭　夷歌　起渔樵

起渔樵(三字之间停顿稍长,才能读出压抑之感)

尾联借先贤,悲人生无常,以自己的寂寥作结,应以悲慨之音读之,使人

"怆然有无穷之思"。

重点字：卧龙　跃马　终　漫寂寥

终（重音，试着读出超脱之感）

漫（重音，声音相对延长，才能读出无能为力的悲痛之感）

5. 四读诗歌进行再创作

学生展示作品，师生共同点评。

老师下水作品，师生共同点评。

（老师小练笔）冬日的夜晚，收藏起最后一丝光亮，天地一片静默。霜雪冻僵了山水，冻僵了夜。

万籁俱寂的夜啊，谁撕裂了你难得的片刻的宁静？是那催命夺魂的号角，冰冷狰狞而无情。江水中的星星也忐忑不安起来，迷离摇曳，每一颗，莫不是一个生命在哭泣残喘？这哭声微微如草，绵绵似风，汇聚着，挣扎着，控诉着，哀怨着，在天地间雾一般弥漫着。揪心的哭声，辛劳的歌声，悲苦的黎民，凄凉的身世，是诗人心中挥之不去的痛。

那些争权夺利、征战不休的大人们啊，炙手可热的权势最终不过是随风而去的尘土，而黎民的生死、人间的温情，都在永恒的时空中显得那么脆弱虚渺。

再创作方法小结：

运用联想，再现诗境

分清层次，勾连比对

多用修辞，渲染氛围

五、总结

读诗四步：

一读诗歌，读准字音

二读诗歌，读对节奏

三读诗歌，读出情韵

四读诗歌，进行再创作

六、作业

继续深入研读《杜甫传》，依据作品梳理其思想轨迹。

附：板书设计

《锦瑟》——迷离之美，朦胧之妙

《锦瑟》教学设计

一、教学设想

《锦瑟》一曲解人难，但是再难，大家探索的热情从没有停止过，就目前来说，有两种主要的解法。一是张中行的模糊解法，取朦胧之意境，不求甚解。一种是具体解法，认定某种主旨，给出合理的依据。具体解法我是尝试过的，取沧海遗珠，卞和泣玉等成语典故，对珠玉的寓意进行挖掘，得出明确的怀才不遇之感，联系颔联的梦想、春心得出自己仕途通达梦想的破灭，再联系首尾联，可得出诗人追思年华，感伤身世这样一个明确的主题。授之以渔之后，再给出其他观点，让学生畅所欲言，做出自己合理的推测。这样的设计很实在，但是经过专家的点拨之后，发现这样教，没有体现这首诗的特点，在教学中有把学生的体验强行引到我的设计中来的嫌疑。考虑再三，采取了张中行的解法，朦胧地理解诗意而不求甚解。基于这个理念，我的设计分为四个板块。因声求气，以读明确基调；缘景明情，以像体会情感；知人论世，以身世揣摩主旨；拓展延伸，以比较来鉴赏朦胧的妙处。这里要特别强调的是，第一点学生体会基本情感的惘然哀怨，并不难，我觉得只停留在这个层面还不够具体深入，根据我的认识，我认为诗人惘然的背后是一种精神之困以及由此产生的对生命价值的怀疑和悲哀，也就是人生之悲。这也是当时那个衰颓没落的时代知识分子典型的悲剧心理。

第二点要强调的是，我主要是以朗读来体悟诗人的情感。但是只是读学生所得还不实在，所以我在后面拓展延伸环节，又增加了对朦胧原因的探讨和对朦胧妙处的认识，目的是让学生由感性认识上升到理性认识，进而能够理解带有朦胧色彩的诗歌的特点和妙处。

二、教学目标

（1）反复吟诵，体悟诗人追思华年怅惘哀怨的悲情。
（2）调动想象，鉴赏本诗迷离的意境。

三、教学重点

调动想象，体会全诗的感情基调和迷离的意境。

四、教学过程

（一）导入
晚唐诗人李商隐有一首诗被称为千古朦胧第一诗，你们猜是哪首诗？聪明！今天我们就来学习这首《锦瑟》。

（二）整体感知，把握基调
学生们齐读，用几个词概括全诗的情感基调。
惘然　哀怨　低沉

（三）细读诗歌，体会悲情
大家都认同本诗基调是惘然、哀怨、低沉的，可是刚才齐读的时候不够低沉哀怨，下面我们来听一听范读。

（1）思考：这首诗的题目是"锦瑟"，全诗的内容是不是围绕锦瑟而写？不是。为什么要以锦瑟为题？①无题，取诗歌前两个字为题。②情感的引发物，也就是我们平时说的诗经六义中起兴的手法，先言它物以引起所咏之物，所咏的是华年。③有相似点。哪些相似点？数量上，五十根，就当年的平均年龄看，诗人也是将近五十岁的老人了。音乐的内容上，五十弦发出的繁复的高低起伏的旋律，正对应了我人生的曲折，难言的心酸。

预设：这里不是托物言志。托物言志手法的举例——千磨万凿出深山，烈火焚烧若等闲。粉身碎骨浑不怕，要留清白在人间。

你能想象当时是一种怎样的场景吗？

瑟的哀伤的声音响起，勾起了一位白发老人的回忆，那一弦一柱诉说的都是情，都是泪。（听瑟的老人）我还可以想是弹瑟的老人，观瑟的老人。

补充：诗歌的语言是有限的，但我们的想象是无限的，读诗需要用想象去补白，去还原。

请你读一读，读出哀怨感伤的情感来。（慢一点，低沉一点）

过渡：首联结束说"思华年"，其实有总括提示的作用，按照常规的写法，后面的内容应该就是华年所经历的具体的人和事，这首诗是不是这样呢？不是。不是具体的人和事，那诗人写的是什么呢？典故，借典故写感受。

（2）赏读中间两联，画出每个典故的核心词或者句眼。

第一个典故，庄生梦蝶，诗人要突出什么？句眼是什么？

① 庄生梦蝶，庄生梦的特点是什么？晓，言梦之短。哪个词是说梦的结果，迷，对物的迷恋，梦后的迷惘。为什么是"迷"呢？

诗人只是在写庄周的梦吗？显然有所寄托，在写自己陷入一种迷惘的境界。华年是指人生中的美好时光。结合前面发的资料，李商隐华年中有哪些美好的回忆？诗人追思这些让人留恋的过往，怎么会陷入迷惘呢？

华年中诗人16岁时凭借两篇文章一鸣惊人过，华年中诗人受到令狐家族和李党重要人物李茂元的赏识，被众星捧月过，华年中有美好的爱情，有情投意合的婚姻。对比眼前的困顿，这些让人留恋的过往，都像一场梦。反过来，如果往昔的记忆是如此深刻真实，那眼前的困顿是不是也像做梦一样？往昔和现实，何为真，何为幻，已经分不清了，难怪诗人迷惘！真是世事漫随流水，换来浮生一梦啊。

找同学读，读出诗人的迷惘困惑茫然。把后面几个字放慢来读。

②下一个典故，"望帝啼鹃"，诗人要突出什么？句眼是什么？

望帝的春心是什么？伤春，伤痛亡国之心。诗人的"春心"是什么？美好的理想和情思。望帝借杜鹃的啼声唱出自己的悲哀。诗人要把自己的情思寄托在哪里呢？寄托于物，锦瑟。寄托于文，这篇诗歌。你的不知道是真实的感受，可能诗人也不知道吧。庄周还能化为杜鹃，死后还能有所寄托，可我什么也没有，这是更深的悲痛。

你能给大家读一读吗？托，重音，因为这背后有着深深的悲戚感。

③ 颔联两个典故大家很清楚了，下面我们再看颈联。刚才大家是用口头说，下面我们来用笔头写。发挥想象，还原颈联两幅优美的画面。老师写第一幅，你们来写第二幅，好不好？

教师示范：我描写画面时，是抓住核心词"泪"，泪的点化使得唯美的画面有了一种凄美感。

示例：月明之夜，藏青色的海面上微风轻拂，传说鲛人坐在一块礁石之上，眼角默默地流下泪水，泪珠变成了珍珠。

下面给大家三分钟来写一写。

预设：我听你的画面着重抓住"烟"这个意象，你为什么这么处理呢？

良玉温润的精气透过泥土，烟雾般升腾在空中。"烟"字很美，但却可望而不可即。当一样东西可望而不可即时，是不是有一种失落和无望的叹息？

你能为大家读一读这一声叹息吗？（叹息很长，甚至伴随着头部动作，哎。你这个轻微摇头的动作正配合着这一声叹息，很形象。）

总结：作者用四个典故形象化地抒发对华年的感受，一生的感受，有迷惘有悲戚，有眼泪有叹息。其中的况味真是一言难尽。

谁能为我们整体读一读中间两联？

（3）在此基础上，尾联自然总结"此情可待成追忆，只是当时已惘然"，此情就是前面所体会的惘然之情，哀怨之情，悲叹之情。我们来读一读。

尾联这两小句，中间用了"只是"连接，在语义上看，前后两小句之间是什么关系？假设？因果？转折？是一个轻微的转折，对前句是补充式的强调。

同学们揣摩一下，"已"字在强调什么？"已""已经"是通过时间跨度呈现出来的，我的这份哀怨惘然之情难道要等到今天回忆才有的吗？其实当时经历就已经很迷茫惘然了。

往昔已经惘然，到现在仍是惘然，突出惘然之情跨度之长。大家大胆猜测一下，有多长？对，一生的惘然。一起来读一读。

除了尾联，看前面比如首联，你认为还有哪个词能够表现出这种惘然之情的特点？

无端：没有缘由，无缘无故。无端怎么读？你读一读。你对锦瑟是什么语气？责怪埋怨。你读出埋怨的语气。锦瑟呀，你的弦为什么偏偏要是五十根，勾起我这个年近五十的老人的伤心事啊，你为什么使我不得安宁呢？怪不怪锦瑟？不怪。是谁无缘无故发邪火，是谁无理？是诗人无理。一个小小的锦瑟都能让诗人无缘无故发邪火。

这种无理的背后我们读出了什么？正因为悲情郁积之深，悲情弥漫之广，所以一个小小的锦瑟都能引发诗人喷薄而出绵绵不断的悲情，我们可以合理地推测，一草一木，一人一事，可能都会成为悲情的触发点吧。剪不断理还乱，是悲情。

尾联读出悲情时间之长，跨度之大，那么首联的"无端"，则让我们读出了悲情的广度和深度。

小结：老师朗读，一起感受诗中深重的悲情。

（四）知人论世，探究悲因

是什么原因让诗人陷入这贯穿一生的无奈无助、无法摆脱的悲哀呢？也就是诗人到底悲什么？请大家结合诗歌内容和诗人的生平，谈谈你的观点。（不要提问理由）大家的观点都有道理。其实学术界对于这个问题的探讨，历来众说纷纭莫衷一是。到目前，关于这篇诗文的主旨说竟然有了四十多种。老师选了几种说法，拿来供你们参考。①歌咏锦瑟诗。②悼念亡妻诗。③感叹怀才不遇诗。④感伤华年逝去诗。⑤自伤身世诗。⑥感慨理想破灭诗。

大家可以课下对李商隐有更深的研究，从而形成自己独立的见解。

悼亡诗：

"春心莫共花争发，一寸相思一寸灰！"向往美好爱情的心愿。

李商隐有一首悼亡诗《房中曲》"归来已不见，锦瑟长于人"。亡妻生前爱弹瑟，物在人亡，睹物生悲。

理想诗：

怀才不遇梦落空——

珠和玉在古典文学中的象征义入手？

明珠暗投	怀玉之才
隋珠弹雀	冰心玉壶
沧海遗珠	卞和泣玉

"珠""玉"喻才华、能力、德行，此处是诗人自比，良玉空有其烟，明珠空有其美，表达自己怀才不遇的感伤。这样说来也是有道理的。

身世诗：

因为时运不济陷党争。渴望在政治上保持中立，可是两代恩主是"牛党"，爱妻、父亲为"牛党"的事实无法改变，"朋党"这根绳索却死死地缠绕着他。并且社会舆论对她的评价是忘恩负义，品行无操，是投机分子，卑鄙小人。所以虽然他的才华为"一时之最"，但是无论"牛""李"两党谁当政，他都没有得到重用，只能依靠投靠藩镇当宾客幕僚来维持生计。

所以，"空负凌云万丈才，一生襟抱未曾开"。

主旨理解的不同，无疑是因为大家对李商隐身世解读的着眼点不同。那么，李商隐一生经历了什么呢？请大家结合课前所发的资料，尽量用四字短语概括一下，诗人都经历了什么？

主观努力	客观结果
	少年失怙
光耀门楣	卷入党争
保持中立	受到误解
倚才立世	怀才不遇

（他的一生只能依靠投靠藩镇当宾客幕僚来维持生计）

美满婚姻	妻子早亡
壮心不死	仕途无望

（40岁左右，在被桂林刺史郑亚任命为昭州代理郡守时，他是准备大干

一场的，他是想实现心中抱负的。可是随着郑亚被贬谪，他的仕途也就很渺茫了。这种心情在他的诗作《即日》中是有记录的。）

少年失怙（渴望光耀门楣）、卷入党争（渴望保持中立）、受到误解、（渴望倚才立世）怀才不遇、（渴望美满的婚姻）妻子早亡：仕途无望、理想落空。

小结：大家从客观的结果来概括他的一生，我们在前面补上他的内心世界，他的主观努力。我们看，少年失怙，又是家中长子，渴望仕途通达光耀门楣，结果却卷入党争，后面一环扣一环。我用双箭头的互相排斥来表示冲突和失败，我们会发现他陷入了一种怎样的困境中？对，他的每一次努力都是失败，每一次渴望都是落空，每一次尝试都是失望。他实在不知道自己做错了什么，这种精神上的困境才是他心底最深的痛。

这种精神之困也必然影响到他的性格和心理。既不满环境的压抑，又无力反抗；既有所追求，又时感空虚幻灭；既为自己的命运哀伤，又对造成悲剧的原因感到惘然，所以人到晚年，想到华年不再，想到华年不华，悲哀、悲痛、悲凉，甚至是绝望。那是更深层面的人生之悲了。这种精神之困以及由此产生的对生命价值的怀疑和悲哀才是惘然背后更深的内涵。这也是当时那个衰颓没落的时代一个知识分子典型的悲剧心理。

这种悲剧心理涵盖了李商隐的一生，辐射了他生活的各个侧面，而读者解读时只截取了其中的一个侧面或一个人生阶段，于是出现了对主旨理解的不同，于是产生了朦胧。

（五）拓展延伸，探究主旨朦胧多义的妙处

梁启超曾这样表达自己读《锦瑟》等诗作的感受，大家齐读一下。

"义山的《锦瑟》《碧城》《圣女祠》等诗，讲的什么事，我理会不着。拆开来一句一句叫我解释，我连文义也解不出来。但我觉得他美，读起来令我精神上得一种新鲜的愉快。须知美是多方面的，美是含有神秘性的。"

—— 梁启超

对于学养深厚的梁启超来说，说自己解不出《锦瑟》的文义，是他能力不够吗？当然不是。他不懂什么，说不出什么？说不出到底针对什么事、什么人、什么情？

神秘的美是一种什么样的美？丰富性。典故传达含义的不确定性使它产生了许许多多的理解，就像山色空蒙之美，云雾升腾，把山一会儿遮住一部分，这一瞬间就是一个画面，一会儿又遮住另一部分，瞬间又呈现另一画面，这样随着云雾的变化，山的形状也在发生变化。山的神秘性也就蕴含在这图景的丰富性里了。

朦胧不是含混杂乱，而是深厚广博。对于《锦瑟》而言，正因为典故指向的不确定性，会给人广阔的想象空间，因为诗人一生所有的经历都可以作为参考点，反而传达了更深更广的内容，于是这种朦胧多义也就更真实地表现了诗人当时的心境。

总结：一起来有感情地朗读这首诗，读缓慢一点、低沉一点，同时在关键词上要重读，这样才能准确地把握诗人哀怨惘然悲戚的情感。

附：板书设计

《锦　瑟》

李商隐

惘然：精神之困————▶生命之悲

《雨巷》——朦胧含蓄，推陈出新

《雨巷》说课稿

一、说教材

《雨巷》是戴望舒的成名作，诗人通过典型意象营造出朦胧隐约的意境，表达了内心的落寞、惆怅的情绪。《雨巷》编排在必修1第一单元的第二课，属于精读课文。第一单元还选取了毛泽东、郭沫若、徐志摩几位现代诗人的代表作品。学生可以借此体会、比较、鉴别不同题材、不同风格、不同流派的诗词，符合新课改特别关注学生多方位情感体验要求，使学生能够受到诗歌美的熏陶。

二、说教学目标

戴望舒先生的《雨巷》自问世以来，因诗歌意象的婉约、意蕴的丰富以及时代背景、个人经历等多重因素的影响，引发了多元化的解读，也造就了本诗的朦胧之美。朦胧美，美在隐约。但这并不意味着我们对待这种美，也采取"朦朦胧胧""含含糊糊"的感受方式，应该追问的是：这种朦胧的美美在哪里？它是怎样产生的？于是从文本出发，就叙事本身和重要意象"姑娘"的丰富含义这两个层面进行探索，确定了本课的第一个教学重点，就是理解诗歌内容中的"确定"和"不定"，赏析本诗的朦胧美。

戴望舒的新诗创作除了得益于中国古典诗歌（如晚唐温庭筠、李商隐的作品）的意象之外，也取法于法国象征派诗人（如魏尔伦、果尔蒙、耶麦等）的象征技巧，再经过诗人的匠心过滤，使得一些传统的意象如"丁香""太息""雨巷"等具有了某种现代意味，从而产生了推陈出新、化旧为新的效果。站在诗歌发展史的角度来看意象、意象组合以及新诗的韵律问题，我确定了本课的第二个教学重点，即探究本诗的"古典"与"现代"元素，理解现代诗歌的继承和发展。

朗读，是理解诗歌的一种重要的途径，但不是唯一。诗歌的理解不一定靠朗读，当然，要把对诗歌的理解形象地表达出来，就非朗读不可了。本堂课采取了不同的朗读形式，但不是在诗歌等于朗读的误区中，为朗读而朗读，而是力求在思与读中寻求一个更好的结合点。

基于此，本课的教学重点确定为：

（1）理解诗歌内容中的"确定"与"不定"，赏析本诗的"朦胧美"。

（2）探究本诗的"古典"与"现代"元素，理解现代诗歌的继承和发展。

课时安排：1课时。

三、说教法与学法

1. 诵读法

《语文新课标》提到朗诵是学习语文的重要方式。朗诵有利于深入体会作品的思想感情，能有效地培养语感，提高口语表达能力。朗诵也是一种再创造

活动。通过朗诵，可以创造性地表现出原作的思想感情和语言文字的音韵美。

2. 讨论法

新课改提倡自主、合作、探究的语文学习方法，鼓励学生想象、质疑、发现和创新，结合作者的时代背景，学生在小组的交流与讨论中，就能很快地突破重点，在意象和象征意义中寻找到沟通两者的桥梁。

3. 迁移法

"得法于课内，得益于课外"，通过拓展与迁移，指点学生发挥自己的想象力和思考力，在比较阅读中获得更深刻的审美体验，强化学生的鉴赏能力。

四、说教学过程

（一）课前预习

（1）朗读课文3—5遍，体会《雨巷》的感情和节奏。

（2）查阅相关资料（如《新诗鉴赏辞典》），了解本诗的相关评价。

（二）导入

看视频，听示范朗读《雨巷》，并用一两个词概括你听读本诗的感受。

设计意图：《课标与教学要求》中提出要求："通过多种途径引导学生阅读和鉴赏，不断激发学生兴趣。"多媒体的介入，背景音乐和名家示范能有效营造一种与诗歌相一致的气氛，拉近学生和文本的距离，调动学生的积极情感，为学生把握诗歌情感奠定了基础。

生：朦胧

生：忧愁（但不能明确愁什么）

师：大家的感受很敏锐。不明确并非含糊不清、乱成一团，有一种美，美在朦胧隐约；或者可以这样说，朦胧美就是在"确定"与"不定"之间形成的美的形式。

（三）在确定与不定之间，整体感知话朦胧

（1）问：就本诗的叙事来看，你能确定的是什么？不能确定的是什么？（如表10）

表10

确定	时间: 淫雨霏霏的雨季 (梅雨季节)	地点: 小巷 (古老)	人物: 抒情主人公(男性)、丁香姑娘	事件: 期待相逢—近在咫尺—擦肩而过—期待相逢
不定	主体事件——"邂逅"是真实发生的,还是幻想的?			

追问:这个主体事件是真实的,理由是什么?是幻想的,理由又是什么?这样的"不定"感会产生怎样的效果?(学生言之成理即可,老师总结)(如表11)

表11

事件	真实	幻想
理由	关于人物的刻画很具体: 有色彩:丁香一样的颜色 有气味:丁香一样的芬芳 有神态:太息一般的眼光 有情感:丁香一样的忧愁	文本中反复使用提示性的字眼:我希望逢着、像梦中飘过、我希望飘过
效果	"庄生晓梦迷蝴蝶"(亦真亦幻、迷离惝恍)	

师:如果说是"幻想",偏偏梦境里的姑娘那么真实、富于质感;如果说"真实",偏偏诗人又刻意回避,不合常理,且淡然飘过,让人费解;从创作态度看,作者似乎有意识保持与"现实"的距离,就像诗人的好友杜衡所评说的:"一个人在梦里泄露自己的潜意识,在诗作里泄露隐蔽的灵魂,……它的动机是在于表现自己与隐藏自己之间。"然而正是这种"隐"与"显",造就了"亦真亦幻、亦实亦虚"的朦胧效果,给读者的解读留出了巨大的空间。

(2)集体朗读,进入诗歌朦胧隐约的意境中,读得舒缓悠扬一些,读出希望、迷茫、惆怅的情感波澜。

(3)追问:姑娘这个形象的特点很具体明确,但姑娘是谁?你们能确定吗?(不太清楚)

(PPT展示)《雨巷》是一首含蓄的诗,人们对这首诗中的"姑娘"有不同的理解。有人认为"姑娘"就是"我";有人认为"姑娘"相当于"我"心中

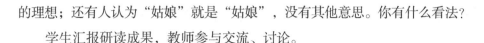

的理想；还有人认为"姑娘"就是"姑娘"，没有其他意思。你有什么看法？

学生汇报研读成果，教师参与交流、讨论。

（PPT展示）

（1）自我说（"姑娘"就是"我"）

依据：诗中的女郎，"像我一样的，默默彳亍着，冷漠，凄清，又惆怅""彷徨在这寂寥的雨巷，撑着油纸伞，像我一样"，反复强调，女郎明显和诗人呈现同质关系，在气质和情绪上完全和诗人合二为一。另外中国诗人自屈原起就有以"香草美人"自比的文化传统，因此，诗中的"丁香姑娘"可看作戴望舒心灵的一个外在形象。

（解读角度：文本解读和文化内蕴）

（2）理想说（"姑娘"隐喻"理想"）

依据：1927年夏，当时全国处于白色恐怖之中，戴望舒因曾参加进步活动而不得不隐居于松江的友人家中，在孤寂中咀嚼着大革命失败后的幻灭与痛苦，心中充满了迷惘的情绪和朦胧的希望。《雨巷》一诗就是他的这种心情的表现，其中交织着失望和希望、幻灭和追求的双重情调。

（解读角度：论世）

（3）爱情说（"姑娘"就是"姑娘"）

依据：一段没有结果的邂逅；一份没能表达的爱恋；联系作者的生平经历，22岁的戴望舒很可能有了自己暗恋的对象；甚至有研究者"对号入座"，指出丁香姑娘就是施蛰存的妹妹施绛年。

（解读角度：知人）

师：结合不同的生命体验，我们会产生出不同的个性解读，又不断生发出新的意义，一个隐秘的"谜面"加上不断丰富的"答案"，也就共同成就了《雨巷》的朦胧迷离。朦胧不是含混杂乱，而是深厚广博，雾失楼台、镜花水月的美就在于这种在"确定"与"不定"之间的张力，楼台和花月是确定的，但是因为隐约和朦胧，人们就从不同的角度看，有了不同的审美体验，这种种体验，这丰富的含义让你只可意会不可言传，因为任何具体的指向，都是盲人摸象，都只是一鳞半爪。

设计意图：《雨巷》，在意象理解与情感把握上，对高中学生来说不是件容易的事。学生在整体感知时，一般会对主体事件和核心意象产生疑问：诗人到底有没有遇到丁香一样的姑娘？丁香一样结着愁怨的姑娘到底象征什么？第一个疑问依据文本自身就可以顺利解决，第二个疑问就要借用学术界历来对《雨巷》的不同解读，如爱情说、理想说、自我说等。借用不是简单的堆砌和展示，而是让学生明白诗歌解读的角度问题，即"知人论世""文化探源"等等。对这些问题的讨论，自然就引出诗歌"朦胧的美"的特质，就是在于"确定"与"不定"之间的张力空间。同时本环节结合学情，依疑设课的理念，也是课堂向纵深处展开的依据。

（四）在传统与现代之间，对比品读探新诗

（PPT展示）

著名诗人卞之琳曾对戴望舒的《雨巷》这样评价："《雨巷》好像旧诗名句'丁香空结雨中愁'的现代白话版的扩充或者'稀释'。一种回荡的旋律和一种流畅的节奏，确乎在每节六行，各行长短不一，大体在一定间隔重复一个韵的一共七节诗里，贯彻始终。用惯了的意象和用滥了的辞藻，却更使这首诗的成功显得浅显、浮泛。"（《戴望舒诗集》序）

问：对于这段评论，你持什么态度？说说你的理由。（老师提供古典诗歌名句，学生对比品读，小组合作讨论）

1. 这首诗的确有着许多古典的元素

如：丁香、太息、雨巷等，但诗人并不是简单的重复古典，而是能够化旧为新。（师生边析边读，个别读与集体读相结合，以读导析，以析促读）

"丁香"。丁香取法古典，李商隐《代赠》中有"芭蕉不展丁香结，同向春风各自愁"，李璟《摊破浣溪沙》里有"青鸟不传云外信，丁香空结雨中愁"，它们都用"丁香"来比喻愁心。但这些愁除了闺怨还是闺怨，戴望舒笔下的愁，有更宽广的生长空间，也就有更丰富的内涵。

"太息"。《离骚》中有"长太息以掩涕兮，哀民生之多艰"，太息：大声长叹，深深地叹息。司马贞《史记索隐》："太息，谓久蓄气而大吁也。"

戴望舒的笔下，"太息一般的眼光"用了通感手法。叹息是声音，眼光属于视觉效果。突出姑娘眼光中幽怨之长、之深。巧妙的搭配，使得"太息一般的眼光"流露出一种新鲜的气息。

"雨巷"。"狗吠深巷中，鸡鸣桑树颠。"（陶渊明《归园田居》其一）"朱雀桥边野草花，乌衣巷口夕阳斜。"（刘禹锡《乌衣巷》）

雨巷在诗中的特点，一是"悠长""寂寥"——适合独处，躲避世俗的纷纷扰扰；二是"雨""颓圮"——潮湿、迷蒙、破败压抑、缺少生气。这段"雨巷"和现代都市隔绝的生存环境有着相似性：我们一方面封闭自我，孤独而彷徨，一方面又渴望交流，想打破这种"寂寥"；我们一边幻想，一边错过；于是渴望——错过——再次渴望，周而复始。

"雨巷"在诗中共出现四次，且隔节出现，恰好构成了一个基本对称、相对封闭的诗歌世界，不妨简述如下：

我彷徨在这寂寥的雨巷。（第一节）

她彷徨在这寂寥的雨巷。（第三节）

她到了颓圮的篱墙，走尽这雨巷。（第五节）

我彷徨在这悠长又寂寥的雨巷。（第七节）

"雨巷"蜿蜒不尽、曲折幽晦，如同幽闭的心灵世界，我们在无边丝雨中，踟蹰彷徨，无处归依。主人公始终没能走出的雨巷，显然与古典诗歌中的"寻常巷陌"大异其趣，具有西方象征主义的色彩。

2. 音乐性上的继承和发展

以首节为例：（老师指导，学生在老师的指导下反复琢磨，边品边读，为后面的自主品读打下基础。）

撑着油纸伞，独自

彷徨在悠长，悠长

又寂寥的雨巷

我希望逢着

一个丁香一样地

结着愁怨的姑娘

这一节用旧诗形式表达的意境为"雨巷独彷徨"的寂寥或"伊人在水一方"的空幻。这种表达下的彷徨、寂寥、空泛的心境很抽象，很概念化。

戴望舒毅然摒弃了旧诗形式，大胆地随情赋形，如一行三顿、形成断点、语词叠用、句式参差，大致压ang韵等等，使内容与形式呈现出相互借以生长的良好空间。譬如，"撑着油纸伞，独自/彷徨在悠长，悠长/又寂寥的雨巷"这样的诗句，长句短切，无形中拉长了雨巷的距离，增强了"彷徨"在空间上的顿挫感和无尽感；"悠长"语词叠用，将时值相同的停顿重复，形成了诗句迟缓绵延的节奏，让"彷徨"在时间中持续盘旋，反复突围；由于上下分行，单字停顿"又"成了行首，读起来韵味绵远，有力地突出了雨巷的另一个特征——"寂寥"，也使"彷徨"有了某种孤绝感。显然，这般细腻、独异的彷徨感不是如"雨巷独彷徨"的旧诗形式所能表达的。叶圣陶先生曾经盛赞这首诗"替新诗的音节开了一个新的纪元"，应该是别具慧眼的。

品读诗歌其他几节。（在第一节老师指导，学生品读的基础上其他几节学生自主品读。从而在深入理解的基础上完成对诗歌的整体朗读）

设计意图：新诗之新，不在于和古典一刀两断、彻底决裂，对于"旧的"，只要它是好的，理应继承。但继承不是重复，不是生搬硬套。卞之琳由某些意象和辞藻的陈腐而彻底否定《雨巷》作为新诗的突破性价值，未免过于草率。通过与旧体诗歌的比较，通过品味诗歌的语言，从而深刻领略新诗在旧体诗基础上创造的更自由广阔的空间，达成了诗歌言语与内蕴，音与义的统一。据此完成第二个教学重点。

3. 最后，请同学们结合课堂所思所学，配乐集体朗读。在体味诵读中结束本课

设计意图：《课标与教学要求》中指出："指导学生阅读和欣赏诗歌、散文，要重视作品的阅读鉴赏活动，注重诵读的指导。"这里的指导不能只停留在形式上诗歌的节奏和停顿，而是深入理解意境和情感之后自然而然的抑扬顿挫之感。此环节是学生对本诗的深度理解的直观体现。

4. 布置作业

郭沫若1920年发表了一首新诗《炉中煤》，结合自己对《雨巷》的理解和对新诗的认识，谈谈两首诗中"两个女郎"形象有何不同？你更喜欢哪一种新诗风格？说明理由。

（PPT展示）

"啊，我年轻的女郎！/我不辜负你的殷勤，/你也不要辜负了我的思量。/我为我心爱的人儿，/燃到了这般模样！"

（《炉中煤——眷恋祖国的情绪》）

附：板书设计

《再别康桥》——美在明丽与节制

《再别康桥》教学设计

一、教学设想

此诗是徐志摩最著名的诗篇之一，抒写了诗人故地重游，再别康桥时的情感体验。诗人在剑桥留学的两年中深受西方教育的熏陶及欧美浪漫主义和唯美派诗人的影响，追求个性解放的人生理想，追求"爱、自由、美"的生活理想，追求英国式资产阶级民主的政治理想。然而回国后，诗人屡屡受挫，曾经似"快乐的雪花"般的诗人，变成了"卑微"的"残苇"，发出了绝望的叹息。理想的幻灭更激起诗人对往昔康桥岁月的回忆与珍惜，诗人以这样的心绪再次漫步康桥上。因此诗歌反映的情感是复杂的，既有理想幻灭的感伤，更有对母校的挚爱、依恋，以及淡淡的离情别绪。

诗人善于从生活中捕捉鲜活、富有个性特征的景物形象，糅合诗人的情感与想象，构成鲜明、生动的艺术形象，从而营造了优美、明丽的意境。那西天的云彩、河畔的金柳、河中的波光艳影，还有那软泥上的青荇……各种物象相映成趣，无不浸透着诗人对康桥的无限深情。尤其诗人的比喻独特而又贴切，手法巧妙，使情与景水乳交融，丰富了诗歌的内涵，增强了诗歌的艺术感染力。本诗结构形式严谨整齐，错落有致。诗歌语言清莹流丽，音节抑扬合度，节奏轻柔委婉，和谐自然，可以说是"三美"具备，体现了徐志摩的诗美主张，堪称是徐志摩诗作中的绝唱。

二、教学目标

（1）在诵读中，体会诗歌音节抑扬合度、节奏轻柔委婉的音乐美。

（2）在意象的品读中，感受诗歌营造出的优美、明丽的意境。

（3）理解诗人在对康桥的作别中寄寓的复杂而真挚的情感，体会诗歌的情感美。

三、教学重点

（1）运用质疑法，鉴赏诗人贯穿于字里行间的情感美。

（2）运用换词比较法，品读诗歌的意象。

四、课时安排

1课时。

五、教学过程

1. 诗词导入，激发思维

设计意图：以古代离别诗导入，既活跃了气氛，又连通了学生的旧知，还巧妙地设置了悬念——《再别康桥》是不是一首离愁深深的现代诗？

师：同学们，离别诗，我们学了不少，看大屏幕，我选了这几首中的诗句，大家读一读。

柳永《雨霖林》："多情自古伤离别，更那堪冷落清秋节""执手相看泪眼，竟无语凝噎。"

王维《送元二使安西》："渭城朝雨浥轻尘，客舍青青柳色新。劝君更尽一杯酒，西出阳关无故人。"李白《送孟浩然之广陵》："故人西辞黄鹤楼，烟花三月下扬州。孤帆远影碧空尽，唯见长江天际流。”这些诗表达的都是离别时的伤感和浓重的离愁。

徐志摩的现代诗《再别康桥》，从题材上讲，也是一首离别诗，它在表达什么情感呢？让我们走进徐志摩的《再别康桥》，一起去探个究竟。

2. 初读诗歌，感知情调

设计意图：依照诗歌的文体特征，诵读是学习诗歌的不二法门，学生在诵读中很容易发现诗歌的形式美，这也是本首诗给人的最突出的感受，为诗歌的品读做好铺垫。

请看视频，听示范朗读，听读后，说说自己对这首诗的第一感受。（学生自由发言）

预设：读起来朗朗上口，很押韵；语言优美，意境清新飘逸；有画面感，色彩和动态的结合给人一种立体的美感；诗歌共七节，每节四句，每节偶数句与奇数句错开一字排列，语句排列很整齐。

师：你们的感受用闻一多关于现代诗的"三美"理论概括正合适，即音乐美、结构美（建筑美）、画面美，本诗可谓三美兼备。

【过渡】这是大家初读诗歌对诗歌形式之美的一些感受。

提问：如果给这首诗配乐朗诵，你认为配何种音乐最合适？（学生自由发言）

预设：配上轻柔的有着田园风情的钢琴曲、小提琴小夜曲，曲调轻柔，温馨，浪漫……

追问：老师建议给本诗配上阿炳的二胡曲《二泉映月》，可以吗？

预设：不可以，感觉本诗并没有那么浓重的感伤。

请全体同学带着对本诗的初步感受自由朗读诗歌。

（诵读提示：注意语速放慢一点，声音轻柔一点，如果能读出一种梦幻般如痴如醉的感觉，会与诗歌的意境更契合）

过渡：下面我们来细致地品读诗歌。

3. 品读意象，读出情感

设计意图：本环节的教学以诵读为主线，运用质疑法、换词比较法提出问题，组织学生思考讨论，完成对诗歌意象、意境和情感的解读。

请一位同学为大家朗读第一节，其他同学点评。

预设："轻轻的"声音延长，读得轻缓一些。"云彩"重读。

运用质疑法提出问题：诗歌的题目叫《再别康桥》，但这里是作别"西天的云彩"，为什么？和"云彩"告别为什么要"轻轻的"？（学生讨论，交流发言）

点拨：和云彩告别是一种诗化的想象，亦即和自己的记忆、回忆告别。为什么要"轻轻的"？因为这种记忆是一种深藏心头的秘密，不适宜和别人分享，不适宜对别人言说，故而放轻脚步，放低声音，从而让自己沉醉于美好的回忆氛围之中。因此第一句将"轻轻的"前置，以示强调。

老师朗读第二、三、四节，请学生点评。

预设："招摇"要读出喜悦感，"甘心"要重读。

思考：这三节的描写对象有哪些？诗人的情感变化是怎样的？

预设：金柳　　　动心

　　　青荇　　　甘心

　　　清潭　　　痴心

追问：运用换词比较法品读意象："金柳"能否换成"青柳"，或者"青松"，为什么？"新娘"能否换成"少女""美人""姑娘"，为什么？（学生分组讨论，交流发言）

点拨：用"金柳"，因为要取"金"之灿烂与"柳"之婀娜，组合成全新的意象，与"青柳"这一作为离愁别绪传统的经典的意象拉开了距离。如李白的《劳劳亭》："天下伤心处，劳劳送客亭。春风知别苦，不遣柳条青。"徐志摩是不言伤心不言苦，所以无须青柳。"青松"显得太阳刚，与"金柳"所代表的"新娘"的女性形象不吻合。为什么是新娘？因为这是女性最美的时刻，更是男人心中最美的时刻，想象一下新郎见到新着嫁衣的新娘，是何等心动惊喜。诗人此番虽是再别，却睹旧如新，心中荡漾的就是这种初见乍逢的心动和甜蜜的感觉。

追问："天上虹"有什么特点？"梦"沉淀着又有什么意味？（学生思考，发言交流）

点拨："虹"是美丽的，然而短暂，虽然短暂，却也能幻化为永久，因为她会在"潭"中"沉淀"。"梦"原是"天上虹"的"沉淀"。在潭水中沉

淀，在时光中永存，在诗人的心里永驻。

痴人才会说梦，对康桥如此痴心痴情才会有如梦似幻之感。

男生、女生分别齐读第五、六节，思考：这两节分别写了什么内容？

预设：寻梦、放歌；悄悄、沉默。

追问：为什么要放歌？为什么又不能放歌？

预设：放歌是陶醉、是忘我，是感情累积到高潮的自然流露。不能放歌是不想破坏这美好的梦境。

追问："寻梦"的后面，不是逗号、冒号或者感叹号，而是一个"？"，为什么？（学生思考，发言交流）

点拨："？"是内心的犹豫。诗人原是寻梦而来，到了就要重温旧梦时，为什么犹豫了？和第一节照应。诗人轻轻地来，生怕破坏了校园的宁静，这里是不愿意破坏美好的梦境，还是让它静静地永远地封存在自己的记忆中。也照应下一节的为什么不能放歌，为什么沉默。不要惊醒了过去的最美的回忆，在这告别之夜，让自己完完全全沉醉在独享的甜蜜、独享的幸福里。史铁生在《我与地坛》里说"痛苦也成了享受"，母亲去世了，回忆是痛苦的，然而在回忆里重温自己和母亲的一段段往事，这种回忆让他温暖、安心，让他拥有力量，所以他说回忆是痛苦的，回忆也是享受。对于徐志摩来说，在悄悄、沉默中重温往昔的美好，也是一种享受。此刻的静默和无言就是对康桥最美的告别。

请一位同学朗读第七节，其他同学听读时思考：最后一节是第一节的简单重复吗？

预设：不是。"招手""挥袖"本是一个简单的告别动作，本诗把它分解在首尾两节，前后照应，最后一节的感情更丰富。

追问：最后一节，包含哪些情感？

追问："云彩"本来就是带不走的，为何要说"不带走一片云彩"？（学生思考，发言交流）

点拨：清华大学中文系蓝棣之教授说，徐志摩是要让康桥这个梦绕魂牵的感情世界以最完整的面貌保存在自己的记忆里，让昔日的梦、昔日的感情完好无缺。那美的一刻，那无数美的瞬间，都不要动，不要破坏，不仅康桥原有的一切，而且当年康桥美景里出现的星辉斑斓的夜空、路过的云彩都要定格。这就是"不带走一片云彩"的原因。

于是，我们能够体会到最后一节的丰富情感，在离别的淡淡感伤之外，更多的是对回忆的细心呵护，对过往的潇洒作别，对美好进行重温的满足和甜蜜……

过渡：看来康桥承载了徐志摩太多美好的情感，徐志摩与康桥有哪些交往和缘分呢？请看"相关链接"。

4. 拓展延伸，品味深情

设计意图：通过知人论世，挖掘情之所起的缘由，从而更深层次地走进诗人的内心世界，领略诗歌在形式美之外所表现出来的情感美。

相关链接：

徐志摩与康桥之缘——康桥就是剑桥，即剑桥大学。徐志摩1921年到1922年在那里学习，回国时写下了《康桥再会吧》，1925年去欧洲漫游后写下《我所知道的康桥》，1928年再次出游日美英等国，11月写下了《再别康桥》。

他在《我所知道的康桥》里写过这样的话：

"我这一辈子就只那一春，说也可怜，算是不曾虚度"

"就只那一春，我的生活是自然的，是真愉快的"

"说也奇怪，竟像是第一次，我辨认了星月的光明，草的青，花的香，流水的殷勤"

"康桥的灵性全在一条河上；康河，我敢说是全世界最秀丽的一条水"

"现在谁知我这思乡的隐忧"

师：有没有去过一次，待过一春即被称为故乡的地方？有的，对徐志摩来说，康桥就是。

于形体，你只是过客，但于灵魂，康桥正是你的归宿，是你一生永恒的记忆。这里波光潋滟、绿草如茵，在风光旖旎的康河边，你坐卧于黄花点缀的草坪上，或看书，或看云卷云舒；这里，曾见证你和林徽因的一段没有结局的恋情，你们曾在夕阳下漫步，曾在康河边流连；这里，记录你追求理想的轨迹，你追求个性解放，你追求英国式自由、民主、平等的政治理想。对于徐志摩来说，康桥和康桥的生活已经成为他的单纯信仰，那里有美、有爱、有自由。所以这样一份美好的回忆，诗人既在招手挥袖中与之告别，又在"轻轻""悄悄"和"沉默"的温馨中细心呵护，小心珍藏。

我们可以用这样几句话对全诗进行总结：

分解一个连贯的告别动作

经历一次完整的情感旅程

回忆那条有色彩有灵性的康河

（珍藏）告别一段最自然最自由的过往

也正因为此，本诗虽是离别诗，但并没有刻意渲染离愁别绪，而是在淡淡的感伤之外，更多的是对美、对爱的眷恋，是洒脱飘逸的真诚，是小心呵护珍藏旧梦的甜蜜。对，珍藏就是最好的告别！这就是诗歌在"三美"这种形式美之外所表现出来的情感美。

全体学生有感情地朗读诗歌。

六、作业

比较阅读，徐志摩的另一首离别诗《沙扬娜拉》，总结徐志摩离别诗的特点。

沙扬娜拉——赠日本女郎

最是那一低头的温柔，

像一朵水莲花不胜凉风的娇羞，

道一声珍重，道一声珍重，

那一声珍重里有甜蜜的忧愁

沙扬娜拉。

附：板书设计

《再别康桥》

徐志摩

招手————→挥袖

动　心

甘　心

痴　心

忘　我

享　受

珍藏就是最好的告别

散 文 篇

《故都的秋》——故都之秋　赤子之心

《故都的秋》教学设计

一、教学设想

《故都的秋》是人教版高中语文必修二第一单元的第二课。这个单元学习写景状物的散文，主要目的是引领学生展开想象的翅膀，领略大自然，感受作者心灵的搏动，由此进入一种审美境界。

《故都的秋》是郁达夫一篇颇具特色的散文，体现了他的艺术个性和审美追求。全文紧扣"清、静、悲凉"，描绘一幅幅画面，通过"以情驭景，以景显情"的方法，将自然的"客观色彩"和作家内心的"主观色彩"自然完美地融合在一起。本文是本单元的第二篇散文，示范作用不可忽视，因此，继续重视指导学生掌握散文"形"与"神"的关系，理解文章"景"和"情"和谐统一的表现手法，进一步让学生感悟作家对自然、对人生的丰富体验和深刻的思考仍然是重点所在。

教学对象是高一的学生，他们对散文是不陌生的，初中学过很多，刚刚又学过朱自清的《荷塘月色》，感受过散文的语言美、意境美，进行过初步的鉴赏。调查显示，虽然一般同学也能说出散文文体的一些独特的特点，但他们主要还是停留在泛读和初读层面上，思维能力和审美能力也还稚嫩，加之本文的地理隔膜和时代隔膜，往往知其然而不知其所以然。教师要充分引导学生深入文本，赏析体会作家的语言之妙，用心之巧，要充分引导学生进入特定的审美意境，培养学生具有宁静的、适宜接纳美的心灵。

二、教学目标

（1）品味故都的秋"清、静、悲凉"的特点。

（2）把握文中情与景的关系，理解本文"主观情"与"客观景"的自然融合。

（3）引导学生体会郁达夫对"故都秋景"的独特审美体验。

三、教学重点

品味故都的秋"清、静、悲凉"的特点。

四、教学难点

理解本文"主观情"与"客观景"的自然融合。

五、教学方法

讨论法、讲读法、合作探究法。

六、课时安排

1课时。

七、教学过程

1. 导入新课

同学们，有没有待了不过一年有余，即被称为故乡的地方？有的，北平就是，故都就是；有没有人愿意把他寿命的三分之二折去，去留住这北国的秋，这故都的秋？有的，郁达夫就是。

老师出示幻灯片：

隐隐地对北京害起剧烈的怀乡病来。

————郁达夫《北平的四季》

秋天，这北国的秋天，若留得住的话，我愿意把寿命的三分之二折去……

今天，就让郁达夫带我们走进《故都的秋》。

2. 梳理课文

问题一：阅读课文，找出作者概括北国之秋特点的句子。

明确："可是啊，北国的秋，却特别地来得清，来得静，来得悲凉。"

关键词——清、静、悲凉。它们既是景物的特点，也是作者的心境。

问题二：再读课文，概括文中五幅秋景图。

秋晨小院图　秋槐落蕊图　秋蝉残声图　秋雨话凉图　秋枣奇景图

3. 赏读秋景

在"秋晨小院"一图中，你能从郁达夫所写的秋景中感受到他心中的"清、静、悲凉"吗？

老师朗读，同学们边听边标注。

比较阅读，幻灯片展示（学生朗读）：

皇城人海中，皇城人海中，

租一椽破屋，租一椽小屋，

泡一碗浓茶，泡一碗茶，

看得到很高很高的碧绿的天色，看得到天色，

听得到青天下驯鸽的飞声。听得到飞机的飞声。

细数着一丝一丝漏下来的日光，细数着漏下来的日光，

静对着像喇叭似的牵牛花的蓝朵，静对着像喇叭似的牵牛花。

陪衬着几根疏疏落落的尖细且长的秋草。陪衬着几根秋草。

赏析：

清——（很高很高）清澈、（浓茶、一丝一丝）清闲

静——（驯鸽的飞声）宁静、（静对蓝朵）沉静

悲凉——（租一椽破屋）衰败、（疏疏落落、尖细且长）凄凉

赏析举例：

"很高很高"是由于天色纯净、清澈而产生的空间感，突出清；

"驯鸽的飞声"更细小，微弱，是"蝉噪临愈静，鸟鸣山更幽"的效果，以声写静，表现环境的安静，突出静；

"疏疏落落的尖细且长"写出秋草的形态，"疏疏落落"突出稀少，"尖

细且长"突出秋草衰败，给人秋风萧瑟的凄凉感；

4. 小结

天净沙·故都之秋

槐树破屋小院，丝光鸽声碧天，秋草蓝朵残垣。浓茶一碗，落寞人在北平。

赏读方法：调动多感官体会"清、静、悲凉"的内涵。

在其他四幅图中，你能从郁达夫所写的秋景中感受到他心中的"清、静、悲凉"吗？（如表12）

表12

秋槐落蕊图	"脚踏上去，声音也没有，气味也没有""只能感出一点点极微细极柔软的触觉""早晨起来，会铺得满地""扫街的在树影下一阵扫后，灰土上留下来的一条条扫帚的丝纹""细腻、清闲、落寞"	清静悲凉
秋蝉残声图	"衰弱的残声""嘶叫的秋蝉""无论在什么地方都听得见它们的啼唱"	
秋雨话凉图	"灰沉沉的天底下，忽而来一阵凉风""息列索落地下起雨来""都市闲人缓慢悠闲""微叹着互答""一层秋雨一层凉啦"	
秋枣奇景图	"屋角，墙头茅房边上，灶房门口""等枣树叶落，枣子红完，西北风就要起来了"	

学以致用

比照方法，品读"秋蝉残声图"：

"脚踏上去，声音也没有，气味也没有""只能感出一点点极微细极柔软的触觉"调动听觉、嗅觉、触觉，写出情态，突出安静、清闲。

"早晨起来，会铺得满地"视觉，写情状，秋色已深，落蕊满地，突出凄清悲凉感。

"灰土上留下来的一条条扫帚的丝纹"视觉，写出扫帚留下的"一条条""丝"纹，观察细致，突出环境的寂静，写出清闲和落寞。

比照方法，品读"秋雨话凉图"：

"息列索落"拟声词，仿佛雨声就在耳边，周围一片宁静，突出静；

"凉风"是从触觉上写出天气的变化，和"灰沉沉"相照应，凉的不仅是天气，也是人心，营造了凄清的氛围，突出悲凉。

"都市闲人""咬着烟管",写出他们悠闲的生活,突出静。

预设:

问题一:为什么说"这念错的岐韵,倒来得正好"?

明确:"层"字是平声,显平和,更符合都市闲人缓慢悠闲的声调;"阵"字往下压,显得有些急促。

问题二:都市闲人只是在话"天凉"吗?

明确:又是一个萧瑟的秋天来了,预示着时间和生命的流逝,不由得会有几分落寞和惆怅。

解释:没有名姓的都市闲人是故都一道特有的风景线。皇城根里,有很多旗人,清朝灭亡之后,他们过着散淡的日子,日常生活离不开遛鸟、古玩、字画,生活闲适而内心底是空落落的,那是历经沧桑后的落寞。所以郁达夫先生在茫茫人海中,能够听得到他们的微叹,听得到他们对时间流逝的惋惜,认为这平平仄仄的岐韵"来得正好",当然这也能见出都市闲人的这种叹息和作者心境的清静悲凉是契合的。

小结:作者写时并未刻意去反复出现清、静、悲凉的字眼,但字里行间始终弥漫着这样一种气氛,这就是高手,不着一字,尽显风流,正应了辛弃疾的那句话:

而今识得愁滋味,欲说还休,欲说还休,却道天凉好个秋。

八、探究秋味

作者如此深爱故都的秋,那为什么又觉得它是悲凉的呢?

(提示:身世、遭遇、时代风云等)

背景资料:

北平市内外的新绿,琼岛春阴,西山挹翠诸景里的新绿,真是一幅何等奇伟的外光派的妙画!但是这画的框子,或者说这画的画布,现在却已经完全掌握在一只满长着黑毛的巨魔的手里了!北望中原,究竟要到哪一日才能重见得到天日呢?

——郁达夫《北平的四季》

一生漂泊不定,幼年受中国古典诗词的熏陶,且个性忧郁善感。

明确：①文人传统。②个人气质。③家国情怀。④生命感悟。

解析：

刘禹锡说"自古逢秋悲寂寥"，正如作者在文中所说："秋之于人，何尝有国别，更何尝有人种阶级的区别呢？"这种寂寥的秋景、秋光、秋味也是生命的体现形式，也有它独特的自然之美。

郁达夫，自小备尝生活的艰辛，养成忧郁、沉寂的性格；成年后又到日本留学，饱受异族歧视与凌辱，被人看不起，更增添忧郁、孤独的心理，所以他的文风有一种伤感、灰冷的调子。

本文写于"九一八"事变之后，正是北方不断遭受日寇侵蚀的时候。北京已经不叫北京，而是叫北平，它不再是一个盛世王朝的都城。

题目叫"故都的秋"而不是"北平的秋天"，"故"是"过去"的意思，"都"是"皇都"，北平在郁达夫的生命中非常重要，是他颠沛流离之中唯一的暂时安居之地。然而今非昔比，昔盛今衰，叫"故都的秋"饱含了郁达夫浓浓的深情。郁达夫正是怀着最后看一眼故都的秋色的心情重游故都的。

所以，作者赞美故都的秋，实际上在忧国叹己；作者选择秋天的故都，实际上在缅怀一个盛世。

生命的蓬勃，自然可以激起内心欢愉的体验，是一种美的感受。直面生命的衰败，启示对生命的沉思，也是一种生命感受。文章最后一句话："秋天，这北国的秋天，若留得住的话，我愿意把寿命的三分之二折去，换得一个三分之一的零头。"用三分之二的寿命去换取这浓烈的厚实的刚硬的阔大的秋，尽管悲凉，然而人生就是得用三分之二的磨难和付出，才能在那另外三分之一焕发生命的活力，才能享受瞬间的喜悦。

小结：在故都清静悲凉的秋中，我们读到郁达夫有伤感、有忧虑，但不消沉、不颓唐，而是有着一颗忧国忧民的热烈的心。郁达夫因在南洋从事抗日活动，1945年9月，他在印尼的苏门答腊岛被日本兵杀害，以身殉国。

他哪是在用三分之二的寿命去换北国之秋的永存，他是把全部的生命都献给了这个苍老而又破碎的国家。一个文弱书生却蕴含着这么强大的精神力量，直到今天，依然值得我们学习。故都的秋的背后是赤子的爱。（板书：赤子的爱）

九、作业布置

向同学推荐描写秋天的诗文，说明推荐理由。

附：板书设计

《故都的秋》

——赤子的爱

清　　静

悲凉

《囚绿记》——理性之爱

《囚绿记》说课稿

一、说学情

（1）学生在本单元已经学习过《荷塘月色》《故都的秋》两篇文章，对散文语言美的评价已经有一定的基础。

（2）较多同学认为本文的主旨就是生命赞歌，因为文中是有原话的。

（3）对于高一学生而言只是貌似读懂了文章，其实仅仅是一个主旨方面的概括，对于文章的行文脉络还是一片模糊。

二、说教学目标

陆蠡"囚绿"的经历，发生在一个极度敏感的历史时间即卢沟桥事变前后，又发生在一个极易引发某种意义推断的地点即烽火四逼的古都北平。于是，不少老师就自然去引导学生挖掘"绿"的某种象征意义，绿暗示着艰难的国运家运，揭示的是华北地区人民面临日本帝国主义侵略的苦难命运，绿的美、绿的倔强与坚贞，正折射出中华民族不畏强暴、坚贞不屈的浩然正气与民族精神。这样的解读当然有其合理之处，但毕竟忽视了文本的逻辑基础。如果常春藤仅仅是民族精神和民族气节的象征，那"囚绿"的诗人充当的是怎样的角色呢？如此挖掘，带来的必然是学生对文本意义完全单一的和概念化的解读，会使学生的思维走进死胡同。

鉴于此，确定了以下的教学目标：

（1）读顺文章，通过对"绿"的称呼的变化，把握本文的行文脉络。

（2）读懂文章，通过对"绿"的内涵的解释，把握文本的核心意蕴。

三、说教学重难点

（1）教学重点为抓住关键去进行应用品味，体会作者的思想感情和"绿"的内涵。

（2）教学难点为唤起学生的阅读兴趣，引导学生多角度思考解读文章的丰富内涵，把握文本的核心意蕴。

四、说教学准备

（1）准备多媒体设备及课件。

（2）了解作者陆蠡及其写作背景。

（3）预习课文

五、说教学流程

（教学流程分为四个环节，分别是导入、整体感知、厘清文章行文脉络以及细节品读和主旨探究。）

（一）导入（解题，直接导入）

题目为《囚绿记》，我们看"囚"字是会意字，框内有人。而这篇文章"囚"的对象并不是人，而是常春藤，常春藤是一种植物，植物应该与木有关，框内有木，应该是"困"，那么文章为什么不叫困绿记，而叫囚绿记呢？这是一个值得探究的问题。大家可以说说自己的理解。

设计意图：借助"囚"和"困"的比较，激起学生对文本内容的思考，激发学生阅读和探究的兴趣，为课堂的顺利展开和推进做铺垫。学生不一定要立刻形成答案，他们的理解可能仅仅是某种感觉，例如"困"仅仅是一种客观的状态，而"囚"带有强烈的主观意味。

（二）整体感知，厘清文章行文脉络

引导学生分析，对"绿"的称呼的变化，把握文章的脉络结构。

学生在预习的基础上再次阅读注意查找作者对"绿"的称呼，并且思考这些称呼有无变化？为什么会有变化？（学生读文思考，教师适时引导）（适时板书重要词语，明确文章重点）（如表13）

表13 对"绿"的称呼的变化

对"绿"的称呼	相关段落	相关句子	直观感觉	深层分析
绿影				
绿色、绿叶				
绿友、植物				

学生读完文章之后，将画出的相关句子结合起来，分析完成上面的表格，对于"称呼"，学生只需要将所有对"绿"的称呼的词进行分类即可，相关段落与句子也就相应找到了。找到之后就进入对文章脉络分析了。

（本环节设计意图：紧扣文本，利用巧妙的切入口，整体把握行文脉络。紧扣教学目标的第一点）

1."绿影"分析

作者称"绿"为"绿影"，为什么会有这样的称呼？作者对"绿影"的态度是什么？

学生答案预设一：前四段，作者并没有直接正面来写常春藤，仅仅写到了它在阳光下折射到简陋的屋子里的绿色的光线，这样写符合实际情况。

学生答案预设二：我注意到了"瞥见"一次，这说明，"我"与常春藤是初次接触，还没有正面观察。"瞥见"说明"我"只是有了一个模糊的直观的

印象，没有经过理性思考，便与"绿"产生了某种精神的关联。

学生答案预设三：文中有几个表达作者心情的词也值得注意，例如"毫不犹豫""了截爽直""欢喜""喜悦"等词，写出了"我"对常春藤的"绿影"的喜爱之情。

学生答案预设四：我觉得这种爱仅仅是第一印象，作者对"绿"充满了期待，因此初见"绿影"，便有了喜悦之情。

教师总结：作者对"绿"充满了期待，因此一见之下，便毫不犹豫地选择了这个简陋的房间。作者对"绿影"的态度是爱吗？我觉得还需要进一步辨析，这里面肯定有爱的成分，但更多的是一种需要。当时，作者物质生活条件艰苦，精神也很孤单，因此特别需要一位知心朋友，而常春藤就是作者心中的好友，是不是可以这样理解，作者此时的"需要"多于"爱"？这个问题还可以再探究。

2. "绿色""绿叶"分析

作者称"绿"为"绿色""绿叶"，有哪些句子值得注意？这个称呼与"绿影"相比有何变化？作者此时对"绿"的态度是什么？

学生答案预设一：从表面看"绿影"仅仅是直观的印象，"绿色""绿叶"则是正面观察、欣赏之后的称呼。这也说明"我"与"绿"开始正式的相处。

学生答案预设二：我注意到了第五段中"他是生命，他是希望，他是慰安，他是快乐"，这是直接写"绿"的象征意义的句子。

学生答案预设三：我注意到了第五段中"我怀念着绿色把我的心等焦了""我急不暇择的心情，即使一枝这绿也视同至宝"等直接写作者心情的句子。作者此时对"绿"不仅是一种理性概念的概括与象征，同时也是一种强烈的期待，一种生命的需要。

学生答案预设四：我注意到了"绿叶"和我对语。我了解自然无声的语言，正如他了解我的语言一样，这是写"我"与"绿"之间的交流。此处，我对"绿"已不仅仅是一种需要，而是成了一种精神的交流。

学生答案预设五：第六段中，作者将自己对"绿"的喜爱与留恋，与渡越沙漠者、航海者进行类比，也写出了作者对"绿色""绿叶"的爱，而且本段"度过一个月，两个月"，含义丰富。作者不说"过了两个月"，而是说，

"度过了一个月，两个月"意在延长作者与"绿"之间的交流时间。

学生答案预设六：我注意到了第七段中一些动词例如"伸开""攀住""舒开""摆舞"等，这不仅说明了作者对绿叶观察的细致，同时带有拟人的色彩，作者眼中的"绿叶"，已不再是客观存在的绿叶，而是一个自由生长状态的生命。

学生答案预设七：这一段出现了两个描述我的心情的关键词，一个是"巴不得"，一个是"爱"，这两个词是一种有距离的鉴赏，是一种对话交流时的观照，而不是占有，这也为下一段写"自私的念头"奠定了基础。

教师总结分析：对于这个称呼的理解，我觉得要把我最关键的一个问题：作者对"绿色""绿叶"的态度是什么？大家都回答了是观赏，是爱，这一点很准确，以此为基础再去理解，其他细节与个别词句，就会有着落了。

3."绿友""植物"分析

问题1：作者在第八段将"绿"囚禁之后，对"绿"的称呼也发生了相应的变化。变化的深层含义是什么？请结合相关段落语句进行分析。

学生答案预设一：作者此处虽然称"绿"为"绿友"，但课本上的"绿友"带了引号，引号的作用是反语，这暗示在我心中，我对"绿"的爱，已经变质了，已经不再是欣赏的爱，不再是关爱，而是一种自私的占有的爱了。

学生答案预设二：作者称"绿"为"植物""枝叶"等，也是一种占有的体现。既然是"植物"，理所当然应该为人类服务了。在这种关系中"我"成了核心，"植物"成了附属，双方的交流关系也就终止了。

学生答案预设三：我注意到了第九段中的"依旧"，第十段中的"可是""总""都""仍旧"，第11段中的"仍旧""生长"等词，这些词既体现了"绿叶"对"我"无声的反抗，同时也揭示了我心中的"魔念"。

教师总结分析：我把"绿"囚禁之后，"绿"对我也进行了抗议。这说明我与"绿"之间的亲密友爱关系变成了占有与被占有的关系。这也是理解《囚绿记》的一个关键点。

问题2：文本最后一段中，我怀念着我的圆窗和绿友，这里的"绿友"，为什么不带引号了。

明确：我离开北平后，同时也离开了常春藤，临行前，我把被囚禁的

"绿"开释了，但我并没有看到"绿"真正恢复自由的时光与生长状态，因此我只能在默默的祝福中去表达一种歉疚，同时也在期望得到"绿友"的原谅。作者此时称"绿"为"绿友"，正是这种心情的体现。

（三）细节品读（小组合作研讨，教师点拨）

文章中有一个重要的物——窗。文中"窗"共出现13次。

（1）两扇木格子嵌玻璃的窗，窗上有很灵巧的直卷帘，就在南方是很少见的。

（2）窗是朝东的。

（3）这房间靠南的墙壁上，有一个小圆窗，直径一尺左右。

（4）窗是圆的，却嵌着六角形的玻璃，并且左下角是打碎了，留下一个大孔隙。

（5）圆窗外面长着常春藤。

（6）当我在这小房中安顿下来，我移徙小台子到圆窗下，让我面朝墙壁和小窗。

（7）我快活地坐在我的窗前。

（8）我天天望着窗口常春藤的生长。

（9）我从破碎的窗口伸出手去时。

（10）他的尖端总朝着窗外的方向。

归结来看，围绕中心词"窗"，作者先后提到了"小窗""窗前""窗口"等词，其中格外引人注目的，是"圆窗"，尤其是文末一段："离开北平一年了。我怀念着我的圆窗和绿友。有一天，得重和他们见面的时候，会和我面生吗？"

问题：《囚绿记》重心是绿，与圆窗何干？为何要提圆窗呢？

王一川在《修辞论美学》一书中曾言："重复或称反复、复叠等是文化常常采用的一种修辞术。透过本文的重复，我们能够捕捉文化的隐曲幽微的气息。为什么某些东西会一再地被重复？为什么恰巧是这些，而不是那些被重复？这后面一定有着值得追寻的文化上的缘由。"

透过窗的重复，我们能够捕捉到怎样的气息呢？

著名美学家宗白华在《园林建筑的空间美感》一文中提道："窗子在园林建筑艺术中起着很重要的作用，有了窗子内外就发生交流。窗外的竹子和青山，经过窗子的框框望去，就是一幅画。"人们通过窗子进行内外交流，既可以实指"房屋内"与"房屋外"的交流，又可指心灵与外界的交流。毫无疑问，陆蠡借助窗，与"绿"进行着心灵的交流和生命的对话。窗的反复出现，进一步强化了"绿"的深层内涵和意蕴。

设计意图：通过细节品读和拓展延伸，培养学生善于发现、善于思考的阅读习惯，进而促进学生进行多维思考，同时借助对"窗"的解读来深化对"绿"的内涵的挖掘，既对上一环节是一种强化和延伸，又对下一环节的探究做了铺垫。

（四）主旨探究

问题：教材上说本文颂扬"绿"（既常春藤）永不屈服于黑暗的精神，从而颂扬了坚贞不屈的民族气节，抒发了作者忠于祖国的情怀，你认同这种说法吗？你认为本文的主旨是什么？请独立思考之后，小组讨论，然后各抒己见。

设计意图：把握的行文脉络之后，学生对文本的整体和细节都会有更为深刻的理解。但根据学情，学生对文章主旨的理解，要么比较浅，要么有偏差，要么停留在"希望""生命"等概念上，为此，有必要再设计一个教学环节，加深学生对文本的核心意蕴的理解。这个环节的设计也是基于《高中语文新课程标准》提出的"学习多角度多层次地阅读，对优秀作品能够常读常新，并且提出自己的看法，在探究活动中，勇于提出自己的意见"。以此学习在文本基础上，用多元眼光，多层级、多角度地分析"绿"的内涵，把握文本的核心意蕴。

（教师提出问题，学生讨论，发散思考）。

学生答案预设一：我认同。原文倒数第二段写"卢沟桥事件"发生了，这就是本文的写作背景，作者写"绿"肯定是有象征意义的，结合时代背景，我觉得"绿"的不屈服于强烈的精神，就是作者民族气节的表现。

学生答案预设二：如果说"绿"是被侵略被压迫的中华民族的话，那么囚禁"绿"的我，岂不就是日本帝国主义的象征了？那又如何表现作者的民族气节呢？

学生答案预设三：我是由于强烈的爱才萌生了"囚绿"的念头，出发点是好的，本意是好的，只不过是超过了一定的限度，这与日本侵华没有可比性。

学生答案预设四：我在离开北平时，将"绿"开禁了，也就是说，常春藤恢复自由的原因是我良心发现，这与中华民族反抗日本侵略的逻辑，也不照应。

学生答案预设五：我觉得本文的主旨是生命，绿色象征着生命与希望，本来就是一首生命赞歌。

学生答案预设六：我觉得本文的主旨是爱要尊重的去爱，而不是自私占有的去爱。

学生答案预设七：我觉得既表现了生命的顽强，同时也只揭示了爱的理性。

教师总结分析：大家讲得很有道理，特别是不能将"绿"与日本侵华与中华民族的抗战简单地画等号，至于本文的主旨，受到刚才几位同学的启发，我认为文本写了生命，但并非单纯的歌颂、赞美生命，而是写了我与生命的一次邂逅，是我对生命的态度的变化历程，而这个态度就是我的内心世界。我的爱、我的自私与魔念，文本是在我与"绿"之间展开的，只有抓住这条主线，爱与生命的主题才能够浮出水面。也就是说，本文表现的应该是要对独立自由的生命充满理性之爱。

（适时板书关键词语，明确要点）

教师总结：

本节课，我们领略了《囚绿记》的脉络之美与意蕴之美。对于一篇优美的抒情散文读懂的标志有两个：一是对行文脉络与关键细节的分析与解读，二是对文章主旨的准确把握，特别是作者在文章中书写的独特的个人经验，抒发的带有强烈个人性的情感。希望我们把握这些方法将散文读懂、读通、读好。

六、说作业设计

推荐阅读陆蠡的《海星》《竹刀》等散文作品，进一步思考散文的阅读之法，下周的阅读交流课上将就本话题进行全班分享交流。

设计意图：一是通过课外阅读巩固课堂所学的散文阅读之法；二是对本单元即散文单元的教学进行总结提升，激发学生的理性思考；三是通过课外阅读进一步培养学生的品读鉴赏文本的能力。

七、说板书设计

《囚绿记》

陆　蠡

窗

我　　需要——爱恋——占有——开释——怀念　　绿

对独立自由的生命的理性之爱

设计意图：板书抓住文本的关键词，突出重点。板书分为两部分，上半部分完成教学目标1，即读顺文章，通过对"绿"的称呼的变化，把握本文的行文脉络。下半部分完成教学目标2，即读懂文章，通过对"绿"的内涵的解释，把握文本的核心意蕴。本设计充分体现教学过程。板书力求思路清晰、简洁明快、重点突出、设计新颖。

《奥斯维辛没有什么新闻》
——没有新闻的新闻报道，主观情感的客观呈现

《奥斯维辛没有什么新闻》教学设计

一、教学设想

《奥斯维辛没有什么新闻》是美国记者罗森塔尔战后访问奥斯维辛集中营博物馆之后写的一篇消息。作者独辟蹊径，突破了新闻作品"客观报道""零度写作"的传统，直接讲述自己以及周围参观者的所见所感，字里行间灌注着个人的情感。作者并没有详细描写这些地方是多么的阴森恐怖，他的目光始终盯着参观者，通过参观者的行动、神态传达他们内心的感受，以此感染读者，引起读者的共鸣。

本文发表之后，各大报纸争相转载，并获得了美国普利策新闻奖，成为人

类新闻史上的佳作。既然是佳作，可供学习借鉴的地方当然很多，比如：现实与历史的强烈反差对比；参观者的感受的创新写法；耐人寻味的细节描写；值得琢磨的精辟的议论以及首尾的遥相呼应等。但本文之所以获得普利策新闻奖并成为名篇佳作的最重要的原因还是突破新闻作品"客观报道""零度写作"的传统，以作者和参观者的感受为主要内容的创新手法。

二、教学目标

（1）了解本篇新闻的特殊性。

（2）分析对比手法的效果。

（3）形成正确的历史观。

三、教学重点

了解本篇新闻的特殊性。

四、教学难点

形成正确的历史观。

五、课时安排

1课时。

六、教学过程

1. 导入

上课之前，请大家看两幅图片，一幅血腥恐怖，一幅生机勃勃。这样对比强烈的画面能共存于同一个地方吗？能，就在奥斯维辛集中营。今天让我们走进罗森塔尔的新闻作品《奥斯维辛没有什么新闻》。

2. 解题

"奥斯维辛没有什么新闻"是一种否定的表述，换成肯定表述是什么？"奥斯维辛有旧闻"。也就是说，奥斯维辛所发生的一切都是大家所共知的事实。

问：奥斯维辛有哪些旧闻？你所知道的奥斯维辛集中营是怎样的？（学生交流，老师总结）

明确：奥斯维辛集中营是纳粹德国在第二次世界大战期间修建的1000多座集中营中最大的一座。由于有上百万人在这里被德国法西斯杀害，它又被称为"死亡工厂"。德国法西斯在集中营内设立了用活人进行"医学试验"的专门"病房"和实验室，还建有4个大规模杀人的毒气"浴室"及储尸窖和焚尸炉。1944年，这里每天要焚烧约6000具尸体。残暴的法西斯分子甚至在焚尸前敲掉受害者的金牙，剥下文身人的皮肤做灯罩，并剪下女人的长发编织成地毯。被杀害的多是犹太人。

看过影片《辛德勒的名单》的同学一定对奥斯维辛记忆犹新。这部经典影片基本都是黑白色调，每天一列又一列火车从被纳粹占领的欧洲国家开进这个大门。那巨大的烟囱终日不停地向外面排放烟雾，也就意味着又有许多人被杀害在毒气室和焚尸炉中。一位党卫军的头目弗里希上尉对一批又一批新来的囚犯说过这样的话："我警告你们，你们不是到一个疗养院来，你们是到一个德国的集中营来，你们除了从烟囱里出去外，就没有别的路走出这儿。"

3. 整体感知

问：参观者在奥斯维辛看到哪些景象？作者是如何表现奥斯维辛的阴森恐怖？

明确：

景象	反应
想象	步履放慢
毒气室	特别恐怖、终生难忘
死囚牢房（头发、鞋子）	停下，浑身发抖
女牢房（盒子）	惊惧万分
试验室	庆幸门没有打开
长廊	深思
地下室	窒息

补充：

（1）"一个温和的微笑"这个细节描写，让人印象深刻，引人深思。举例：《辛德勒的名单》里一个细节——夜里，德军找来大夫，持医用听诊器来勘查楼层夹缝中是否有人藏匿。分析：听诊器本来是给人以生的希望，在这里却带来死亡的信息。"温和""微笑"都是生命、美好的词语，然而美的理想却被毁灭。

（2）为什么会"羞红了脸"？

因为尊严受到强烈冲击。本文不仅展示"二战"背景下奥斯维辛集中营的场景，更希望引发人们对生命、对人性的思考。尊严不在，人何以成为人？

作者运用了侧面描写和细节描写，来表现奥斯维辛的阴森恐怖。

细节：就是对人物、环境的某一局部、某一特征的具体描摹，或对事件发展过程中某一细微事实的形象描写。高尔基称细节是"隐藏在字里行间的魔术"。

4. 思考比较

1947年的新闻一：

奥斯维辛集中营是纳粹德国在"二战"中建立的屠杀人民和战俘的集中营之一。1940年4月在克拉科夫以西的小镇奥斯维辛建造，所辖面积约40平方公里，包括3个集中营，即：奥斯维辛1号营（主营）、奥斯维辛2号营——比克瑙（Birkenau）集中营、奥斯维辛3号营——莫诺维辛（Monowitz）集中营。

奥斯维辛集中营不仅是苦役犯的监狱，还是一座规模庞大的杀人工厂。集中营内设有4个大毒气室、5个焚尸炉以及为各种屠杀活动服务的"医学实验室"。在集中营存在的3年半时间内（1940—1944），曾囚禁过24个国家的民众和战俘，其中包括反对第三帝国的德国人以及所有被占领国的犹太人和吉卜赛人。在此惨遭杀害的共约400万人。

奥斯维辛集中营是20世纪种族灭绝主义的象征。1945年初，德军为销毁罪证，曾炸毁了集中营内的一些大规模的杀人设施。

1947年，波兰将奥斯维辛集中营遗址辟为殉难者纪念馆，展出德寇在集中营犯下的种种罪行的实证，以及囚徒们在集中营内进行地下斗争的许多实物资料。

思考并填写下表：（PPT展示）

《奥斯维辛没有什么新闻》这篇报道与我们在报纸上看到的一般报道有什么不同之处？

（学生探讨交流）

明确：类似"新闻一"的一般报道　　《奥斯维辛没有什么新闻》

时效性　　　　最新发生的事件　　　时效性不强

报道内容　　　客观事件　　　　　　主观感受

情感倾向　　　客观　　　　　　　　主观情感浓厚

明确：最明显的区别是——主观感受　　主观情感浓厚

小结：这篇新闻突破"客观报道""零度写作"的框框，把自己和其他参观者的感受当主要内容来写，字里行间灌注着个人的情感，写出了平静生活掩盖下历史的陈迹，平静叙述中带着强烈的情感。

请大家有感情地朗读这些段落和句子。

七、深入理解

问：文章还写了哪些与集中营的残忍恐怖不相称的景物？作者是从哪些角度进行对比的？有什么作用？

灰色——彩色　　　　　　　阴暗——明媚

毁灭——新生　　　　　　　杀戮——嬉戏

死亡——微笑　　　　　　　绝望——希望

1. 问：为什么写"雏菊""微笑"？

明确：如果看到的仅仅是生命的消亡，人性的丧失，读出的除了沉重还是沉重。"雏菊花在怒放""温和的微笑"，让我们看到生命的力量和希望。

2. 问："阳光明媚"为什么觉得"可怕"？

分析："怕"什么？怕悲剧重演。为何有此担忧？一切恢复平静后，面对阳光明媚，历史在远离，现今人们对历史不再反思，遗忘了过去的一切，把这里当作旅游的地方，当作嬉戏的场所，作者在对比中寄寓讽刺，引发思考。奥斯维辛一切平静如常，没有什么新闻。真的没有什么新闻吗？亡国先忘史。

明确：尊重生命　珍惜和平　铭记历史　警醒现实

3. 问：既然是旧闻，为什么还要写？（学生交流）

（1）非写不可的使命感；

（2）一种不安的心情；

（3）如果不说或不写些什么就离开，就对不起在这里遇难的人们。

4. 小结

忘记历史就意味着背叛，所以旧闻不旧，常说常新。奥斯维辛永远有新闻，尊重生命、珍惜和平、铭记历史的话题永远都不会过时，是需要我们永远铭记、常说常新的集体信条。

5. 链接

（1）"文学"唯有保持与人类苦难的联系，它才是道德的，人性的，人生的，唯有这样，它才可能返回人类的心灵，获得为其他精神创造所没有的温暖和力量。尽管遗忘的诱惑是巨大的，但我们绝不能屈服，牢记是我们的道义和责任。

——施罗德

（2）美国新闻界的最高奖项，自1917年以来每年颁发一次，分为14个新闻奖和7个艺术奖两类。普利策奖每年评选一次，评选结果一般都在4月宣布，5月颁奖。普利策奖代表美国新闻界的最高成就。

（3）倘若一个国家是一条航行在大海上的船，新闻记者就是船头的守望者，他要在一望无际的海面上观察一切，审视海上的不测风云和浅滩暗礁，并及时发出警报。

——普利策

6. 普利策新闻奖评审组颁奖词

奥斯维辛作为纳粹德国屠杀犹太人的"杀人工厂"而为人们所熟悉，各国记者纷纷报道它的残酷、血腥。罗森塔尔本着记者的良知独辟蹊径，突破了"客观报道"的框框，着眼细节，以冷峻的视角深沉地描述了今天的奥斯威辛集中营博物馆，在恐怖与快乐、战争与和平、历史与现实的反差中，它召唤起人们对于灾难的记忆、关于生命的思考、关于人性的自省。他的发表，充分地表现了一名新闻记者的使命感，更以迫人的力量震撼生者的心，成为新闻史不朽的名篇。因此，我代表普利策新闻奖评审组把本届普利策新闻奖中的最佳消息奖颁发给《奥斯维辛没有什么新闻》的作者罗森塔尔。

八、拓展延伸

问：如何正确对待民族的悲剧历史？

明确：形成正确的历史观，铭记历史的同时放下仇恨。

结语：

今天，通过学习《奥斯维辛没有什么新闻》，我们深切体会到战争的残酷。罗森塔尔本着记者的良知和使命感，字里行间饱含着个人的感受和情感，以前所未有的创新手法带给读者震撼人心的力量。最后，让我们以史为鉴，捍卫和平！因为，遗忘屠杀，就是二次屠杀。

作业

课外活动：参观南京大屠杀纪念馆

附：板书设计

《奥斯维辛没有什么新闻》

罗森塔尔

没有新闻———→有旧闻———→旧闻不旧———→有新闻

《寡人之于国也》——双线交织说王道

《寡人之于国也》教学设计（第一课时）

一、教学目标

（1）积累"凶""数""直""发""兵""胜"等重要文言实词的含义，掌握文中重要的状语后置句、宾语前置句。

（2）疏通文义，厘清本文思路。

（3）概括梁惠王和孟子论说的要点。

二、教学重点

疏通文义，厘清本文思路。

三、教学过程

1. 导入

（投影）

天时不如地利，地利不如人和。（《孟子·公孙丑下》）

得道者多助，失道者寡助。（《孟子·公孙丑下》）

民为贵，社稷次之，君为轻。（《孟子·尽心下》）

这几句名言，都是大家初中学过的，它们都出自《孟子》一书。这些智慧的名言如一粒粒闪亮的珍珠，折射出孟子思想的精髓，那就是民本的王道仁政思想。今天我们学习的《寡人之于国也》就是节选自《孟子·梁惠王上》的一篇论政言道的散文。

2. 读准字音，疏通文义

（1）听朗读，注字音。（见课件）

补充提示：大家看文章时有没有发现课文第4—7段，其实是完整引用的孟子的话，现在把它们分成四个段落后，其中第4—6段只有上引号，没有下引号。这是引号的一种用法，引文分段时，不打上引号读者不知道是引用，如果打了下引号，给人感觉话语之间是隔断的。所以遇到引文是一个整体，但为了表达的需要进行了分段，这时每段段头打上引号，直到引完，才打下引号。

（2）释词语，通文意（见课件）

3. 整体感知，理思路，明内容

（1）这篇文章是孟子和梁惠王的一次对话，他们讨论的核心问题是什么？

明确："使民加多"的问题。

（2）梁惠王怎么看待这个问题？

明确：他认为百姓不归附他，他是无法理解的。

"邻国之民不加少，寡人之民不加多，何也？"这句话的潜台词是"寡人之民应该加多"。

（3）他为什么认为自己国家的百姓应该加多呢？他不理解的理由是什么？

明确：A.我尽心了——寡人于国，尽心焉耳。

B.理由：你看凶年时我移民移粟，我治理国家，对老百姓很用心了。

小结：梁惠王说的似乎有理有据，所以话语之间有种愤愤不平之义。

（4）孟子又是怎么看待这个问题的？

明确：孟子不同意梁惠王关于民不加多问题的认识。"王如知此，则无望民之多于邻国也。"民不加多是有原因的，不值得奇怪。

（5）"王如知此"的"此"是指什么？

明确：用文中的话是"以五十步笑百步"。其实他说的这个故事背后的道理就是以量代质。

用现代语言表述这句话就是，自己以为"移民移粟"就是"尽心"了，就是仁政了，"为政"就比邻国好了，而其实和邻国为政是一样的，因为移民移粟治标不治本，是拆东墙补西墙，是出了大问题时的应付。"用心"和"应付"是不同的。应付百姓，那么老百姓不依附当然也就不奇怪了。

"王如知此，则无望民之多于邻国也。"

按顺序翻译：大王如果懂得这个道理，就不要指望自己的百姓比邻国多了。

质疑：既然懂得这个道理，为什么还会没指望呢？

明确：这里应该有个省略，就是"还坚持原有的观念或做法"。

完整的翻译是"大王如果懂得这个道理，还坚持原有的观念或做法，就不要指望自己的百姓比邻国多了"。

（6）问：揣摩孟子这句"王如知此，则无望民之多于邻国也"有几层含义？

明确：A.承上指出梁惠王的错误。移民移粟（应付）≠ 尽心≠使民加多。

B.强调梁惠王知道这个道理（不可以量代质，不可把应付当作用心）的重要性。只有先懂得这个道理，两人才有继续谈下去的可能。

C.肯定梁惠王希望民加多的积极心态，同时启发对方从理论上知道错误到行动上做出改变，从渴望使民加多的心动到实行正确的使民加多的行动。聚焦"做到""行动"这个问题，为下面论辩做铺垫。

小结：我们把孟子的话还原一下，孟子说，大王如果知道五十步笑百步中不能以量代质的道理，但是还坚持以前的观念和做法，就不要指望让老百姓增多喽。言下之意，必须改变观念和做法，怎么改？这就水到渠成地引出了下文。于是，孟子开始宣讲自己使民加多的要义，用文中的关键词来概括就是实行"王道"。

（7）孟子认为，国君实行王道可以分成哪三个步骤？这三个步骤的内容分别是什么？

"不违农时，谷不可胜食也；鱼鳖不可胜食也；斧斤以时入山林，材木不可胜用也。谷与鱼鳖不可胜食，材木不可胜用，是使民养生丧死无憾也。养生丧死无憾，王道之始也。"

"五亩之宅，树之以桑，五十者可以衣帛矣；鸡豚狗彘之畜，无失其时，七十者可以食肉矣；百亩之田，勿夺其时，数口之家可以无饥矣；谨庠序之教，申之以孝悌之义，颁白者不负戴于道路矣。七十者衣帛食肉，黎民不饥不寒，然而不王者，未之有也。"

明确：养民、富民、教民。

（8）为什么实行这三个步骤？实行了王道后，老百姓就会归附国君吗？

明确：老百姓看到国君把心真正用到他们身上，一心一意关爱百姓，想让百姓过上好日子，他们也会爱你，也就会归附你。

小结：可见孟子在这里说的王道的核心就是爱民之道，是对百姓真正的用心、尽心。跟依靠武力战争、依靠烧杀抢掠来争夺人口，争夺天下的霸道完全不同。

文章最后，孟子说大王做到了这些，不归罪年成，百姓自然就归顺了，"使民加多"的愿望就自然而然实现了.

四、作业

（1）熟读全文。

（2）仔细品读人物语言，领略孟子的论辩艺术。

附：板书设计

梁惠王　　　移民移粟————→尽心————→使民加多

孟子　　　　移民移粟（应付）≠　尽心 ≠　使民加多

　　　　养民、富民、教民————→王道————→使民加多

　　　　　　　　　　爱民之道

《寡人之于国也》教学设计（第二课时）

一、教学目标

（1）理解孟子主张"王道"、反对"好战"的思想。

（2）鉴赏孟子形象生动且万变不离其宗的论辩艺术。

二、教学重点

把握孟子逻辑严密的论辩思路，鉴赏孟子高超的论辩艺术。

三、教学过程

1. 导入

上节课我们学习了词语，厘理清了课文的思路。本节课我们要进一步深入解读课文，理解孟子的王道思想，并初步鉴赏孟子的论辩艺术。

上节课我们已经知道孟子和梁惠王讨论的核心问题是什么——使民加多。

无论是主张实行王道的孟子还是实行霸道的梁惠王，都认识到使民加多的价值。

2. 文本研读，体会孟子的王道思想

（1）"不违农时""数罟不入洿池""斧斤以时入山林"，这跟让老百姓归附，跟使民加多，有什么关系呢？

A.什么叫"农时"？老百姓该种地时种地，该收割时收割。老百姓该种地时不种地，该收割时不收割，他们都到哪里去了？对，去服劳役，去打仗了。在春秋战国时代打仗是常态，所以想要"不违农时"君王就得停止好战，不要过分动用民力，才能让百姓有时间从事农业生产。

B."数罟不入洿池""斧斤以时入山林"这是说不要过度提前食用、使用，也就是要节用。为什么会提前用呢？在当时主要就是因为打仗。一打仗，要保证粮草武器的供给，吃的用的就会无休止增加。不够用怎么办？不该用的

也用了。大鱼没有了，就吃小鱼。过去冷兵器时代，枪棒啊，战车呀，直接需要大量木材，长矛利剑这些武器，也需要冶炼，那时没有煤，只能靠烧木材，木材无止境地急需，只能滥砍滥伐。

小结：孟子实际上在说，因为打仗过分消耗，又耽误农时，致使物质匮乏，老百姓缺衣无食，怎么会归顺你呢？（原因）所以不能过分动用民力，不能老打仗，这样老百姓有粮食供养活着的人，同时有人力又有财力物力为死去的人办丧事，如此爱民养民，百姓自然就归顺了，民自然就加多了。（方法）

（2）"五亩之宅，树之以桑""鸡豚狗彘之畜，无失其时""百亩之田，勿夺其时"这些跟让老百姓归附，跟使民加多，有什么关系呢？

明确：孟子积极拥护"井田制"，拥护"耕者有其田"，有了自己的田，百姓又能自己做主，土地才能得到充分利用。五亩之宅是宅基地，宅基地本身是用来住的，现在也要利用起来，种上桑树。百亩之田是耕作田，耕作田只要按时耕种劳作，有几十口人的大家庭，都不会挨饿的。老百姓能全心全意生产，还可以养点鸡鸭猪狗，作为农业生产之外的副业，日子就更好一点了。而这些都是在社会安定的条件下才能实现的，所以这既是以美妙的图景吸引梁惠王，也是在规劝梁惠王改弦更张，不要好战。

问：这里的"无失其时""勿夺其时"，与前面的"不违农时"一样，都是说不要耽误它本来的时节，如此反复，论述的内容不是重复了吗？

明确："不违农时"是指广义的粮食生产，是为了"有的吃"，从而迅速改变战争带来的穷困局面。"无失其时""勿夺其时"具体讲发展农副业生产，是能"吃的好"，描述的是社会的安定局面，"违""夺""失"有主观、人为、任意导致的后果之意。如此反复，从不同角度、不同层次强调实行王道必须做到不要人为任意地"违""夺""失"其时，要让耕作、生产、生活都回归到正常的状态。

是谁导致"违""夺""失"其时？好战的君王。

问：为什么强调五十岁的人才可以穿丝织品，七十岁的人才可以食肉？

《孟子·尽心上》里为此做了很好的补充注释：五十非帛不暖，七十非肉不饱。老年人年纪慢慢增大，身体却越来越衰弱，需要穿丝织品才足以保暖，需要吃肉才足以补充营养。这是老年人身体的基本需求。

这是借老年人这一侧面概括了社会每个群体的基本需求都能得到满足的社会现状。这样的社会是安定的，社会物质是充分的、富有的。用现代概念来解释，就是温饱基础上的小康社会了。

（3）"谨庠序之教，申之以孝悌之义，颁白者不负戴于道路矣。"所描述的社会特点是什么？这跟使民加多有什么关系？

明确："谨庠序之教"是措施，"申之以孝悌之义"是内容，"颁白者不负戴于道路矣"是效果。兴办教育，教民什么？是孝悌之义，是仁义之道。效果是老年人不需要干重体力活了，为什么？因为A.社会有尊老的文明风尚。B.年轻劳动力得在家。

这里描述的社会特点是文明有序仁爱有礼，这是百姓们向往的社会，自然就归顺了，这样的社会，民必加多。

小结：君王施政的养民、富民、教民的三个步骤，正对应着社会效果的温饱、小康、文明的三种状态。而这个温饱富裕文明社会的达成，必然少不了哪个条件？

社会稳定。怎么才能稳定？停止好战。

（4）如何理解"狗彘食人食而不知检，涂有饿莩而不知发，人死，则曰：'非我也，岁也。'是何异于刺人而杀之，曰'非我也，兵也'？"的含义？

明确：①这是孟子针对社会现实发表的议论。路上到处都是饿死的人，你们这些王公贵族放任畜生吃人食，你们应该把粮食拿出来给人吃，你们应该打开粮仓救济百姓。孟子在此对君王不关心百姓的行为进行了批判。②为了加强批判意味，孟子又打了一个比方，刺杀人之后，杀人者貌似很无辜地说，不是我杀的，是兵器。杀人者简直把别人都当成了"傻瓜"，这种推脱责任的说辞是多么荒诞和可笑啊，这浓浓的讽刺意味，对于好战并身经百战，杀人无数的梁惠王来说，简直就是一种变相的敲打！

问：当时的社会为什么会普遍出现"涂有饿莩"的现象呢？

明确：不安定，战乱。你只要给百姓时间和土地，他们至少能吃饱穿暖。所以根本原因还在君王好战。

（5）孟子从否定角度反面说"王无罪岁"，那么"斯天下之民至焉"，根据你对全文内容的理解，试着从正面角度解释孟子这句话。

明确：最后，孟子总结说，你不要把责任推给年成，要从主观上找原因，你不关心百姓，才会好战，你好战，就不可能关心百姓。

所以你要停止好战，你要真正关心百姓，实行王道仁政，真正对百姓"尽心"，老百姓就会归顺你了。（板书）

小结：从以上分析，我们可以看到，孟子王道思想的核心就是爱民，一切为民着想，只有一切为民着想，才能说是"尽心"。最后一段的作用是在照应开头，回答梁惠王的提问。

3. 手法鉴赏，领略孟子高超的论辩艺术

说理是一门艺术。这不光要求你的"理"是正确的，有逻辑的，还要求你有恰当的表述方法，能说服听者，"服"才是最重要的。本文中，梁惠王听了孟子的话服了吗？梁惠王没有反驳，是服了的。当然，他是否实行，那又是另一个问题了，不在我们今天讨论的范围。既然说服了梁惠王，就足见方法是恰当的。你能说说有哪些方法吗？

（1）看人下菜，增强谈话效果

本文孟子的话是说给梁惠王听的，他说什么、怎么说就必然要由这个特定的对象决定。根据杨伯峻先生的考证，孟子年近七十才来到魏国大梁，梁惠王当时在位已经五十年，年纪也在七十上下。也就是说，《寡人之于国也》，其实是两个饱经沧桑的老人在进行的一次关于政治理念、社会理想的交流和探讨，都是为了使民加多。梁惠王使民加多的目的是增加兵员，打仗。孟子是让百姓安居乐业过上好日子。可以说两个人是南辕北辙，背道而驰。两个人本来是无法对话的，但孟子不愿放弃这个机会。他认为两个人还是有论辩的基础的，那就是都想使民加多的愿望。所以孟子在两个人共同使民加多的愿望之上，借题发挥，宣传王道思想。当然他也知道这次谈话不容易，不可激化矛盾。所以在梁惠王表述观点后，孟子明知其错误并没有点破他、批评他，而是另起话题，使谈话得以顺利进行下去。再者，他知道，一个七十岁的老人不可能随便听进去别人的直接说教，所以，他先从梁惠王爱听的说起。

（2）投其所好，拉近感情距离

补充：孟子和梁惠王谈话的社会背景：

刘向《战国策序》："上无天子，下无方伯，力功争强，胜者为右。"

司马迁《史记·孟子荀卿列传》："秦用商君，富国强兵；……齐威王、宣王用孙子、田忌之徒，而诸侯东面朝齐。天下方务于合从连横，以攻伐为贤。"

因此，这个"好战"的梁惠王，其实只是时代潮流的顺应者而已，或者说是众多"好战"王的一个代表。

当孟子说"王好战"的时候，估计不仅仅是对梁惠王治国困惑的解答，更多的是对其在位五十年的概述，并能勾起梁惠王英雄般戎马生涯的回忆。更进一步说，"王好战"这三个字，对梁惠王来说，不仅仅是回忆，更是打开情感闸门的钥匙。否则，梁惠王也不会对孟子的"战喻"回答得如此之快，如此之坚定，如此之自信。王好战，在当时习以为常，甚至是英雄之举。

（3）设喻取譬，避免直接对抗

一般来说，设喻取譬的目的或作用都是要生动形象，本文当然也是如此。而本文还有一个作用，就是不涉及原话题，以避免尴尬或刺激，用时又可以激发联想，使问题在更广泛或更深入的范畴内得以解决。这种委婉的方式比直接批评梁惠王不懂得质与量的关系要更易于接受。

（4）投石问路，试探对方态度

孟子在说了五十步笑百步的故事之后，为什么不直接说出自己的判断呢？他为什么还要问一句"以五十步笑百步，则何如？"前面我们分析过了。孟子其实在投石问路，这个问题就是他投的石头，以此看看梁惠王的态度。待对方回答后，孟子才表态。充分、准确了解对方的思想动态才能对症下药。相信，假如梁惠王不是如现在所答，那么，本文的行文也就不会是现在的样子了。

（5）抓住要害，万变不离其宗

孟子从好战说起，是不是在赞美梁惠王的好战之举？不是。

"好战"恰恰是梁惠王的民不加多现象背后的症结所在。抓住好战，就抓住了问题的要害。

孟子如何把这种对王好战的否定态度传达给戎马一生并以此为荣的梁惠王呢？

A. 看孟子是怎样描述战事过程的？"填然鼓之，兵刃既接，弃甲曳兵而走"就这几句，大国征战，战鼓震天，铁骑突出，刀兵相接，突然急转直下，丢盔弃甲，一片混乱，战争变成了虎头蛇尾的游戏。"笑"，是失败一方的内部嘲弄之态，一群乌合之众，溃不成军，不知耻辱。

B. 孟子在论说王道的措施和效果时都侧重强调君王停止好战的重要性。君王喜好战争和任意征伐，过度调用民力，必然会违农时。因为急需物质，斧斤不可能以时入山林，数罟必会入洿池，民不可能顺利养生丧死。七十者不可能衣帛食肉，颐养天年，战乱之中，民不聊生，又何谈教化？孟子始终强调的一个前提条件是停止好战。这一点，作为当事人的梁惠王定能心领神会。

C. 狗彘食人食，涂有饿莩，不正是当时王不关心百姓，王好战带来的民不聊生的社会现实吗？

D. 刺人而杀之，则曰：非我也，兵也。不难想象，好战的君王们面对战争中死伤无数的罪恶后，也会经常找些堂而皇之又可笑至极的借口吧。

小结：孟子"王道"的内容有很多，如："与民同乐""民贵君轻""乐以天下，忧以天下"等。为了实行王道，孟子反对严刑峻法，反对沉重的赋税等。孟子在《寡人之于国也》里始终围绕战争带来的后果和休战带来的好处去论说。论说内容是丰富的，有原因分析、具体措施、实施步骤，有蓝图描绘和现实揭露等。论说方法是多样的，有比喻、排比、对比等。但论述万变不离其宗，这个宗，就是否定"好战"，主张停止不义之战。

这一招最能体现孟子论辩的严谨而周密的逻辑性，这条逻辑线承载的信息藏在暗处，不动声色，不易察觉，却时时处处要传达给梁惠王。

4. 总结

链接：依据《汉语大词典》上的解释，"喻"的含义为：①晓谕，告知，开导；②知晓，明白；③说明；④比喻；⑤姓。课下解释为"比喻"，是打比方。

从这个角度看，孟子"喻"就不仅仅是比喻了，还可以有"明白、晓谕"之意。宣讲自己主张实行王道的政治理想的同时让梁惠王明白霸道征伐的问题所在。

以自编的一个小故事结束本课的学习。

话说公元前320年左右，梁惠王病了，而且病得不轻。江湖名医孟老先生给他搭脉问诊，略一思考，就开了这么一个方子：

①病因：好战，春秋无义战。

②症状：民不加多，五十步笑百步。

③药名：停止好战，实行王道。

④用法：三个疗程。第一个疗程：养民，使其温饱；第二个疗程：富民，达至小康；第三个疗程：教民，涵养文明。

⑤用量：多多益善。

⑥不良反应：无。

⑦适合人群：古今中外一切治国者。

5.作业

（1）背诵全文。

（2）课外阅读经典著作《孟子》，全面了解孟子思想及其论辩艺术。

附：板书设计

停止好战 ━━━━▶ 爱护百姓 ━━━━▶ 实行王道 ━━━━▶ 使民加多

《大天而思之，孰与物畜而制之》
——天意高难问，人事自可追

《大天而思之，孰与物畜而制之》说课稿

一、说学情

（1）学生已学习《论语》选读、《孟子》选读和荀子的《劝学》。

（2）学生已积累一定的文言文基础知识。

因而，解读本文就要注意联系学生的现实人生问题，把教学的重点放在理解荀子思想及其文章的独特性和价值上。要注重引导，更要以智激智。

二、说教材

1. 教材的地位及作用

（1）《大天而思之，孰与物畜而制之》属于人教版选修教材《先秦诸子选读》第三单元《荀子》选读，节选自《荀子·天论》。本教材共分为七个单元，分别选儒道墨法四家思想。单元分为"作者介绍""引入话题""阅读文选""思考与练习"和"相关链接"五个部分。

（2）荀子是先秦时期最后一位儒学大师，在我国文化史上具有非常重要的承上启下的作用。本单元内容只有一节，但却集中体现了荀子思想的核心。

（3）本文主要涉及荀子对天人关系的思考。荀子认为，人世的治乱不是由天决定的，而是由人决定的。在治乱中，人的因素大于天的因素，进而强调，人不要依赖天、仰慕天，而要尊重、遵循自然规律，要重视人的努力。文章大量使用排比，节奏鲜明，气势磅礴，说理缜密，富有感染力。学习本文有助于学生议论文写作，有助于学生对天人关系的理解。

2. 教学目标和重难点

（1）教学目标：①理解荀子"制天命而用之"的天人观念。②理解文章论证的逻辑性。③探究荀子天人关系的观点在当时和当下的意义。

（2）教学重难点

本课将教学重点放在了"感受荀子文章的艺术特质和思想魅力，体会荀子对天人关系的认识"上，以便逐步拓宽学生的文化视野，提高学生文化修养。让学生可以理解到本文独特的思想价值，理解荀子的天人观，从中得到启发。本课的重点同时也成为本课的难点。

三、课时安排

长文短教，1课时。

四、说教法和学法

本节课的指导思想坚持"以学生为主体，以老师为主导，以研思为主线"的教学思想。我借助"三读"来对文本采取"理——思——研"的教学模式，教学过程的构思是：一读文本理思路，二读文本思内涵，三读文本研意义，以培养学生综合阅读和思辨能力。同时，在教学过程中既有预设的问题，但重在课堂生成，充分发挥学生的主动性，体现选修教材的教学理念。

五、说教学流程

1. 导入新课

图片对比引入，学生谈观感。

设计意图：借助图片的强烈对比，激起学生对图片内容的思考，强化人在"天"（自然）面前的作用，引出天和人的关系这一话题，为理解荀子天人关系的观点做铺垫。

2. 一读文本理思路

（学生读文思考，教师适时引导）

借助最后一段两句话"大天而思之，孰与物畜而制之"和"从天而颂之，孰与制天命而用之"为线，梳理文章内容。（适时板书重要词语，明确文章重点）

问题："大天而思之""从天而颂之"什么意思？为什么不能这样？

"物畜而制之""制天命而用之"什么意思？为什么要这样？

全文层次清晰，条理井然，可以指导学生抓住关键句，如：

第一段："治乱非天也""治乱非时也""治乱非地也"。

第二段："天有常道矣，地有常数矣，君子有常体矣。"

第三段："君子敬其在己者而不慕其在天者""小人错其在己者而慕其在天者"。

第四段：怪之，可也。而畏之，非也。

第五段：可怪也，而不可畏也。

第六段：故君子以为文，而百姓以为神。

第七段：故人之命在天，国之命在礼。

设计意图：紧扣文本，整体把握文意。

3. 二读文本思内涵

（小组合作研讨，教师点拨）

重点研讨第一、四、五段和第八段，厘清逻辑关系。

理解荀子天人关系的真实内涵，彰显荀子思想的可贵之处。

问题：在"治"和"乱"中，人怎样看待"天"与"人"的作用？

第一段：治乱由人不由天。

第四段：天之乱，可怪，不可畏。

第五段：人之乱，可畏，不可怪。

对比手法

第八段：人该怎样对待"天"。

在与学生的讨论、思考中厘清文本的论证逻辑，充分理解荀子文章说理精辟、严密的特点：

设计意图：紧扣教学目标的第1、2点

补充解读：荀子之前的孔子和孟子等人都一度深信殷商以来流传的天命论，相信人的命运都是天安排的。孔子在其弟子颜回死后，长叹"天丧予！天丧予"！墨子则一再告诫墨者不要"得罪于天"，否则将"无所避逃"。就连讲求逍遥的庄子也认为人要"齐物"，达到与天为一的境界。在他们的眼中，天高高在上，神秘莫测，主宰万物，人更多的是选择匍匐在天的脚下。

而在战国的历史现实中，诸侯国的国君争着用人畜"祭告上天"，以"祈求国运"，他们甚至称天为"天帝"，称自己只是"天"的儿子。电闪雷鸣这样的自然现象，全都被视作天的旨意。

思想界在天人的关系和认识上的畏缩，现实中在天人关系实践上的错误，彰显出荀子思想的可贵之处。

设计意图：通过延伸拓展，深化学生对荀子天人关系观点内涵的理解。借助学生已有的知识，从思想和历史角度深入解读文本价值，促进学生进行多维思考。

4. 三读文本研意义

（教师提出问题，学生讨论，发散思考）

对比思考：通过小组讨论，结合注释8，理解"制"的含义。

"制"，课下注释解读为"控制"即驾驭、驯服，也就是战胜它，这是否能真正体现荀子的本意？（PPT提供清华大学教授解释文段，供学生对比思考讨论）

清华大学历史系教授廖名春翻译第八段：

推崇自然而寄希望于自然，哪里比得上畜养自然物产而合理地加以安排？听从自然而颂扬自然，哪里比得上培育造就自然物产而享用它？盼望好天时而消极地等待它，哪里比得上相应天时而使天时为我所用？依赖自然物产而赞美上天的恩赐，哪里比得上尽力施展人的才能来生产它？思慕自然物产而以之为神，哪里比得上管理好自然物产而不失去它们？寄希望于"生物"的天，哪里比得上"成物"的人？所以放弃了人的努力而寄希望于上天的恩赐，就违背了天下万物"天生人成"的本质。

设计意图：根据《高中语文新课程标准》"学习用现代眼光去审视作品的思想倾向，培养科学精神"，学习用现代眼光去审视荀子天人关系的意义。

启示：战国混乱，当时很多人认为是天的因素在起作用，荀子鲜明地提出了是由于人的因素，他更清楚地认识到当时的现实。对今天来说，一方面要继承荀子的思想，另一方面又要发展和完善荀子的思想，在当前环境污染、自然灾害、局部战乱中，如何看待与处理天与人的关系，给予我们深刻的启示：既要尊重遵循自然规律，又要敬畏自然，达到天生人成。（适时板书关键词语，明确要点）

5.布置作业

《劝学》与本文都运用了"对比"的论证手法和"排比"的修辞手法，试分析其作用。

设计意图：一突出文章在论证和修辞上的特点；二让学生温故知新，运用已有的知识举一反三；三培养学生的比较分析能力。

附：板书设计

大天而思之，孰与物畜而制之

荀子

大天思之　　物畜制之

？　　！　　天生人成

从天颂之　　制天用之

设计意图：板书抓住文本的关键词，突出重点，借助"？""！"体现教学过程。"天生人成"的观点是从文章关键句"愿于物之所以生，孰与有物之所以成"中提炼出来的，体现荀子天人关系的精华。板书力求思路清晰，简洁明快，重点突出，设计新颖。

《祭十二郎文》——悲痛家凋谢，谁解孤独人

《祭十二郎文》教学设计

一、教学设想

本课笔者不止教过一次，每次把中心定位于对十二郎的痛惜怀念之情时，总感觉隔靴搔痒，没有触及韩愈情感深处，后来经过仔细研读、比较，发现韩愈的痛点不止在侄子的个人命运，更多的是家族之悲。基于此，本课的设计目的是让学生理性地把握"悲什么"，而不是纯粹感性地体会"怎样悲"。至于侄子离世之痛悼，仕途坎坷之无奈，病体衰弱之苦楚，后辈幼弱之担忧这些情感学生容易掌握，它们也都统摄于家族之悲，所以本课不作为重点。

二、教学目标

理解作者在本文所抒发的家族之悲。

三、教学重点

理解作者因侄子早逝而引发的家族崩摧的恐惧感和自己孤立无援的孤独感。

四、教学难点

了解封建宗族思想对韩愈的影响。

五、教学方法

诵读法，点拨法，自主、合作探究法。

六、课时安排

1课时。

七、教学过程

1. 导入

（由苏轼对韩愈文章的评价"文起八代之衰"，引出《祭十二郎文》在当时当世的价值就在于"真情"）

今天，我们学习韩愈的《祭十二郎文》就是一篇冲破了先前祭文固有形式的文章，乃祭文中的"千古绝调"，为人们传诵不绝，读来真的是字字是血，字字是泪，不愧是"至情之文"。

2. 过渡

（在多重悲痛中提出悲的层次性的疑问，引发学生思考）

家族衰落之悲，侄子离世之悲，仕途坎坷之悲，病体衰弱之悲，后辈幼弱之悲，这其中哪一种悲最深、最痛、最根本、对韩愈打击最大呢？

本单元"赏析指导"的主题是"散而不乱、气脉中贯"，就本文而言，贯注于文章的气脉，就是由十二郎之死引发的悲痛之情。这种感情表现得最明显、最突出的是哪一段？（明确：第五段）

PPT展示：噩耗突闻疑是假，悲心锥痛不信天

3. 学生朗读、思考

（1）韩愈听到噩耗时的第一反应是什么？为什么会有这样的反应？

（2）后来他的心理又有了什么变化？

明确：

表14

心理变化	具体表现	心理状态
怀疑 "呜呼，其信然耶？"	因果报应的逆反： "盛德""夭其嗣"？ "纯明""不克蒙其泽"？ 生命轮回的失序： "少者强者夭殁""长者衰者存全"？	不愿相信、不敢相信家族没有继承人了。
接受 "呜呼，其信然矣！"	动摇了对天地神明公理天命的信仰： "所谓天者诚难测，而神者诚难明矣。" "所谓理者不可推，而寿者不可知矣。"	不得不信，无能为力、无可奈何、颓丧绝望。

补充：夫天者，人之始也；父母者，人之本也。人穷则返本，故劳苦倦极，未尝不呼天也；疾痛惨怛，未尝不呼父母也。

——《史记·屈原贾生列传》

问题：后人在给后一部分加标点时，如此强烈的感情，为什么不用感叹句，而用陈述句呢？

明确：陈述句，更内敛，更隐忍，更压抑，更绝望。

（只有仔细揣摩了韩愈的心境，才会标出这么到位的标点）

学生再次朗读第五段，巩固理解。

其实，打击之大文中很多处都有体现，比如套语部分哪一处最能体现韩愈受打击之大？

明确："闻汝丧之七日，乃能衔哀致诚"的"乃"。

小结：第五段是从心理状态看作者受打击之大。第一段是从时间跨度看悲痛之深。

过渡：十二郎是韩愈的侄子，侄子去世，痛惜在所难免。但怎么能痛惜到这样的程度呢？十二郎死了，天就塌了，一切都完了。为什么？

PPT展示：兴家旺族责任重，光宗耀祖仕途难

1. 品读第二段

思考：

（1）如果重点突出叔侄情深的话，通常会回忆哪些内容？

（2）第二段写了什么内容？流露出韩愈什么样的思想情绪？

明确：

按常理来推。一篇祭文要想主要表达情深义重，表达对死者的怀念，如《祭妹文》，会选取大量和逝者之间交往的细节。不仅仅是这些，作者由侄子之亡联想到家族的衰微，因而悲苦、恐惧和孤独复杂感情袭上心头。

家族不旺。表现："少孤""上有三兄，皆不幸早世""两世一身"，（"遇汝从嫂丧来葬"），现在十二郎也死了，我（"视茫茫、发苍苍，而齿牙动摇"）。

心理状态：恐惧——家族无后，面临灭顶之灾。

孤独——"吾时虽能记忆，亦未知其言之悲也"韩愈和嫂子都是一个人带着年幼的孩子，独立支撑着家族大厦。韩愈身临其境，体会到了嫂子话里孤独的悲哀。

（学生朗读第二段。）

过渡：除了家族不旺之外，还有没有其他原因使他产生这种恐惧感和孤独感？

2. 品读三、四段

思考一：第三段写了什么？写这些内容的目的是什么？

明确：聚少离多。表达作者对十二郎照顾不周的自责（"诚知其如此，虽万乘之公相，吾不以一日辍汝而就也！"），表现作者两难处境的尴尬（第四段有一句话就是对第三段的高度概括，"吾不可去，汝不肯来"）。

思考二：按说家族不旺，后来嫂子也去世了，韩愈应该在家照顾好侄子，为什么要外出求官，而且还说我不能离开呢？

明确：家族不显，我必须在外做官。

补充：

韩愈家世——韩愈的祖父韩睿素，曾担任桂州都督府长史。

七世祖韩茂是北魏的大将军，后来官至宰相。

韩愈父亲是武昌县令。

兄长韩会任韶州刺史。

到了韩愈这一代，尤其兄长去世后，门庭败落，家族不显。

立身行道，扬名于后世，以显父母，孝之终也。

（《孝经·开宗明义章第一》）

韩愈不一定是河北昌黎人，但他自称"郡望昌黎"，表现他追求出身名门贵族的欲望，当然也是不忘自己光耀门楣的责任。

思考三：十二郎突然去世，对我振兴家族的追求有什么影响吗？

明确：没有了后盾和精神支持。

　　　　应验了家族短命的宿命。

　　　　宦海沉浮、仕途不顺。

韩愈在第十一段说"吾其无望于人世矣"，孤独无依、心灰意冷的韩愈叫天不应、叫地不灵、无可倾诉、无人回应。

人的诸多情感中，哪一种情感最痛苦、最可怕，最能打垮一个人的意志？

明确：孤独感。

马尔克斯在《百年孤独》里指出，孤独是人的一种精神困境。

小结：可是十二郎不在了，家族兴旺无望，家族显耀无望。

本文主要是悲十二郎吗？不是。悲什么？家族，悲家族振兴无望。

本文仅仅表达对十二郎的痛惜和怀念吗？不是。是由十二郎之死引发的家族崩摧的恐惧和自己独立支撑的孤独，甚至绝望，这种感受在第五段达到高潮。

PPT展示：悲如潮水随风去，浪静之后意深沉

作为一篇祭文，其实到此可以结束了，后面的内容看起来絮絮叨叨，都絮叨了什么？有什么作用？

内容：悲自身，悲子孙，悲病因，悲殁期，安排善后，自责自叹。

要点预设：

（1）"几何不从汝而死也"不要多久，我也要死了。韩愈怕我这一死，家族就彻底完了，恐惧。

（2）"如此孩提者，又可冀其成立耶？"实际上悲家族后继无人，恐惧。

（3）"其竟以此而殒其生乎？抑别有疾而至斯乎？"韩愈在自言自语，怎么就死了呢？不明病因，家族其他人也多是壮年死去，韩愈恐惧、孤独甚至绝望。

（4）韩愈一个人孤苦伶仃地处理一切，有种"汝死我葬，吾死谁埋"的悲凉。

作用：

（1）家族仍是内心的痛，进一步强调家族之悲。

（2）仍然笼罩在恐惧、孤独中，可见悲痛之深。

（3）以"悲"为气脉，中贯全文，余悲不绝。

问题思考：

（1）由"吾其无意于人世矣"看出，韩愈说不想做官了，而实际上韩愈从未停止做官，而且官越做越大，也能做到为官一任，造福一方。这矛盾吗？

明确：不矛盾。都是对家族高度的责任感。悲痛是责任感，不被悲痛打倒去做官也是责任感。

（2）韩愈从家族责任感到造福社会的经历，给了我们怎样的启示？

明确：一个人对家族对社会的责任感是统一的。

所以，以家族为核心的责任感不仅能激发一个人的斗志和拼搏，不仅能光宗耀祖，也直接地造福社会。

课堂总结：纵观全文，十二郎之死使韩愈陷入家族不旺、家族不显的现实困境和孤独、恐惧的精神困境，正是这种精神困境让他产生置疑天地神明之悲和"无意于人世"之悲。当然也正是这种家族情怀，正是对家族的巨大责任感，让韩愈最终走出了悲痛，走出了精神困境。

八、作业

阅读韩愈的诗《河之水二首寄子侄老成》，写一篇不少于600字的赏析文章。

附：板书设计

《祭十二郎文》

韩 愈

《伶官传序》——六一风神韵，拳拳赤子心

《伶官传序》教学设计

一、教学设想

本文是以序言的形式写作的史论，也是作者编写《伶官传》的编后感。作者通过伶人入仕给后唐王朝带来的毁灭性灾难的史实，联想到庄宗成败，强烈感受到最高统治者的好恶于身于国的重大影响。进而联想到庄宗得失天下的经过，从中看到"忧劳可以兴国，逸豫可以亡身"的历史规律。结合北宋王朝承平百年的历史，他强烈地预感到北宋王朝潜伏的危险，忧心如焚，发出为政者不可"困于所溺"的忠告。拳拳之心，苍天可鉴。

二、教学目标

（1）厘清文章结构，把握基本观点。

（2）明确作者的写作目的。

（3）通过诵读，体会文章强烈的感情色彩。

三、教学重点

明确作者的写作目的。

四、教学难点

通过诵读，体会文章强烈的感情色彩。

五、课时安排

1课时。

六、教学流程

1. 导入

明确本文是以序的形式写成的史论。

2. 通读明观点

问：本文的观点是什么？

学生答案预设：盛衰之理，虽曰天命，岂非人事哉？

抑本其成败之迹，而皆自于人欤？

满招损，谦得益。

（老师引导至）忧劳可以兴国，逸豫可以亡身。

问："忧劳可以兴国，逸豫可以亡身"观点得出的依据是什么？

明确：庄宗得天下与失天下的史实。

问：庄宗得天下时哪些地方体现"忧劳"？庄宗失天下时哪些地方体现"逸豫"？

明确："忧劳"表现在第二自然段，但是"逸豫"文本当中并未找到。

追问：为什么用了一个自然段的内容写"忧劳"，但是却没有相对应地写"逸豫"？

明确：因为本文是放在《伶官传》前的一篇序，是为了帮助理解《伶官传》的写作意图而写的。"逸豫"在《伶官传》里已做了充分的记述。这里再提就显得多余。这也是文章虽为《伶官传序》，但着墨最多的是庄宗得天下的内容。

3. 研读探意图

结合"相关链接"，明确"溺"的含义。（学生读文思考，教师点拨）

明确："溺"，过分的喜爱。庄宗喜欢伶人，能知音度曲。作为一个皇帝，这样的个人喜好并没有错，错在让丝毫无执政经验的伶人"用事"，而且不听劝谏、一意孤行，不任用功臣、贤臣，激起官怒民怨，以致亡国。

结合写作背景，理解"岂独伶人也哉"的含义。（小组讨论，教师启发点拨）

问："岂独伶人也哉"如何翻译？潜台词是什么？针对的对象是什么？

明确："岂独伶人也哉"，难道只有仅仅溺爱伶人才会导致灭亡吗？潜台

词是溺爱任何东西都有可能导致灭亡。这是针对宋王朝的社会现实提出的，希望给统治者以警示。

链接：

北宋王朝建立以后，社会得到了暂时的稳定。但很快，统治者日益荒淫腐化，社会矛盾日益扩大加深。到了仁宗庆历初年，以王伦、李海等为首的暴动接踵而起，西夏又侵扰西北边境，屡败宋军。

七、品读悟情感

"情动于中而行于言，言之不足，故嗟叹之。"（选自《毛诗序》）

"不言无以惩于世。"（选自刘熙载《艺概》）

1. 体会文中虚词、标点、动词、句式等在表达情感方面的作用

（教师引导，学生朗读体会感悟）

（1）"呜呼"放在文首有什么作用？

明确："呜呼"凭空而起，先声夺人，针对五代乱世情况，作者感觉到有无限感慨，有许多可发议论之处，与后面的"哉"相照应，营造了极强的抒情氛围。

（2）比较以下三句话情感上的不同。

A. 盛衰之理，虽曰天命，亦在人事。

B. 盛衰之理，虽曰天命，岂非人事乎？

C. 盛衰之理，虽曰天命，岂非人事哉！

（3）体会下面两组句子，说说两组句子在表现庄宗态度和情感上有何不同？在文势的形成上有何作用？

A. 庄宗受之而将其放入太庙，其后用兵，则遣从事以一少牢告庙，取矢，装入锦囊，战时以矢随之。时时不离，凯旋即归之于庙。

B. 庄宗受而藏之于庙。其后用兵，则遣从事以一少牢告庙，请其矢，盛以锦囊，负而前驱，及凯旋而纳之。

2. 体会与"盛""衰"相配的在文势上的扬抑、起落

（学生朗读、互评、教师点拨）

（1）集体朗读第三段。

（2）男生齐读，读到"可谓壮哉"，教师相机指导朗读，体会"盛"势是如何表现的？

明确：整齐的句式，以四字句为主，和上一段舒缓的叙述，形成对照。整句更像是京剧中的快板，读的时候，要一气呵成，注意有些重音部分，如"系""函""盛""壮"等，表现了庄宗的得势，通过前面的积累，庄宗已经快速实现了自己的成功。

（3）男生再次齐读，女生接着齐读，读到"何其衰也"，体会和男生所读句子中所表现的激昂的情调和后面句子中表现的低沉凄怆的情感相对比，文势上形成了扬、抑的变化。

（4）学生读全段，再次体会以骈入散，一唱三叹的情感。

（"盛"读来语气激昂，"衰"读来语气低沉，议论部分读来急切诚恳而又酣畅淋漓）

八、作业

朗诵全文，背诵部分警句。回顾课堂内容，并结合李存勖的年表，写一篇不少于800字的评析文章，感受本文中所体现出的气情兼备，抑扬顿挫的风神。

附年表：

885年　　　出生

908年　　　李克用去世

911年　　　打败朱全忠50万大军

913年　　　破幽州

920年　　　破契丹

923年　　　灭后梁称帝

926年　　　乱箭射死

附：板书设计

《伶官传序》

欧阳修

史　论

（借古讽今）

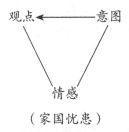

（家国忧患）

《项脊轩志》——平常中见深情

《项脊轩志》教学设计

一、教学设想

《项脊轩志》是归有光的一篇怀旧杂记，语言朴素流畅，感情真挚自然，细节真实生动，无论是对项脊轩变迁的叙述，还是对自然景物、生活场景的描写，都融入了作者浓浓的情思。本篇课文编排在选修课第六单元。单元主旨为"文无定格，贵在鲜活"，鉴于此，教学中应重点引导学生反复诵读，赏析文章于平凡物、平常事，平淡语中见深情的写作特色。

本文构思上最大的特点就是把"项脊轩"作为自己情感的载体，与之有关的每一景每一事都让作者"或可喜""或可悲"，这种构思方法正是学生写作中可以借鉴的好方法。本文写的都是家庭生活中的琐碎小事且背景遥远，而学生缺少的正是这种观察小事的眼光和感受小事的内心，于是引导学生关注自己的家，思考家文化的变化，培养其关爱家人的情感和责任意识，就显得顺其自

227

然且非常必要了。

二、教学目标

（1）疏通文义。

（2）理解作者对家道衰落的伤感，对故居亲人的眷念。

（3）把握课文"多可喜，亦多可悲"的内涵。

（4）引导学生从文化角度思考文章内容，关注家文化的变化，培养其关爱家人的情感和责任意识。

三、教学重点

（1）积累"方丈""往往""学书""过""归""借""所""于"等词语，利用句式，疏通文义。

（2）赏析文章于平凡物、平常事，平淡语中见深情的写作特色。

四、教学难点

结合作者的经历，理解作者的悲情。

五、课时安排

1课时。

六、教学过程

1. 导入新课

谈生活中的小事带给自己的感动。

预设：

（1）由于家离学校很远，爸爸每天都开车送我上学，车子停在马路对面，爸爸总是摇下车窗，目送我过马路，看我平安进入校园才离开。爸爸的目光让我很感动。

（2）每天晚上我学习的时候，爸爸妈妈总是小声说话，连走路都放轻脚步，以免干扰我，我感觉很安心，很踏实。

师小结：家就是我们最温暖的港湾。家庭成员之间会有很多温暖的瞬间值得我们回味和珍惜。那么，归有光回忆曾经的书屋，回忆亲情往事，会有怎样的感慨呢？让我们走进归有光的《项脊轩志》。

2. 复习检测

全班交流，老师点评。

预设：

（1）"借书满架"中，为什么满架都是借来的书，不符合常理。

解释：由于家穷，的确要借书；

"借"在古义中有"积累"之意。

（2）"凡再变矣"的"凡"，什么意思？

解释："一共"，《琵琶行》中有"凡六百一十六言"就是这个意思。

3. 老师检测，集体回答

课堂检测一

（1）雨泽下注　　方位名词作状语　　向下。

（2）使不上漏　　方位名词作状语　　从上面。

（3）前辟四窗　　方位名词作状语　　在前面。

（4）垣墙周庭　　名词作动词　　砌上垣墙。

（5）乳二世　　名词作动词　　喂养。

（6）执此以朝　　名词作动词　　上朝。

（7）吾妻死之年所手植也　　名词作用作状语　　亲手。

课堂检测二

（1）项脊轩，旧南阁子也。判断句

（2）又杂植兰桂竹木于庭　介宾短语后置句　又于庭杂植兰桂竹木

（3）使不上漏　省略句　使之不上漏

（4）余自束发读书轩中　介宾短语后置句　余自束发于轩中读书

4. 整体感知

听读课文，思考问题：

（1）作者围绕项脊轩写了哪些人和事？

（2）贯穿全文的线索是什么？

明确：

伯叔分家

母亲探儿

望孙成龙

亡妻旧事

明线：项脊轩（物）

暗线：喜、悲（感情）

师小结：项脊轩虽然狭小、破旧，可它是作者长期生活的地方，而今时过境迁、物是人非，唯有项脊轩才能唤起主人对过去经历的深长久远的回忆，因而作者自然对它怀有深挚的眷恋之情。这种感情就是全文叙事的底色。

七、品味鉴赏

震川之文，能于不要紧之题，说不要紧之语，却自风韵疏淡。

——（清）姚鼐

请学生读读"不要紧之语""不要紧之题"说说自己的感悟。（小组讨论，全班交流）

预设：

"不要紧"是指选取生活中的平凡小事，用平淡的语言去表达。

"不要紧之题"——"迨诸父异爨，内外多置小门，墙往往而是。东犬西吠，客逾庖而宴，鸡栖于厅。庭中始为篱，已为墙，凡再变矣。"这里选取的就是一个大家庭分家的琐事，从牲畜的生活状态看家庭的败落和家庭成员的隔阂，写得很细致、很实在。叔伯分家、筑墙相隔，这在当时看是一个家族衰落的标志，读来让人伤感，借用网络语形容就是"这筑的不是墙，而是感情的障碍"。

"不要紧之题"——"吾妻来归""吾妻归宁""吾妻死""其后二年"，就是以时间为序，寥寥几笔，叙述了夫妻之间平淡平常的琐事，时间长河中，往事一幕幕，清晰而深刻，夫妻深情，感人至深。

师点评：两口子是家庭最基本的单位。西窗共读、红袖添香，历来是人们向往的境界，正如宝玉和黛玉之间的心有灵犀，陆游和唐婉儿的诗词唱和。归有光和妻子在项脊轩里共同学习，妻子的崇拜依恋，丈夫的体贴温柔，夫妻间琴瑟相和，这就是家的感觉。

"不要紧之语"——妪又曰："汝姊在吾怀，呱呱而泣；娘以指叩门扉曰：'儿寒乎？欲食乎？'吾从板外相为应答。"语未毕，余泣，妪亦泣。这一细节平淡无奇，却极真诚。不事雕饰，没有客套，平平常常地叙述，老老实实地回忆，但质朴中却有着丰富的表现力，我们似乎看到一个老太太在自言自语，在进行日常的回忆，这里有喜悦、有关爱、有伤感、有无奈。

"不要紧之语"——一日，大母过余曰："吾儿，久不见若影，何竟日默默在此，大类女郎也？""吾家读书久不效，儿之成，则可待乎！""此吾祖太常公宣德间执此以朝，他日汝当用之！"这三句极真实、极朴实的语言，把祖母对我的关心、担心、期望就表现出来。

师点评：古代"学而优则仕"，入仕当官，才算光宗耀祖。现在祖母把振兴家族的希望寄托在我身上，而自己却屡次落第，心中不免惭愧，所以后面的"令人长号不自禁"，这哭声不仅是对祖母的怀念，也是对家庭的败落、对自己坎坷辛酸的科举之路的感慨。

明确：

物凡情重——梅曾亮："借一阁以寄三世之遗迹。"

事琐情真——黄宗羲："一往情深，每以一二细事见之，使人欲涕。"

辞浅情深——王士禛："不事雕琢而自有风味。"

林纾："震川之述老妪语，至无关紧要，然自幼失母之儿读之，匪不流涕矣。"

八、探究延伸

问：这些往事都共同发生在什么地方？（一个字概括）

明确：家

探讨文章体现出来的家文化，关注家文化的变化。

预设：母亲探儿是母亲对我的关爱，体现的是家的温暖；伯叔分家，一个大家族分裂，家道中落后，祖母把振兴家族的希望寄托在我身上，这是中国古代渴望家族荣耀的共同追求；夫妻情深是家族和谐的核心。可见，几件小事都共同指向我们传统文化中的家文化，归有光写一书屋就是在写他的家。

问：和归有光的家相比，我们今天的家有哪些新的变化呢？可以从人数、稳定性等方面考虑。

明确：

三口之家居多。

空中飞人、周末夫妻成常态。

夫妻都工作。

离婚率上升。

九、结语

的确，家庭成员在变少，三口之家、四加二加一的家族模式已经常态化，家不再是那个厚实的家，家看起来像一张单薄的纸。没关系，让我们用真心、诚心、爱心，在这张单薄的纸上写上丰富的内容。记住，家可以变小，情感不能变淡。

共同聆听歌曲《我爱我的家》，希望我们都用心去爱自己的家。

十、作业

拓展阅读归有光的《寒花葬志》，写一篇鉴赏短文。

要求：

（1）从"用平常物、平常事、平常语写出深情"的角度进行赏析；

（2）400—500字左右。

附：板书设计

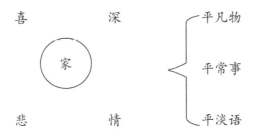

《狱中杂记》——谁解"杂"中味

《狱中杂记》教学设计

一、教学设想

本文是人教版选修教材《中国古代诗歌散文欣赏》散文部第二单元，单元主题是"散而不乱，气脉中贯"。

方苞，作为桐城派创始者，直接承继唐宋八大家的文风，要求做文章"言之有物""言之有序"。

本文是他的"义法"创作主张的代表作。作者以自己在狱中的见闻为材料，内容丰富，涉及面广。材料虽驳杂多变但始终围绕狱中黑暗这一中心，揭露了狱吏的贪赃枉法、滥施酷刑的行为，集中表现了作者对遭遇不幸的囚犯的人文关怀和含冤蒙屈无辜者的深切同情，实为"杂而不乱，气脉中贯"的典范之作。

本文是一篇浅易文言文，大部分与口语比较接近，课下注释比较详细，学生阅读梳理障碍较少。因而可以把重点放在对文章内容和写法的探讨上。

二、教学目标

（1）把握文本组织材料的特点。

（2）感受文章寓褒贬于叙述之中的写作风格。

（3）认识封建社会司法吏治的黑暗，体悟文章流露出作者的正义感和悲天悯人的情怀。

三、教学重点

把握文本在组织材料方面杂而不乱、杂而有序的特点。

四、教学难点

体悟文章流露出作者的正义感和悲天悯人的情怀。

五、课时安排

1课时。

六、教学流程

1. 导入

同学们读过《曹刿论战》中"公曰：'小大之狱，虽不能察，必以情。'"这句话是什么意思？（同学解释，教师点拨总结）

2. 初读理"杂"事

（1）本文题目为《狱中杂记》，你是如何理解这个"杂"字的？（学生讨论，教师点拨）

（2）本文内容安排上怎么体现"杂"的？

①以第一段为例，说说文章记了哪些事。（教师引导学生梳理）

表15　疫

疫	疾易传染
	囚室污浊
	食溺相混
	草菅人命
	索财无辜
	极贫严苛
	情罪宽刑
	无罪忧死

②其余段落记了哪些事？（学生自主梳理，老师适时点拨）

表16 刑

刑	贫富有别
	层层压榨
	行刑索财
	主缚断骨
	主梏定刑

表17 判

判	老胥伪章
	行刑换人
	主审不诘

表18 索

索	索金免刑
	巧法枉民
	吏民为奸

边明确边板书

疫 刑 判 索

小结：正是有了如此多的事，无处不在、防不胜防，才能体现出监狱黑暗的普遍性和严重性。

3.再读析"杂"人

提问：与事相关的就是人，如果从施害者和受害者角度来看，文章写了哪些人？

明确：

表19　施害者和受害者

施害者	受害者
官吏	囚犯
行刑者	中家以上
主缚者	其次者
主梏扑者	极贫者
老胥	情罪重者
行刑人	轻者
主审	李某

提问：文中的奸民李某是否是受害者？（学生合作讨论，教师引导）

明确：

奸民也许不是受害者，因为他能用这种方式获得金钱，但一个正常人怎会以进监狱获利为荣，这是人性的扭曲。

由此可见，封建法治对囚犯不仅摧残身体，贪婪金钱，还有对人性的泯灭。

板书

吏　财　官　利

过渡：本文记人和事，虽然看起来只是客观地叙述，但其中蕴含了作者复杂的情感。

4. 三读品"杂"情

作者对施害者贪官污吏是什么情感态度？对那些无辜的冤屈者又是什么情感态度？

明确：痛恨　悲悯

这些情感在文中是如何表现的？从文中找出相关的句子。（师生朗读，体会情感，以抓文中的虚词为主）

朱翁、余生、僧某，遘役死，皆不应重罚。（痛恨中有怜悯）

余感焉，以杜君言泛讯之……（痛恨中有质疑）

果无有，终亦稍宽之，非仁术乎？（痛恨中有幻想）

孟子曰："术不可不慎。"信夫！（痛恨中有感叹）

胥某一夕暴卒，众皆以为冥谪云。（痛恨中有诅咒）

噫！渫恶吏忍于鬻狱，……良吏……亦甚矣哉！（痛恨中有理性）

李具状求在狱候春发遣，……怅然而出。（痛恨中有鄙弃）

小结：作者这种痛恨之情很少在文中直接表露，而是似乎不动声色地把这种情感寄寓在狱中的所见所闻中。当然他也不是不做议论，有时当激愤之情难以遏制时，他也会情不自禁地表达看法。（所列举之事繁杂，痛恨之气贯穿全文，体现"言之有情"。这就是所谓的"散而不乱，气脉中贯"）

链接：①惟此文暴露过甚，他九死一生岂敢以之问世；直至嘉庆十七年（公元1812年），他的曾孙方传贵编《望溪先生文外集》，也只刊了此文的前一段，大部分依然没有付梓。②康熙五十年，他因受当时著名的文字狱戴名世《南山集》一案的牵连被捕入狱。他先关押在江宁狱，后押解至京师，入刑部狱。因康熙帝宠臣李光地从中斡旋，积极营救，加上他的文名，他在狱中只待了近一年半便于康熙五十二年二月获释出狱。③"余伏见圣上好生之德，同于往圣。每质狱词，必于死中求其生，而无辜者乃至此。……"（第一段）

提问：结合链接材料和文本的写作背景，探究：这篇一直没有发表的文章，作者为什么要冒死去写？（小组合作讨论，教师点拨明确）

明确：

（1）具有悲悯情怀与正义感。

（2）揭露与批判黑暗现实。

小结：这篇文章写于狱中，虽然狱中的方苞并未受到过多的折磨，但是本着对无辜者的同情，对黑暗现实的痛恨，他冒着生命危险，也要把狱中的所见所闻记录下来。时至今日，社会的文明与进步已然成为时代的主旋律，但毋庸讳言，一些不文明、不和谐的现象仍然存在于世界的不同角落。我们学习此文，既要像方苞那样客观严肃地认识社会的美与丑、善与恶，更要学习他那敢于揭露、勇于批判的正义感和深沉的悲悯情怀。

5. 作业

（1）整理文中生字词及文言现象。

（2）拓展阅读方苞为代表的桐城派作家作品，写一篇阅读笔记。

附：板书设计

《狱中杂记》

方　苞

悲悯　　痛恨

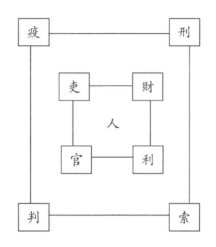

《合欢树》——亦子亦母合欢树，一枝一叶总关情

《合欢树》教学设计

一、教学设想

《合欢树》是选自人教版高中语文选修教材《中国现代诗歌散文欣赏》中散文部分的一篇课文，是史铁生在母亲去世后写的一篇怀念母亲的散文。这个单元的主题是"一粒沙里见世界"，也即以小见大，以小的内容展示大的意境。而本文则是从小的记忆感悟生命背后的美好亲情，仅撷取了作者和母亲生活中几个小小的片段，寄寓着他对母亲持久的爱与怀念。同时，我们也应看到这篇课文所饱含的母爱之情和作者的追悔之意足以感动每一个血肉之躯，希望学生能从中反思自己是否已珍视与母亲共处的每一天。

从学生的认知体验来说，高中生正处于叛逆期，有着不同于其他阶段的、类似史铁生青少年时的爱的表达方式，可以引导学生设身处地地体会其中蕴含的情感；从课堂教与学的角度来说，学生应该成为课堂的主体，所以课堂中占主体的应该是学生的阅读与思考、讨论与问答，这样有利于发挥学生的主体作用，促使学生积极思考。而教师的主要作用是引导学生完成散文的学习，并在关键处加以点拨。

二、教学目标

（1）理解"合欢树"的内涵。

（2）体会母爱的丰富内涵，揣摩史铁生在母亲去世后的复杂感情。

三、教学重点

梳理"我"和"合欢树"的命运，理解两者的暗合。

四、教学难点

感受"我"对母亲的悔意。

五、课时安排

1课时。

六、教学过程

1. 导入

史铁生：1951年生于北京，20岁因病致瘫，正如他说"活到最狂妄的年龄上忽然残废了双腿"，7年后开始创作，1983年小说获奖，一举成名。在他成名前，他的还不算年迈的母亲49岁就去世了，去世时只说了这样的话："我有一个残疾的儿子，我还有一个未成年的女儿"。他的母亲是带着担忧离开的，这时史铁生才恍然大悟，他总认为自己是最苦的，原来母亲一直承受着比他更大的痛苦。虽然悔不当初，然而为时已晚。让我们走进《合欢树》，跟着史铁生一起成长。

2. 一读合欢树，母亲与合欢树　爱

问题："合欢树""是谁种的，是怎么种的？"学生齐读第八自然段。（如表20）

表20　爱

时间	合欢树	母亲
那年	"在路边挖了一棵刚出土的'含羞草'"	"从来喜欢那些东西" "心思全在别处"
第二年	"没有发芽"	"叹息""不舍得扔掉"
第三年	"长出叶子" "茂盛了"	"高兴" "常去侍弄" "不敢再大意"
又过一年	"移出盆"	"不知道合欢树几年才开花"
再过一年	"我们都把那棵小树忘记了"	母亲去世了

小结：母亲希望合欢树能给我带来好兆头，于是她用满心的爱去照顾合欢树。

3. 二读合欢树，我与合欢树　同

问题：阅读第八段，你能发现"我"的经历与"合欢树"有怎样的暗合吗？从中概括母亲对于生命的态度。

老师朗读第八段，请大家圈点批注。（如表21）

表21　同

合欢树	我	母亲的情感
带"含羞草"回家	带我来到这个世界	对生命的喜爱
合欢树不发芽， 母亲舍不得扔掉	我残疾了，母亲没有抛下我	对生命的珍视
合欢树长叶了，母亲常去侍弄它	我写小说，母亲为我借书，推我看电影	对生命的呵护
母亲念叨着不知道合欢树几年才开花	母亲也不知道我何时能走上文学之路	对生命的期待

小结：母亲照顾合欢树的过程就是照顾我的过程。母亲不仅关心照顾我，而且最懂我，母亲给了我最高品质的爱。

预设：母亲对生命的呵护中，有对我的理解和支持，并且用老人们做衬托。

获奖，对于史铁生来说，重不重要？重要。它是我生命的光，它是我活下去的力量。只有谁知道它的重要？母亲。而母亲得知我要写小说，"我们俩都尽力把我的腿忘掉"。世界上最懂我的是母亲。以老太太的善良和关爱来衬托母亲对我的不可替代的爱。

4. 三读合欢树，我与母亲　悔

老师范读：文章第七段"母亲去世后，我们搬了家。我很少再到母亲住过的那个小院儿去。小院儿在一个大院儿的尽里头。我偶尔摇车到大院儿去坐坐，但不愿意去那个小院儿，推说手摇车进去不方便"，有一年，人们终于又提到母亲："到小院儿去看看吧，你妈种的那棵合欢树今年开花了！"我心里一阵抖，还是推说手摇车进出太不易。

问题：如此爱我懂我的"母亲"很有耐心地培养大的这棵合欢树，为什么作者一直没有去看？为什么心里一阵抖？

心在"颤抖"，像是被人突然解了穴位一样，它触碰了我内心最柔软最隐蔽的部分。母亲在我没得病的时候，她过得那么无忧无虑，然而在49岁时就死去，因为操心、劳累、担忧，所以，对母亲，史铁生是怀有深深内疚的。在我最需要的时候站在我身后的母亲，却在我最辉煌的时候到来之前，便撒手西去。母亲生前，我给她的不是快乐和欣慰，而是任性暴躁，是无止境的忙乱，无止境的失望，母亲死后，我也就没有了弥补和感恩的机会。史铁生不是不想看，而是怕，怕触碰那个还在流血的伤口，怕触碰那份永远还不清的恩情。

明确：害怕——看到合欢树会想起母亲，但是母亲不在了，所以害怕面对。

痛心：母亲49岁就死了，在史铁生的心目中，母亲太苦了，她是累死的，苦死的。（如果我不生病，母亲的人生应该是怎样的？母亲美丽开朗有才华有追求，在史铁生的心目中，她应该是有一个精彩的人生。可是我的腿残疾后，母亲变得焦虑、自责、恍惚、啰唆，母亲完全忘了她自己。活在焦虑、自责、担忧、恍惚中的母亲怎么能健康？母亲太累了，太苦了。）

自责：①小时候不懂事，母亲为自己作文获奖高兴的时候，我却故意扫她的兴，甚至嘲笑她（不懂事）。②生病时不听话，甚至几度想过死，只关注自己的痛苦，没能体会到母亲比自己还要痛苦。对不起母亲，无颜见母亲。

追悔——母亲活着的时候，自己不懂得母亲，现在自己懂事了、理解了，但是为时已晚，小时候的作文获奖，她都欢呼雀跃，如果母亲不去世，她对我现在的成就该有多么高兴，但是"子欲养而亲不待"。真是追悔莫及。

母亲为了爱我，完全忘了她自己，她不仅身体上照顾我，精神上鼓励我，希望我能找到安身立命的寄托。母亲给了我最高品质的爱，而我无论在病前和病后给予母亲的都是伤害。找一找，文中哪些地方能看出这"爱"与"伤害"的对比？（学生勾画梳理）

我生病之前，10岁的时候，母亲在我面前像个孩子，她对我的爱表现在我的作文得第一，她很兴奋；她渴望得到我对她的认可，证明她对我的评价很在意，对我是信任依赖的。

然而我却故意气她，没有给她任何支持和赞赏。

治病时母亲完全忘了她自己，她全心全力、无微不至地照顾我，她的眼里只有我和我的腿。而我却想自暴自弃。

母亲因为失误，我的胯上被熏成烫伤，险些要命，母亲自责惊惶昼夜守着我好几个月。我却想死了倒好，却没想到如果我死了，母亲会疯了的。

小结：母亲生前最懂我，而我却不懂她。母亲死后，我只有无尽的追悔。

母亲爱我，不懂得母亲的爱，我也是爱母亲的，只是没有及时表达这种爱。

悔 ┬ 悔当初不懂母亲的爱
　 └ 悔当初没表达对母亲的爱

5. 四读合欢树，小孩与合欢树　合

问题：文章为什么多次提到那个小孩儿？为什么多次提到那个树影儿？

（第六段）孩子不哭不闹，光是瞪着眼睛看窗户上的树影儿。

（第九段）那儿还有个刚来到世上的孩子，不哭不闹，瞪着眼睛看树影儿。

（第十二段）有一天那个孩子长大了，会想起童年的事，会想起那些晃动的树影儿，会想起他自己的妈妈，他会跑去看看那棵树。但他不会知道那棵树是谁种的，是怎么种的。

合欢树既折射了我的母亲对我的爱，象征了天下所有母亲的母爱，那个影子就是母爱。小结：那个小孩是幸福的，他正在享受着母爱。因为爱，天下的母子才能相合相欢。比如——老舍先生曾在《我的母亲》那篇文章里有这样一

段话："人，即使活到八九十岁，有母亲便可以多少还有点孩子气。失了慈母便像花插在瓶子里，虽然还有色有香，却失去了根。有母亲的人，心里是安定的。"所以，那个孩子不需要知道这树是谁种的，是怎么种的，重要的是，母爱就在这样代代延续的生命中，成就了一个又一个孩子。这个孩子可以是你、是我、是他，是每一个母亲的孩子。同时每一个母亲的孩子也要学会懂母亲、爱母亲，珍惜与母亲在一起的时光，因为爱，只存在于相同的生活时空里，否则，只能如史铁生般徒然思念和追悔。

总结：祝愿天下所有的母亲身体健康！祝愿天下所有的母子相合相欢！祝愿那棵合欢树愈加花美叶茂！

作业：如果你有什么话想对自己的家人说，就写封信吧，那是你自己的秘密，不需要跟任何人讲、给任何人看，只要你对自己兑现写下的承诺就好。

附：板书设计

《陋室铭》——"陋"与"不陋"之间见士子情怀

《陋室铭》教学实录

一、教学目标

（1）积累文言词语，提高学生阅读文言文中韵文的能力。

（2）理解文中作者对"陋"与"何陋之有"的矛盾表述。

（3）体会古代士人"穷则独善其身"的情怀，明确物质追求与精神修养的辩证关系。

二、教学重点

体会古代士人"穷则独善其身"的情怀，明确物质追求与精神修养的辩证关系。

三、教学难点

理解文中作者表述的"陋"与"不陋"之间矛盾统一的关系。

四、课时安排

1课时。

五、教学过程

1. 我们一起读韵文

师：大家好，今天我们来学习刘禹锡的《陋室铭》，我想请一位同学来读一读，谁愿意呢？

生：（一人朗读）

（PPT展示：陋室铭　刘禹锡

山不在高，有仙则名。

水不在深，有龙则灵。

斯是陋室，惟吾德馨。

苔痕上阶绿，草色入帘青。

谈笑有鸿儒，往来无白丁。

可以调素琴，阅金经。

无丝竹之乱耳，无案牍之劳形。

南阳诸葛庐，西蜀子云亭。

孔子云：何陋之有？）

师：他读得好不好？

生（齐）：好！

师：好在哪里？

生：节奏、重音、押韵都把握得很好。

师：评得这么专业！（PPT展示全文）我把文章分行排列，大家看看除了最后一行外，其他行读起来，都有什么特点？

生（齐）：押韵。

师：对，韵脚分别是（韵脚就是放在句尾的韵母相同或相近的字），押的什么韵呢？生（齐）：ing韵。

师：ing韵是通押到底。押韵又有什么样的效果呢？

生：回环往复，有种音韵之美，读起来朗朗上口。

师：节奏是什么？节奏是句中根据音节或意义进行有规律的停顿叫作节奏。大家看看下面几个句子，在哪里停顿合适呢？

生：苔痕\上阶\绿草色\入帘\青

　　可以\调素琴，阅金经。

　　无\丝竹之乱耳，无\案牍之劳形。

（PPT展示分行书写的课文，标明韵脚，体会韵律）

2. 疏通文义并解题

师：大家预习过程中有没有自己解决不了的问题？词语、句子的解释翻译，包括文章内容理解方面的问题，提出来我们一起解决。我们不怕问题，我们欢迎问题。爱因斯坦说：发现问题比解决问题更重要。

（师生交流，生生交流）

师：你们没有问题了，那老师来问问你们，好不好？

先看这几个词语，大家会吗？能一起回答我吗？

（PPT展示：①名②灵③馨④白丁⑤丝竹⑥乱⑦案牍⑧劳）

生："名"是出名，"灵"是神异，"馨"是德行美好，"白丁"原指平民百姓，"丝竹"泛指各种乐器。"乱"扰乱，"案牍"指官府文书，劳指使……劳累。

师：看下面几个句子？会翻译吗？

（PPT展示：①斯是陋室，为吾德馨。②谈笑有鸿儒，往来无白丁。③无丝竹之乱耳，无案牍之劳形。④何陋之有？）

生：（1）这是简陋的房子，只是我品德好就感觉不到简陋了。

（2）到这里谈笑的都是知识渊博的大学者，交往的没有知识浅薄的人。

（3）没有奏乐的声音扰乱双耳，没有官府的公文使身体劳累。

（4）这有什么简陋呢？

师：扫除了文字和句子障碍，下面咱们来走进文章，走进刘禹锡的精神世界。题目是文章的眼睛。下面我们从题目开始看。

师：铭是什么意思？

生：铭，记载也，在器物或碑石上刻字，表示永记不忘，后来逐渐发展成为一种文体。

师：为了便于广泛传诵，牢记不忘，又因都刻在器物和石碑上，所以铭文文字具有什么特点？

生：都很简约，讲究修辞，讲究押韵。

师：概括得很好！

师：陋室是什么意思？

生：简陋的房子。

师：简陋的房子让你联想到哪些词语？

生：破旧、狭小。

生：简单、不华美。

师：刘禹锡本是一名京官，为什么要住这样破旧狭小简单的房子呢？这其实与他的遭遇有关。谁知道刘禹锡写这篇文章前遭遇了什么？

生：刘禹锡因参加过当时政治革新运动而得罪了当朝权贵，被贬至安徽和州（县）当一名小小的通判（辅助地方官处理政务）。按规定，通判应在县衙里住三间三厢的房子。可和州知县见刘禹锡是从上面贬谪下来的，就故意刁难。

师：没有了？怎么刁难的，知道吗？跟陋室有什么关系？

生：先安排他在城南面江而居，又把他从城南安排到城北，房子由原来的三间减少到一间半，接着又派人把他调到县城中部，而且只给一间能容下一床、一桌、一椅的小屋，你想那有多小吧，真的是蜗居了。你看半年时间，刘禹锡被迫搬了三次家，房子越搬越小，最后仅是破旧狭小简单的陋室。

3."陋"与"不陋"

师：文章标题叫"陋室铭"，你们在文中能不能看到"陋"？找到"狭小""破旧""简单"了吗？

生（齐）：没有。

师：文章题目叫"陋室铭"，文章肯定要紧紧扣住标题写。看来作者没直接写。为什么作者不直接写呢？

生：狭小破旧是外观，一眼就看出来的，且从写作背景看也是都知道的。写文讲究文字简约惜字如金的铭文没必要着重写、重复写。

师：不直接写狭小简单，那有没有间接表现呢？接下来我们来赏析"苔痕上阶绿，草色入帘青"，看看是否有间接表现"陋"。

（PPT展示：赏析："苔痕上阶绿，草色入帘青"）

师：看到"苔藓""野草"两种植物了吗？写这个干什么？

生：写出居住的环境很荒僻，不像街市那样热闹。

师：那这是从什么角度去写的呢？

生：环境。写出了环境的荒凉。

师：一切景语皆情语，写景的荒凉，一般对应的是人的心境的凄凉伤感，这里刘禹锡的心境是不是凄凉的？

生（齐）：不是。

师：再结合后面的内容看，"谈笑有鸿儒""何陋之有"，都没有一点冷寂、失落和凄凉感，于是这里说环境的荒凉，对不对呢？

（生摇头）

师：我还有个问题，这里为什么不写周围是五颜六色的花，为什么不写伟岸高大的树？

生：苔藓、野草都是野生的，是随处可见的，这是从周围环境角度间接衬托出房子的素淡、简单。

师：由此可见，这篇文章其实有很多处写"陋"，隐含在字里行间，是在间接表现"陋"。

师：下面我们来小组合作：题目中的"陋"即房子的狭小简单朴素等特点隐含在下面几乎每一句中，大家找找看，都在哪里呢？（小组讨论三分钟，选一名代表发言）

（PPT展示：小组合作：谈笑有鸿儒，往来无白丁。可以调素琴，阅金经。无丝竹之乱耳，无案牍之劳形。南阳诸葛庐，西蜀子云亭。）

师："谈笑有鸿儒，往来无白丁。"这里有没有"陋"的存在呢？

生：说明这里很荒僻，"无白丁"是没什么平民的意思，这里不是很热闹。

师：有大学问的人。白丁是指粗鄙的，没有修养的人。那么"来往"给人什么感觉？

生：来来往往、熙熙攘攘、好不热闹。

师：这种形式上的表层的交往，在我这个陋室里有没有？

生：没有。结交的人很简单，只是一些有学问有修养的高雅之士。

师：这里隐含的信息之一就是房屋的确是狭小简陋的，不可能迎来送往，不可能摆酒宴官，当然也可能修养不同，这些白丁们也看不上他的陋室，对不对？

生（齐）：对。

师：要学会体会字里行间的深意，把短小的文章读长读厚。

师："可以调素琴，阅金经。"这里有"陋"吗？

生：陋室只能容得下一人端坐抚琴、读书，是间接表现狭小。

师：从"无丝竹之乱耳，无案牍之劳形"，可以看出"陋"吗？

生：这是说房子小到容不下几个人的小合奏，甚至放不下一张办公桌。这里丝竹、案牍都不是贬义。都在表现房子小、简单、朴素。也可以看出诗人生活简单，没事可做，这也是陋。

师：最后，"南阳诸葛庐，西蜀子云亭"也能看出"陋"吗？

生：庐是一般的草房、草庐，有破旧简单之感。亭，突出小的特点。

师（小结）：那我们可以这样小结一下，题目叫《陋室铭》，诗中虽未直接描写陋室的特点，但仔细体味，却处处写"陋"，处处让人感受到其狭小、破旧、简单的特点。概括地说，诗人是从以下四个方面加以表现的。第一，陋室自身狭小破旧，设施简单。第二，周围环境素淡简单。第三，生活方式清静朴素简单。第四，以"庐""亭"来类比印证。

师：陋室之"陋"，隐含在字里行间，但结尾陡转，又说"何陋之有"，又说房子不陋，不陋表现在哪里？我们还从这两句入手赏析。

（PPT展示：苔痕上阶绿，草色入帘青。）

师：这两句写苔藓和草这两个景物，前面我们说它能表现"陋"。我们再体会一下，这两句的重点是不是在"苔藓"和"草"本身？

生（齐）：不是。

师：重点在哪两个字？

生："青""绿"。

师：这两个字给人什么感觉？

生：给人一种生命力旺盛、绿意盎然之感。

师：是的，房子的环境是素淡简单的，但这种素淡简单中蕴含的生命力不简单，它是蓬勃的，是丰富的。

师：接下来请自主赏析，请从生活方式和生活内容两个角度理解下面几句话中的"陋"与"不陋"。

（PPT展示：①谈笑有鸿儒，往来无白丁。②可以调素琴，阅金经。无丝竹之乱耳，无案牍之劳形。）

生：第一句，生活形式是简单的，但生活内容是丰富的，是高雅脱俗的，精神是饱满的、昂扬的。谈笑有鸿儒，生活形式是简单的，不是喧闹的、声色犬马的，但生活内容是丰富的，比如谈话的结交的都是有知识有修养的人，在一起海阔天空、谈笑风生，精神是饱满的昂扬的。

生：第二句，调素琴、阅金经。生活很高雅，富有情趣。

师：素琴，又叫"无弦琴""陶琴""彭泽横琴"等，陶渊明的一句"但识琴中趣，何劳弦上声！"用来解释素琴的内涵正合适。素琴注重的是弦外琴味，注重的是意境的高雅脱俗，注重的是精神的高洁伟岸。金经，有说是《金刚经》的简称，因为他不会只读一本书，其实可以泛指一切经书。抚琴读经，这是多么高雅脱俗的生活，高雅而脱俗，那还"陋"吗？

生：自然不会。因为精神是饱满昂扬的。

师：作者为什么会想到"诸葛庐"和"子云亭"呢？

生：因为作者想到诸葛亮和扬雄与他一样身居不是很华丽的房子里，但是自己确很有才华，精神世界是丰富的。

师：诸葛庐、子云亭，诸葛亮躬耕南阳住的茅庐，所居的房屋，条件是简陋的，但这些已成为文物，这些人都是很有成就很有修养的历史人物，看到文物就想到主人的成就和修养，因此从精神层面看，这些文物本身就不是简陋的房子了，有了丰富的内涵。

师：那么，作者怎么会想到"诸葛庐""子云亭"呢？

生：首先是为了突出作者居住场所和他们一样"陋"；再次有拿两人来自比之意。表明作者想从政治上和文学上都干出一番事业。

师：那么，可以看出作者是个什么样的人？

生：有远大抱负的人。

师：由此可见，文章中"陋"和"不陋"是紧密相连，可以说是一个事物的两个方面。从一个方面看，陋，从另一个方面看，不陋。

4."德馨"内涵

师："陋"是从什么角度看的？

生：物质条件，客观事实的角度。

师："不陋"是从什么角度看的？

生：精神生活，主观认识的角度。

师：辩证就体现在这里。一方面从客观讲在狭小简单的地方只能做这些事，另一方面从主观讲他也愿意做这些事，所以他能满足于此，自得其乐。比如，揣摩一下"可以调素琴，阅金经"，本来房子狭小简单，只能做这些，应该是"只能调素琴，阅金经"。而这些恰恰是作者追求的，所以他不感觉到陋。

师："可以"包含怎样的深意？

生：完全没有因陋室而产生的抱怨和不满，而是感到满足，感到自得。

师：显然，他的追求是精神层面的，是品德和修养。用文中的词语回答，是什么转化和弥补了物质简陋方面的不足？

生：是"德馨"转化和弥补了物质简陋方面的不足。

师："德馨"，什么意思？

生：品德高尚，德行美好。

师：课堂一开始我们只知道刘禹锡被贬和州之后，住的房子越来越小，你们知道刘禹锡面对越来越简陋狭小破旧的房子，他的主观反应是怎样的吗？

（生摇头）

师：第一次在县城南门，写下两句对联："面对大江观白帆，身在和州思争辩。"这里既有悠闲自得，又有为自己信仰争辩的坚定。第二次迁到县城北门，房子由三间减少到一间半，他又在门上写了两句话："垂柳青青江水边，人在历阳心在京。"这里既有乐在其中的悠闲，又有心在京城的执着。第三次迁到县城中部，只是一间能容下一床、一桌、一椅的小屋。刘禹锡提笔写下这篇《陋室铭》，并请当时著名的书法家柳公权刻上石碑，立在门前。

师：结合刘禹锡的经历，可以看出，德在这里应该不仅是品德这一点，还包含什么呢？

生：追求

生：胸怀

生：心态

师：我们还可以结合刘禹锡的其他作品来见证刘禹锡的追求、胸怀和心态，刘禹锡这样的作品有很多，老师选其中一二来看看。刘禹锡曾在《咏史二首》中说"世道剧颓波，我心如砥柱"。是说世风日下如流水，但我的心如中流砥柱不改方向，不变位置。他在生命最后写的《子刘子自传》中这样评价自己："临近大墓，如生时兮。"临近祖坟，还像活着一样坚定呀。

师：刘禹锡贬居蛮荒20多年，在一次次的打击迫害面前，他安邦治国的大志不能得以实现，然而他建立功名事业的雄心，忠于革新事业和理想的信念却至死未灭。刘禹锡的品德、追求、胸怀、心态等德行修养很好地诠释了古代士子"穷则独善其身，达则兼济天下"的情怀。他要有一番事业的目的不是做高官，享受优越的物质条件，而是让天下受益。做不上去，官运不通，要涵养修炼个人的品德。"善"是指使自己品德修养好，这种"善"具体说就是孟子说的"富贵不能淫，贫贱不能移，威武不能屈"，就是不受利诱、不受威胁、不改志向。他依然不去在意外在的物质条件。自古以来这种精神和情怀支撑起无数士子的精神风骨，让他们在各种境遇下都能挺起人格的脊梁。

师：我们一起来总结一下全文，开篇以两个类比起笔，点名事物的优劣不在外表，而在灵魂，引出陋室虽陋，但因其主人素养的高洁，弥补了外在的不足，使它有了灵魂。然后，从环境、生活等方面具体写"陋"与"不陋"的表现及转化，再以类比佐证。最后，用孔子的话反问作结，铿锵有力，斩截明快。全文虽然短小，但既有抒情的形象性，又有议论的逻辑性。

（PPT展示全文内容，师生你一言我一语，共同总结）

师：央视有一档文化节目叫《经典咏流传》，节目的口号就是"把古诗文给唱出来"，《陋室铭》也有歌唱版，听过吗？

生：……

师：好，下面咱们一起听一听，也可以跟着一起唱一唱。

生：（跟随音乐一起吟唱）

师：希望我们能从刘禹锡的精神世界中获得心灵的养料，在以后的生活中，无论外界物质环境如何变化，都能保持独立的人格，保持丰盈的内心。

师：最后留给大家一项作业，为了进一步走进刘禹锡的精神世界，课外阅读刘禹锡的诗文，做读书笔记，写读书心得。

附：板书设计

《陋室铭》

刘禹锡

德　馨

陋————→不陋

品德、追求、胸怀、心态

……

《卖炭翁》——多重对举，指于一端

《卖炭翁》教学设计

一、教学目标

（1）理解文中对举手法的运用及表达效果。

（2）分析卖炭翁形象的主要特点和塑造手法。

（3）深入理解当时的社会特点在文中的表现。

二、教学过程

1. 导入

（直接导入）

2.整体感知

（1）整体齐读，注意字音、节奏、重音。

（2）复述故事：这首叙事诗讲了一个什么故事？

明确：《卖炭翁》讲述了一个宦官及其爪牙强夺百姓财物的故事，卖炭老人含辛茹苦烧出来的一车炭，被宦官及其爪牙以极低的价钱夺走。

诗歌的语言比较浅近通俗，只要大家借助课本注释是能够读懂故事内容的。

3. 了解写作目的：作者写这篇诗作的目的是什么？

大家在预习时看到这方面的信息了吗？在哪里？对诗题的注释，表明了写作目的，"《卖炭翁》，苦宫市也。""市"：买。"宫市"就是指皇宫里需要的物品，派宫吏到市场上购买。"苦"是人民以"宫市"为苦。为什么？中唐时期，宦官专权，横行无忌，所谓"宫市"，实际上是一种公开的掠夺。作者的写作目的就是要表现宫市公开掠夺的本质。

三、文本细读

1. 提出对举手法

这样的写作目的在诗歌中会运用怎样的文学手段去表现呢？我认为《卖炭翁》中最突出的手法就是对举。PPT显示：对举是一种手法，"对"是对照的意思。它是把两个或两个以上语意相同、相反或相关的词句放在一起对照着写，以强调突出所要表现的内容。比如花红柳绿，花柳对举，红绿相称，表现春天的色彩斑斓。观棋不语真君子，把酒多言是小人。君子小人对举，把他们观棋和喝酒时的状态对照着写，强调他们修养风度的不同。

这篇文章大量运用了对举手法。大家试着找一找。这么多，咱们一起来细细品读这些对举的效果。

2. 鉴赏对举手法

（1）师生合作鉴赏卖炭翁形象。叙事诗的力量在于形象。《卖炭翁》这首诗主要塑造了谁的形象？卖炭翁。诗作塑造卖炭翁的形象用了多处对举。我们一起来看这一组对举。写的是卖炭翁的外在形象，这里写了卖炭翁身体的哪些部位？几个部位的特点是怎样的？烟火色、十指黑，是因为什么？伐薪烧炭、风吹日晒、烟熏火燎。伐薪有多辛苦，谁能想象一下？用斧头一斧一斧地凿，树木枝枝蔓蔓，干这活得力气、汗水甚至要流血，山地凶险，人迹罕至甚至生命也得赌上（你的想象力很丰富，表达能力也很强）。烧炭呢？可能大家并不熟悉。烧炭，实际是焖炭，通过烧，把木头容易变成烟的物质除掉，从而变成无烟的炭。这中间可得昼夜看着，因为烧不透，烟没除尽，卖不掉；不注意烧完了，白砍柴。

这样又脏又累又重又危险又熬人的体力活，你们能干得了吗？干不了，我也干不了。我们这些年轻人都干不了。而卖炭翁年轻吗？不，两鬓苍苍。给人什么感觉？衰老，苍老。

诗人在这一组对举中制造了一个矛盾点。年纪大本来是干不了这样的事的，可为什么还干呢？不干就没有衣食来源。不该干了，又不能不干，作者有意通过对举突出这样的反差，可见一个老人被生活逼到什么地步，这样更能激发读者的同情。（谁能给我们示范朗读这一组对举。要读得很有感情）

（2）小组合作鉴赏卖炭翁形象。

第一段六句话，句句有对举，我选择了下面两句对举，请大家小组合作解决，三分钟讨论。分任务提示要找：①对举的点；②明确对举事物之间的关系；③说说表达效果；④身和心的对举。"衣正单"身体的感受是什么？冷。身和心又形成了矛盾。身体感受是冷，但他心理上还怕天不够冷，怕炭卖不出去，怕换不到钱，怕白忙活一场。而卖炭翁这种反常心理的背后只是为了得到正常的合理的劳动报酬而已。反过来说，底层老百姓心里如此正常甚至卑微的愿望却要通过麻木自己身体正常的感受来换取。在对举中更见其心酸悲苦。

（你能给大家读一读这一句吗？）

夜来城外一尺雪，晓驾炭车辗冰辙。"夜""晓"对举。辗，什么意思？指车轮深压在冰雪里面，有很深的痕迹。驾炭车，辗冰辙其实也是对举，相互映衬，突出行走的艰难，何况终南山在长安城南四十里以外，路途遥远。这组对举也设置了一个矛盾，矛盾点就在于夜里下了一场大雪，本应该在家避寒，可卖炭翁却要出门卖炭，并且可以说是迫不及待地赶早出门，因为好不容易盼来的朔风凛冽、大雪飞扬，甚至当卖炭翁行走四十多里路的时候，我们有理由相信，占据他的全部心灵的，一定不是埋怨道路有多难走，而是盘算着那"一车炭"能卖多少钱，能换来多少"衣"和"食"。（你能给大家示范朗读一下这组对举吗？）

小结：作者在第一段通过反复并举，就是要突出卖炭翁的劳苦和贫穷（板书：卖炭翁劳苦贫穷）。下面我们一起来朗读第一段，要读出卖炭翁生活的沉重感，所以语速要慢一点。

（3）师生合作鉴赏宫吏形象。

好，诗歌除了写卖炭翁的形象外，在第二段还写了宫吏的形象。我们已经找过了，诗人在第二段用了这些对举。这些宫吏们都是些怎样的形象？态度上蛮横、行为上豪夺（板书：蛮横、豪夺），从哪里看出来的？很好。这些词句通过对举，强化突出宫吏的蛮横豪夺形象。基于前面对对举的学习，大家理解这一点基本没问题了。但大家有没有发现，诗人还有意把宫吏们和卖炭翁对照着写？

比如来看这一句，写宫吏们出场，是翩翩两骑。一骑是一人一马。而卖炭翁的人和牛此时是什么状态？牛困人饥。（出示幻灯片）

两骑翩翩轻快而来，是从谁的眼睛看的？卖炭翁，嗯。其实说是诗人也有道理。好，我们以卖炭翁的眼睛看。卖炭翁此刻是什么状态想象一下，卖炭翁此刻躲在泥泞的角落里佝偻着枯瘦的身子又冷又饿、畏畏缩缩地在等买炭的人，那翩翩轻快而来的宫吏，首先从气势上就很压人，有一种什么感觉？趾高气扬的，在心理上是得意扬扬的。诗人为什么要特别强调宫吏们的轻快？和卖炭翁生活的沉重困顿比照，他们为什么能轻快？因为宫吏没有负担，没有受冻挨饿之忧。为什么他们不用受苦就能衣食无忧？他们能掠夺老百姓呀。这也为他们下面无所顾忌、横行霸道、巧取豪夺做了铺垫。

用"翩翩"组词，你会组什么词？风度翩翩。举止文雅。这是褒义词。而在这里明显是褒词贬用，表达的是对宫吏们的嘲讽和鞭挞。

（4）小组合作鉴赏宫吏形象。

文中这种语意反向对举，我们就不一一品读了。我们来小组合作讨论，最后一组对举。

（"系"动作，读音是哪一个？系是打结，另一个是把两样东西连接起来，解释为挂、拴等。这里是挂的意思。打结证明还挺仔细地打结，挂就是随便一搭，毫不在意的意思。）

一车炭、千余斤与半匹红纱一丈绫对举，半匹红纱一丈绫。数量对举，较少与极多，形成强烈的反差，这是极端的不等价交换。而这种光天化日之下赤裸裸的抢劫，因为打着"宫市""皇帝"的旗号，底层老百姓是叫天天不应叫地地不灵，这是强制性的交换。物品对举，突出什么？这是一次荒唐的交换。多少个日日夜夜的辛劳而成的一车炭，换来的是面前两个既不能用又不能卖的布头。饥寒交迫的卖炭翁要纱绫没任何用处，不能保暖御寒，有人说卖呀，卖给谁？老百姓不会要。卖给官府？可能直接就被抢走，一分钱也得不到。

是的，卖炭翁在从开始"伐薪"直到"泥中歇"的漫长过程中所盘算的一切、所希望的一切，全部都化成了眼前万丈深渊一样的绝望。我真的不知道，卖炭翁以后能怎样生活，但我知道，长此以往，他的命运其实只有一个，默无声息地穷死、饿死、累死。这些底层老百姓的生命在那个时代真的低贱得就像蚂蚁一样，被悄无声息地推向死亡。

小结：最后的对举，形成了强烈的对比，谁能给我们示范朗读呢。好，你的重音把握得特别好，一车，千余那么多，要重读；半匹、一丈，太少了，要弱读，前后一对照，给人一种匪夷所思之感，非常棒。大家一起跟着他朗读一下。

四、总结提升

卖炭翁的悲苦命运让人同情，也引发了我的思考：

问：卖炭翁不辞劳苦地干活，为什么还这么贫穷？谁能帮我解答这个问题呢？（板书：问号）因为卖炭翁劳而无获；宫吏们不劳而获。为什么能够有不劳而获？靠掠夺百姓得来。反过来我们可以说，正是宫吏们拥有豪夺的特权，才能不劳而获，这必然导致卖炭翁们劳而无获，进而导致他们更加劳苦，却也更加贫穷，甚至累死、穷死、饿死。（板书：感叹号）

所以，诗人说他写此诗的直接目的是"苦宫市也"，是很有道理的。然而不合理的制度不是凭空而生，它是由不合理的社会产生的。当时朝廷腐败、宦官当权，所以客观上作者的矛头指向的是黑暗腐朽的封建制度。

五、巩固强化

借助并举手法，理解性记忆诗歌内容，背诵课文。

总结：白居易是唐代著名诗人，他的诗歌创作一向主张"文章合为时而著，歌诗合为事而作"，也就是文章应该为了反映时代而写，诗歌应该为了反映现实而作。这首《卖炭翁》就是这样一首"为时""为事"所做的诗篇。这种作诗的思想和当时韩愈提出的"文以载道"的思想，有异曲同工之妙。白居易谈诗，韩愈谈文，一诗一文，对奠定当时为现实服务的诗风文风起到了很好的引领作用。好，今天的课后作业就是课外阅读白居易的《新乐府》五十首。

附：板书设计

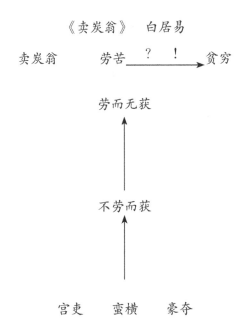

小 说 篇

《李逵负荆》——见微知著，启示人生

《李逵负荆》教学设计

一、教学设想

《李逵负荆》是人教版《中国小说欣赏》"历史与英雄"主题下的内容。学生在必修教材里已学习过《鲁提辖拳打镇关西》和《林教头风雪山神庙》，对《水浒传》全书的基本内容和结构特色极其地位和意义都已了解，在此不重复教学。另外对必修教材中小说的学习，学生已经掌握分析小说的主要方法，本课时正是在学生已掌握小说基本要素的基础上，运用比较法，深入分析李逵的性格弱点，得出人生启示，以期对学生的世界观、人生观做合理的、有限度的引导，提高学生的心理素养。

二、教学目标

（1）积累古代小说中的生僻词语。

（2）阅读课文节选部分，厘清思路。

（3）运用人物描写方法，分析李逵的主要性格特点。

（4）和《曹操献刀》比较，欣赏小说人物，获得人生启示。

（5）培养学生遇事冷静、临危不惧、智勇双全的品质，提高人生质量。

三、教学重点

欣赏小说人物，获得人生启示。

四、教学难点

和《曹操献刀》比较，深入探讨李逵的性格弱点。

五、课时安排

1课时。

六、教学过程

导入

（直接导入）

七、检查预习

解释生僻词语（学生交流，老师总结）

《水浒传》是古代小说，有些词语很生僻，大家有没有不理解的词语呢？说出来我们共同解决。

集体回答屏幕上词语的意思。

八、整体感知

厘清选文思路（学生交流，老师总结）

开端：宋抢刘女　李逵惊闻；

发展：误闹山寨　负荆请罪；

高潮：戴罪立功　救出刘女；

结局：刘公答谢　兄弟释怨。

过渡：李逵是这一章节的主角，李逵这个人物有哪些性格特点呢？我们来完成一个词语练习题。横线上可填一个或若干个词语，要依据文本，言之有据。

师生共同完成填空练习（老师示范，授之以渔，学生交流，老师总结）

填空题：李逵是一个＿＿＿＿＿＿的人。

（老师从第六段获取有效信息，填"知错就改"一词。学生交流，把大家都认同的答案写在黑板右侧）

老师出示"后人对李逵的评价"。

链接：施耐庵：梁山泊里无奸佞，忠义堂前有净臣。留得李逵双斧在，世间直气尚能伸。（正直）

容与堂：凡言辞修饰，礼数娴熟的，心肝倒是强盗，如李大哥虽是鲁莽，不知礼数，却是真情实意。（鲁莽、率真）

鲍鹏山：李逵的所作所为基本上是杀恶人的同时也杀好人，他是是非不辨的杀人恶魔。（是非不明、残忍）

金圣叹：李逵是上上人物，写得真是一片天真烂漫到底，看他意思，便是梁山泊中一百七人无一人入得他眼。（率性、憨直）

小结：后人对李逵的评价是众说纷纭，褒贬不一，这也就是人物形象的张力，也是名著的魅力。

过渡：《水浒传》108将，108张脸谱，个个鲜明生动，我们在欣赏历史人物时，应该学些为我们所用的东西。我们刚学过《曹操献刀》，曹操和李逵两个人，同处于乱世，同是在战场经历生死，同是别人手下一员，做人的差别怎么这么大呢？一个献刀，一个负荆，两种行为，两种命运，一个成为一代霸主，一个命丧毒酒。对比这些要素，我们能得出怎样的人生启示呢？

九、深入探讨

对比阅读《曹操献刀》和《李逵负荆》：两个人，两件事，两种性格，两种结局，给了你怎样的人生启示？（学生交流，老师引导并做总结，关键处老师要对鉴赏方法进行强调，师生共同完成板书）

预设：

成大事者，遇事必冷静。李逵和宋江两个人都受到外界刺激。一个冲动，打破精神象征，惹祸上身；一个急中生智，用谎言争取时间，巧妙逃跑。当然，一个鲁莽中有正义，一个智慧中有奸诈。但古今成大事者必冷静。吴三桂怒发冲冠为红颜，引清兵入关，结果落得奸人的罪名。韩信受胯下之辱，全身成事，终成大将。荆轲刺秦王，鱼死网破，空留悲壮在人间。

人的判断要基于事实，不能完全听信道听途说。

交换一下情境，做一下合理的设想。假如李逵行刺被发现，会……，曹操听到太公之言，会……，曹操知道自己的错误后，会……。

当然，曹操不是靠奸诈成就大业，历史上的曹操和小说中的曹操不是一回事。小说中的曹操是受作者"拥刘反曹"思想的影响，把他塑造成如此形象，一半是海水，一半是火焰；一半是天使，一半是魔鬼。利刃易断是非孽，青史难说忠佞人。这是历史小说塑造人物的需要。历史上的曹操是有雄才大略、爱才惜才、临危不惧的人物。

小结：看名著，不会看的，看热闹，看情节；会看的，看门道，看细节，看人生参照。读小说，一定要学会"见微知著"的方法，深入地读，对比地读，得出结论，启示人生。我们会发现，李逵固然是敢作敢当、疾恶如仇的英雄，但他的冲动、简单、没脑子注定了在乱世中是不可能成就一番功业的。这也可以成为我们生活的参照和指路灯。遇到歹徒，暴虎冯河，以卵击石，不可取。被冤枉了，暴跳如雷，老拳相加；火灾地震中，慌忙逃窜，挤压踩踏，都是不可取的。所以遇事要冷静、从容、智慧。

十、小结

读小说，识大理；学语文，悟人生。

十一、作业

阅读小说中的下面章节，全面认识李逵形象，写一篇人物评论。

附：板书设计

《李逵负荆》

《曹操献刀》

情节　　　　结局

鲁　　莽
冲　　动
正　　直
率　　真
憨　　直
疾恶如仇
敢作敢当
……?

一代霸主

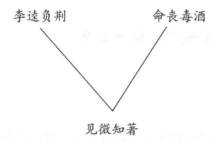

李逵负荆　　　　命丧毒酒

见微知著

启示：遇事冷静，才能成大事。
冲动是魔鬼。
人都有头脑，但未必都有智慧。
人的判断不能源于道听途说。
……

戏 剧 篇

《窦娥冤》——小人物，大悲剧

《窦娥冤》教学实录

一、教学设想

本文《窦娥冤》是人教版高中语文必修教材中唯一的一篇中国古代戏曲，被收录在人教版高中语文必修四第一单元，课文节选的是楔子和前三折。《窦娥冤》通过窦娥这一典型人物的悲惨遭遇，揭露了元代吏治的腐败和残酷，反映了当时社会的黑暗，歌颂了窦娥的美好心灵、坚强性格和不屈的反抗精神。它是我国古代戏曲的典范之作，也是一座难以逾越的古代戏曲高峰。

鉴于学生对古代戏曲的了解不够深入的现状，有些古典表述，学生难以理解；加之节选部分篇幅很长，故有必要让学生提前预习，了解有关杂剧的基本常识及作者的生平和一些背景资料，也要梳理字词解释，了解文章基本内容，厘清矛盾冲突的基本结构。同时，在教学中还必须采取行之有效的方法，激发学生自主学习探究《窦娥冤》的兴趣，进而使学生走进文本，把握戏剧冲突，品味戏剧语言，分析人物形象，探究作品主题，挖掘古代作品带给我们的现代意义。

二、教学目标

（1）初步了解元杂剧的特点。

（2）品味精彩而富有表现力的戏剧语言。

（3）感受窦娥形象，体会窦娥悲愤至极的情感、为善被戮的悲剧命运，探究造成窦娥悲剧的社会根源。

三、教学重点

通过品味戏剧语言，借助戏剧矛盾冲突，感受窦娥形象。

四、教学难点

（1）窦娥对天地鬼神的严厉指责与结尾要感天动地之间的矛盾。

（2）对〔端正好〕〔滚绣球〕等曲子的理解，以及对全剧情节高潮的认识。

五、课时安排

1课时。

六、教学过程

师：今天老师带来一朵花，是一朵很漂亮的鲜花（老师做撕花叶的动作），你们这是什么表情？

生齐答：惋惜。

师：如果是一张废纸被撕烂，我们会不会惋惜？不会。鲁迅说："悲剧是把人生有价值的东西毁灭给人看。"一朵花的揉碎，你们尚且如此惋惜；一个活生生的生命，冤死了，你们又会如何感慨呢？来，让我们走进关汉卿的《窦娥冤》。

师：《窦娥冤》是一篇元杂剧，共四折一楔子，"楔子"相当于序幕，节选部分是楔子和前三折。下面请同学们在预习的基础上，概括主要情节。

生1：话说书生窦天章要进京赶考，因欠蔡婆的高利贷，被迫将七岁的女儿窦娥送给蔡婆做童养媳。窦娥十七岁成婚，不到两年就守寡，与婆婆相依为命。蔡婆出城讨债，债户赛卢医为了赖债想害死她，被流氓张驴儿父子解救。张驴儿借机赖在蔡家，逼迫蔡家婆媳俩嫁给他们父子，窦娥坚决不从。张驴儿企图毒死蔡婆以胁迫窦娥，不料反把自己的父亲毒死，于是嫁祸于窦娥，告到官府。窦娥为了保住婆婆的性命，被迫认罪，临刑前，窦娥发三桩誓愿——血溅白练、六月飞雪、亢旱三年，一一应验。后来，窦天章做了高官，复审此案，替女儿报了冤仇。

师：老师也理了一下框架，大家看看咱们的思路是不是一样。

老师出示幻灯片：

做童养媳　婚后守寡　被人逼嫁　雪洗冤仇　怒发誓愿　被迫认罪

生齐答：一样的。

师：不管是这位同学的语言复述，还是我的框架图，我们在梳理戏剧情节时，是怎样做到清晰的？

生2：我认为你们都抓住了核心人物面临的矛盾冲突。

师：对。冲突是戏剧的生命，没有冲突就没有戏剧。好，我们先来研读一、二折，请大家找出窦娥面临的矛盾冲突。

生3：张父子强娶、张驴儿威胁恐吓、官府毒打婆婆。

师：窦娥是如何解决这些矛盾冲突的？

生4：不从；选择官休；认罪。

师：你知道"官休"的意思吗？

生4：和"私了"相对，让官府来判断是非曲直。

师：好，下面我们来细读一、二折，做好批注，说说窦娥为什么这样解决矛盾冲突并从中概括窦娥的性格特点。可以独立思考，也可以小组讨论交流。

（学生思考、交流）

生5：我来说第一个矛盾冲突，窦娥为什么坚决不从？窦娥是这样说的，"一马不配二鞍，一女不嫁二夫"，在窦娥看来，性命可以丢，贞洁不能辱。这是本分、贞烈的窦娥。

师：分析得有理有据。谁来说窦娥的第二个选择？好，你来。

生6：封建社会皇帝是天子，官府就是青天大老爷，人在做，天在看，我有没有罪，官府青天大老爷是公正的、清明的，所以窦娥选择官休。这是深信官府的窦娥。

生7：我找到窦娥认罪保护婆婆的原因，文章中窦娥是这样说的，"莫不是前世里烧香不到头，今也波生招祸尤？劝今人早将来世修。我将这婆侍养，我将这服孝守。"窦娥认为自己之所以屡遭不幸，是因为前世做错了什么，此生

只有好好奉养婆婆，才能修得来世的幸福。这是一个善良、孝顺的窦娥。

生8：我看到的窦娥是愚昧的。

师：你说说看。

生8：窦娥把很多事情想得太绝对了，改嫁就是万万不可以的，官府就一定公正，我不顺就是因为前世犯了错，今生就是来赎罪的。

师：有道理，那窦娥的这些想法从哪里来的？

生齐答：封建秩序。

师：如果说窦娥是愚昧的，那她就是被封建秩序愚弄了。她是严格按照封建秩序来要求自己做一个好人，自幼从父，被父亲卖掉，既嫁从夫，夫死没有子，就安心侍养婆婆。可以说，她是封建礼教的信徒，对封建秩序是完全顺从的。

师：下面我们来研读第三折。谁来梳理窦娥面临冲突时的选择？

生9：押法场和含冤屈的冲突面前，窦娥要诉冤；走前街和避婆婆的冲突面前，窦娥选择走后街；将行刑和含冤屈的冲突面前，窦娥发誓愿。

师：好，在本折戏中，你们又看到了一个怎样的窦娥？

生齐答：反抗。

师：下面我们来定位细读，一起来看看［正宫］［滚绣球］这支曲子。"正宫"是宫调名，表示声音的高低，一折戏只能用一个宫调，"滚绣球"是曲牌名，类似词牌。哪位同学为大家朗读一下？好，你来。大家在听读时，思考：本曲是如何体现窦娥的反抗精神的？

（学生朗读）

师：非常棒，读得高亢激越，感情饱满。谁能回答刚才的问题？

生10：从窦娥控诉的对象可以看出她的反抗精神。她在控诉天地不分青白、颠倒是非、怕硬欺软、有眼无珠。在封建社会，皇帝是天子，官府是青天大老爷，皇帝、官府的公正、清明和天地的公正、清明一样，是不容怀疑的。窦娥对天地的控诉就是对封建秩序的怀疑和反抗。

生11：窦娥控诉的语气是非常激烈的，这也可以看出她反抗的激烈。第一句"有日月朝暮悬，有鬼神掌着生死权"是在陈述说理；接着就是质问、埋怨了，"可怎生糊涂了盗跖、颜渊？"再往下，转入直接呼告，直斥天地——怕硬欺软、顺水推船、不分好歹、错勘贤愚、枉为天地，也就是不配做天地。

267

师：一个弱女子怎么会有那么强大的力量去说出当时人们想都不敢想的话？因为冤。窦娥的心愿很卑微，她也在努力做一个好人，可是先有流氓张驴儿破坏在前，接着有昏官梼杌毁灭在后，他们联手剥夺了窦娥的生存权，将她逼上了绝路。一个好人，一个将要冤死的人，一个满腔悲愤的人，一个一直顺从、隐忍的人，她要控诉，她要反抗。下面，老师给大家读一遍，让我们一起去感受窦娥于绝望中迸发出的呼号。

（师朗读）

师：封建社会，同样受到压迫的女性有很多，你能想到哪些？

生12：被逼上绝路的祥林嫂，命如蝼蚁，默无声息地载入死亡。

生13：聪慧勤劳的刘兰芝，把希望寄托于软弱的夫君，最后只能绝望地"举身赴清池"。

生14：青楼女子杜十娘，顽强挣扎，渴望从良，却被自己满心信任的富家公子李甲出卖，万念俱灰之下，自己连同百宝箱一起沉入滚滚波涛之中。

师：窦娥与她们相比，最大的不同点是什么？

生15：她们也有过反抗，但反抗的目标不明确，反抗的方式也就是悄悄地结束自己的生命。

师：比较之下，窦娥身上最大的闪光点，窦娥这个形象最大的价值，就是她在对天地的指斥中所体现出的反抗精神，而且反抗之大胆，反抗之强烈，使人警醒，让人震撼。

师：好，在第三折戏里，窦娥先在（滚绣球）里对天地进行指斥，后又对天地发三桩誓愿，这矛盾吗？可以独立思考，也可以小组讨论。

（学生思考、交流）

生16：我们小组认为是矛盾的。窦娥先指斥天地，后又依赖信任天地，希望自己的冤屈能感天动地，希望天地能主持公道。

生17：我认为不矛盾。窦娥就是一个普通女子，又不是民主战士，她哪里知道怎么办？

师：你的理解是对的，但没表达清楚，不要急，我来问你。她为什么怒斥？

生17：现实的黑暗。

师：她为什么依赖？

生17：封建社会普通百姓哀呼无告，没有出路，说到底还是现实社会的黑暗。

师：看似矛盾的背后是不矛盾的，共同指向黑暗的社会现实。由此可见，题为《窦娥冤》，窦娥何冤之有？

生18：1.守孝道、守贞洁的人被污为罪犯。2.信赖的青天官府却正是杀害她的直接凶手。

窦娥亦步亦趋地顺从那个社会所倡导的思想和规范，却最终被那个社会扼杀。

师：可见，窦娥所面对的根本冲突是社会冲突，窦娥的悲剧是社会悲剧。我们在平时的生活中遇到一点委屈和误解，会说："我比窦娥还冤。"今天看来，那是夸大其词了。窦娥之冤来自她逃不了、摆不脱的社会环境，是在当时那种环境之下任何女性都逃脱不了的悲剧命运。我们理解到这一层，才能算真正理解了文章。